Steffen Führding / Peter Antes (Hg.)

Säkularität in religionswissen-
schaftlicher Perspektive

V&R unipress

Bibliografische Information der Deutschen Nationalbibliothek

Die Deutsche Nationalbibliothek verzeichnet diese Publikation in der Deutschen
Nationalbibliografie; detaillierte bibliografische Daten sind im Internet über
http://dnb.d-nb.de abrufbar.

ISBN 978-3-8471-0017-1
ISBN 978-3-8470-0017-4 (E-Book)

© 2013, V&R unipress in Göttingen / www.vr-unipress.de
Printed in Germany.
Druck und Bindung: CPI Buch Bücher.de GmbH, Birkach

Gedruckt auf alterungsbeständigem Papier.

Inhalt

Vorwort

Religiöse Pluralität beziehungsweise religiöser Pluralismus in unterschiedlichen Zeitepochen und Regionen dieser Welt, insbesondere aber bezogen auf »westliche« Staaten der »Moderne«, gehören mittlerweile in der Religionswissenschaft und in anderen Kultur- und Sozialwissenschaften zu einem gut erforschten Untersuchungsfeld. Die Erforschung säkularer Weltdeutungen und von »Säkularität« sowie eine Verhältnisbestimmung zum religiösen Feld stellt hingegen ein Desiderat dar. Dabei gewinnt die Auseinandersetzung mit der Thematik aktuell an Bedeutung. Die Entwicklungen der letzten Jahrzehnte, vor allem die scheinbare Wiederkehr der Religionen in den öffentlichen und politischen Bereich, haben die lange vorherrschenden Säkularisierungs- und Modernisierungstheorien erschüttert.[1] Die Überlegungen des Religionssoziologen José Casanova zur Deprivatisierung von Religion[2] haben genauso starken Anklang gefunden, wie die Kehrtwende des früheren Verfechters der Säkularisierungsthese Peter Bergers, der nun Ideen einer Desäkularisierung vertritt,[3] Aufmerksamkeit erregt hat.

Gleichzeitig wächst zumindest in Westeuropa die Zahl der Religionslosen oder Konfessionsfreien stetig an. In der westlichen Moderne verankerte Modelle säkularer Gesellschafts-, Regierungs- und Wirtschaftsformen gelten weiterhin als wichtige Ideale für »moderne« Staaten und Gesellschaften, geraten aber mehr und mehr in Spannung zu religiösen Weltanschauungen und Deutungen. In diesem Kontext hat beispielsweise der Sozialphilosoph Jürgen Habermas in seiner vielbeachteten Rede zur Verleihung des Friedenspreises des deutschen Buchhandels 2001 auf eine Segmentierung der Gesellschaft hingewiesen, die er in der mangelnden Kommunikationskompetenz (»Sprachlosigkeit«) zwischen »religiösen« und »säkularen« Bürgerinnen und Bürgern bedingt sieht. Dabei

---

1 Siehe hierzu unter anderem: Franzmann, Gärtner, Köck 2006, Swatos, Olson 2000 und Warner 2010.
2 Siehe Casanova 1994.
3 Siehe Berger 1999.

wies er auf die Gefahren für den demokratischen Verfassungsstaat hin, die die Sprachlosigkeit und Segmentierung mit sich brächten.[4]

Die Fragen nach der Rolle von Religion/-en in der Öffentlichkeit sowie nach dem Verhältnis von Religion, Säkularität und Demokratie stellen sich neu. Initiativen wie die Schaffung des »Nonreligion and Secularity Research Network (NSRN)«[5], die Einrichtung des ersten Studiengangs für »Secular Studies«[6] oder die Gründung der Zeitschrift »Secularism and Nonreligion«[7] zeigen, dass auch in den Kultur- und Sozialwissenschaften die Bedeutung der Thematik langsam erkannt wird.

Mit dem vorliegenden Band wollen wir *Säkularität* und *säkulare Weltdeutungen* in das Blickfeld religionswissenschaftlicher Forschung rücken, kontextuell verorten und analysieren, und damit ein ebenso neues wie wichtiges Forschungsfeld für die Religionswissenschaft öffnen.

Die Idee zu diesem Band entstand im Kontext einer interdisziplinären Ringvorlesung an der Leibniz Universität Hannover im Masterstudiengang »Religion im kulturellen Kontext« im Wintersemester 2011/12. Unter der Überschrift »Religiöse und säkulare Identität in der europäischen Gesellschaft im 21. Jahrhundert« wurden einige der oben angeführten Aspekte aus der Perspektive unterschiedlicher wissenschaftlicher Disziplinen (Religionswissenschaft, Soziologie, evangelische und katholische Theologie) thematisiert. Einen wiederkehrenden Aspekt in den Diskussionen stellte die Frage dar, in wie weit sich eine Disziplin, die sich dem Namen nach mit Religion – was man im Einzelnen auch immer darunter verstehen mag – überhaupt mit *Nichtreligion* beschäftigen solle. Dass wir als Herausgeber die Frage so beantwortet haben, dass eine Auseinandersetzung sinnvoll und wichtig ist, lässt sich schon an der Tatsache erkennen, dass dieser Band nun vorliegt. Die Begründungen dafür fallen allerdings differenziert aus. Vor allem im ersten Teil des Bandes, der stärker theoretisch ausgelegt ist, werden die Autoren in ihren Beiträgen daher zunächst grundsätzlich der Frage nachgehen, warum »Säkularität« in den Gegenstandsbereich der Religionswissenschaft fällt oder fallen sollte und das Verhältnis von »Religion« und »Säkularität« in den Blick nehmen.

Christoph Bochinger geht der Frage nach, wie aus der Sicht einer kulturwissenschaftlichen Religionswissenschaft Säkularitätsforschung begründet und betrieben werden kann. Ausgehend von einer Beschreibung des säkularen Charakters der Religionswissenschaft selbst begründet er, warum angesichts der Erweiterung des Gegenstandsfeldes der Religionswissenschaft auf »säkulare«

---

4 Vgl. Habermas 2001.
5 NSRN Online 2013.
6 Pitzer College 2013.
7 Secularism and Nonreligion 2013.

Forschungsthemen eine Abgrenzung zwischen Religion und Nichtreligion, mithin eine flexible, veränderbare und auf bestimmte gesellschaftliche Kontexte eingegrenzte Definition von »Religion« erforderlich ist, um »Säkularität« sinnvoll thematisieren zu können. Im Rückgriff auf aktuelle sozialwissenschaftliche Forschungen diskutiert er anschließend die umstrittene Frage der »Rückkehr der Religion«, der »Säkularisierung« und des säkularen öffentlichen Diskurses über Religion(en) in Deutschland und in der Schweiz. Er kommt zu dem Schluss, dass Säkularität sich auf unterschiedlichen Ebenen immer weiter ausbreitet. Insgesamt sieht er eine immer stärkere Heterogenisierung und Pluralisierung der religiösen und säkularen Landschaft mit vielerlei Mischformen. In Auseinandersetzung mit Thomas Luckmanns Religionstheorie präsentiert Bochinger abschließend einen Ansatz, um Privatisierungs- und Subjektivierungsvorgänge in modernen Gesellschaften nicht nur im Rahmen von Religiositäts- sondern auch von Säkularitätsforschung sachgerecht zu erforschen.

Peter Antes geht in seinem Beitrag davon aus, dass für zahlreiche Menschen in Deutschland sich die Fragen der Religion nach dem Woher und Wohin von Welt und Mensch nicht stellen. Sie haben keine religiösen Bedürfnisse mehr, sondern leben in einer total im Diesseits verbleibenden Welt und sind damit zufrieden. Eliades These, dass zum vollwertigen Menschsein die Religion gehöre, wird auf diese Weise empirisch widerlegt. Diese Tatsache ist eine Herausforderung nicht nur für die Theologie, sondern auch für die Religionswissenschaft, weil sie es zum ersten Male mit Menschen zu tun hat, die keinerlei Antennen für Transzendenz haben und für die es deshalb sehr schwer ist, das Denken und Fühlen religiöser Menschen nachzuvollziehen.

Steffen Führding skizziert in seinem Artikel Überlegungen zu einer diskurstheoretischen Konzeptionalisierung von Säkularität. Ausgehend von einem diskursiven Wirklichkeitsverständnis schlägt er in Anlehnung an Autor(inn)en wie Kim Knott und Russell T. McCutcheon eine Perspektivverschiebung vor. Während beispielsweise säkularisierungstheoretische Ansätze in der Regel von einem substantiellen Gegenstandsverständnis geprägt sind, plädiert Führding dafür sich mit den Klassifizierungsprozessen auseinanderzusetzen, durch die Handlungen, Institutionen etc. als religiös oder säkular eingeteilt werden. Am Beispiel von Timothy Fitzgerald zeigt er dabei die Historizität und Kontextgebundenheit der Kategorien »Religion« und »Säkularität« auf und überlegt, welche Konsequenzen sich daraus für die Religionswissenschaft ergeben.

Ausgehend von der Feststellung, dass es sich bei der Erforschung der Pluralität von »Nichtreligion« bisher weitestgehend um ein Forschungsdesiderat handelt, legt *Johannes Quack* in seinem Artikel einen konzeptionellen Rahmen für Untersuchungen zu den entsprechenden Themengebieten vor. Während in der Religionsforschung im Großen und Ganzen der Fokus auf unterschiedlichen religiösen Feldern liege, würden sich säkularisierungstheoretische Untersuchungen in erster Linie mit dem Schrumpfen dieser Felder beschäftigen. Für eine fruchtbare Auseinandersetzung hält Quack es für notwendig diese Ansätze durch komplementäre Vorgehensweisen zu ergänzen, die er unter der Überschrift »Nichtreligion« zusammenfasst. Unter »Nichtreligion« versteht er Phänomene, die in der Regel als nicht religiös gelten, aber in einer Verbindung zu einem religiösen Feld stehen. Der Begriff wird von ihm als ein relationaler Begriff konzeptionalisiert, damit der Blick auf unterschiedliche Beziehungskonstellationen gelenkt wird, von denen sich verschiedene Arten der Nichtreligiosität ableiten lassen.

Christoph Kleine richtet seinen Blick auf das vormoderne Japan und transzendiert damit quasi sowohl den geographischen wie den historischen Ort der anderen Beiträge in diesem Band. Nach einer einleitenden Begriffsklärung, bei der er »Entzauberung« und »Säkularität« analytisch voneinander trennt, zeigt er unter dem theoretischen Rückgriff auf Niclas Luhmann an der Geschichte Japans auf, dass sich auch dort »säkulare Identitäten« ausbilden konnten und ausgebildet haben. Damit wendet er sich gegen Ansätze, die eine Unterscheidung von religiösen und säkularen Bereichen in vormodernen Gesellschaften und außerhalb des europäischen Kontextes als nicht möglich ablehnen.

Im zweiten Teil werden konkrete Fallstudien vorgestellt, die die Bedeutung der Auseinandersetzung mit der Thematik für die genauere Erfassung gesellschaftlicher Pluralität und die Konsequenzen der Einbeziehung der säkularen Perspektive beispielsweise für die Gestaltung der individuellen Lebensführung oder für den Dialog der Religionen und Weltanschauungen deutlich machen.

Sebastian Murken stellt in seinem Aufsatz religionspsychologische Überlegungen zum »Unglauben« an, die auf den Erfahrungen und Ergebnissen eines von ihm in den Jahren 2006 und 2007 geleiteten Projekts fußen. Im Rahmen dieses Projekts analysierte Murken mit seiner Arbeitsgruppe Einträge auf der Internetseite »www.ohne-gott.de«, in denen sich Menschen zur Frage äußerten, wie man ohne Gott leben kann. Zielsetzung des Projektes war es, durch die Analyse der Einträge herauszufinden, was Menschen, die sich selbst als nicht glaubend bezeichnen, glauben.

Im vorliegenden Artikel wird nicht nur das Projekt vorgestellt, sondern auch aufgezeigt »welche Argumente und Motivstrukturen [...] für ein Leben ohne Gott [...] und welche Alternativen die Auskunftspersonen für sich entwickelt haben.«[8]

Anna Neumaier greift den Forschungsstand zur Nichtreligiosität auf, um daran anschließend Fallstudien von Internetforennutzern vorzunehmen, die sich selbst als nicht religiös beschreiben. Sie arbeitet dabei verschiedene biografische Aspekte heraus, auf deren Grundlage sie auf die Relevanz der bisher

---

8 Murken in diesem Band, S. 133.

verwendeten Kategorien von »Indifferenz« und »Importance« verweist und unterschiedliche Konstellationen dieser Aspekte zueinander aufgezeigt.

Stefan Schröder stellt in seinem Aufsatz den Humanistischen Verband vor und geht zum einen der Frage nach, welche Motive diese nicht religiöse Organisation hat, sich in den interreligiösen Dialog einzubringen. Zum anderen untersucht er die Rolle der Vereinigung als Akteur im Dialoggeschehen. Dabei greift er auf Ergebnisse einer von ihm durchgeführten qualitativen Studie zurück und hebt die Bedeutung des interreligiösen Dialogs als Funktion des religionspolitischen Inkorporationssystems in Deutschland hervor.

Wie oft bei Projekten wie diesem Sammelband haben viele Personen einen Beitrag zur Verwirklichung geleistet. Stellvertretend für all jene möchten wir uns an dieser Stelle bei einigen ganz besonders bedanken. Zunächst gilt unser Dank den Autorinnen und Autoren in diesem Band für die gute und offene Zusammenarbeit.

Das gilt auch für Ruth Vachek und Ulrike Schermuly von der *VR unipress*, die uns von Anfang an unterstützend zur Seite standen. Das Forschungsdekanat der Philosophischen Fakultät und die Philosophische Fakultät der Leibniz Universität haben durch eine finanzielle Förderung einen wichtigen Anteil an der Realisierung des Bandes. Stefanie John und Julia Wolter haben bei der Erstellung des Manuskripts für den Verlag geholfen und uns damit einen großen Dienst erwiesen. Ihnen allen und noch einigen mehr gilt unser Dank!

Hannover, im März 2013   Peter Antes und Steffen Führding

Literatur

Franzmann, Manuel, Gärtner, Christel, Köck, Nicole (Hg.) (2006): Religiosität in der säkularisierten Welt: Theoretische und empirische Beiträge zur Säkularisierungsdebatte in der Religionssoziologie. Wiesbaden: VS Verlag für Sozialwissenschaften.
Habermas, Jürgen (2001): Glauben und Wissen. Friedenspreis des Deutschen Buchhandels 2001. Frankfurt a. M.
NSRN Online (2013): Offizielle Website. URL: http://nsrn.net/, [12. 03. 2013].
Pitzer College (2013): Secular Studies. URL: www.pitzer.edu/academics/field_groups/secular_studies/index.asp, [12. 03. 2013].
Secularism and Nonreligion (2013): Offizielle Website. URL: Http://www.secularismandnonreligion.org/index.php/snr, [12. 03. 2013].
Swatos, William H., Jr. Olson D.V. (Hg.) (2000): The Secularization Debate. Lanham: Rowman & Littlefield Publishers.
Warner, Rob (2010): Secularization and its discontents.London: Continuum.

Teil I

Christoph Bochinger[1]

Das Verhältnis zwischen Religion und Säkularität als Gegenstand religionswissenschaftlicher Forschung

Säkularitätsforschung ist ein vergleichsweise neues Feld in der Religionswissenschaft.[2] Man könnte auf den ersten Blick bezweifeln, dass es Sache der Religionswissenschaft ist, sich mit dem Gegenstück von »Religion«, dem »Säkularen«, zu beschäftigen. Im folgenden Beitrag wird der Versuch gemacht, das Gegenteil zu begründen. Es wird argumentiert, dass man unter den Bedingungen moderner, funktional ausdifferenzierter Gesellschaften Religion nur sinnvoll bearbeiten kann, wenn man ihre Grenzen kennt und ihr Gegenstück, das »Säkulare«, beschreiben kann. Anders als in traditionellen Kontexten gibt es in modernen Gesellschaften große Bereiche, in denen Religion nicht vorkommt bzw. nicht explizit wird. Wenn man unter solchen Bedingungen Religionswissenschaft betreiben will, muss man sagen können, was das Spezifische am Re-

1 Den vorliegenden Beitrag habe ich gemeinsam mit meiner Frau, Katharina Frank (Zürich), entwickelt. Ich danke ihr für vielfältige Impulse und Ideen.
2 Es gibt immer Vorläufer; in dem Fall sei für den deutschen Sprachraum v. a. Günter Kehrer genannt; vgl. u. a. Kehrer 1988a. Vgl. auch Murken 2008 und die Publikationen im Gefolge der Tagung der Deutschen Vereinigung für Religionswissenschaft 2005 in Bayreuth: »Religion und Kritik – Das Kritikpotenzial der Religionen und der Religionswissenschaft«. Zu nennen sind u. a. die Themenhefte »Religionswissenschaft und Religionskritik« (vgl. Berner 2006) und »Theologie als Religionskritik« (vgl. Auffarth 2007) der Zeitschrift für Religionswissenschaft. Vgl. auch Berner, Tanaseanu-Döbler 2009; Berner, Quack 2012. Derzeit gibt es mehrere Forschungsprojekte zum Thema in der Religionswissenschaft, die teils mit eigenen Beiträgen im vorliegenden Sammelband vertreten sind. Zu nennen sind u. a. das Emmy-Noether-Programm »Die Vielfalt der Nicht-Religiosität« unter Leitung von Johannes Quack an der Universität Frankfurt/Main (vgl. Goethe Universität Frankfurt am Main 204 – 2012) und das DFG-Projekt: Die »Rückkehr der Religionen« und die Rückkehr der Religionskritik – Der ›Neue Atheismus‹ in der deutschen und US-amerikanischen Gegenwartskultur«, durchgeführt von Ulf Plessentin und Thomas Zenk unter Leitung von Hartmut Zinser an der FU Berlin (vgl. Institut für Religionswissenschaft (WE 8) 2012), sowie die (weiteren) Projekte der am vorliegenden Band beteiligten Autorinnen und Autoren. Von religionssoziologischer Seite ist u. a. das Projekt »Multiple Secularities« an der Universität Leipzig unter Leitung von Monika Wohlrab-Sahr zu erwähnen. Vgl. außerdem auch die Graduiertenklasse »Säkularitäten. Konfigurationen und Entwicklungspfade« an der Universität Leipzig (vgl. Graduiertenzentrum Geistes- und Sozialwissenschaften 2013).

ligiösen ist. M.a.W.: Man muss den Unterschied zwischen »Religion« und »Nicht-Religion« benennen können, und zwar sowohl auf Ebene der Individuen (die religiös sein können oder nicht), als auch der religiösen und nicht-religiösen Institutionen.

Neben dem fachtheoretischen gibt es auch ein pragmatisches Argument für die Entwicklung einer Säkularitätsforschung in der Religionswissenschaft:[3] In Deutschland wie auch in vielen anderen europäischen Ländern wird derzeit in der Öffentlichkeit vermehrt darüber diskutiert, wie angesichts der religiösen Pluralisierung die verfassungsrechtlich garantierte positive wie negative Religionsfreiheit gewahrt werden soll, wo sie ihre Grenzen haben und wie beide gegeneinander abgewogen werden sollen. Aktuelle Beispiele sind in Deutschland etwa die Diskussion über positive Religionsfreiheit im Zusammenhang mit der Frage, ob Eltern das Recht haben sollen, ihre männlichen Kinder aus nicht medizinischen Gründen beschneiden zu lassen,[4] oder die Einführung eines Islamischen Religionsunterrichts. Ebenso die Debatte um die wachsende Zahl der vom Staat finanzierten, aber kirchlich geleiteten Sozialinstitutionen wie Krankenhäuser, Privatschulen oder Kindergärten, die regional z. T. eine monopolähnliche Stellung haben.[5] In anderen Ländern wie z. B. der Schweiz gibt es derzeit hochaktuelle Diskussionen um die Frage, ob der schulische Religionsunterricht religiös-konfessionell, religiös-überkonfessionell oder säkular-religionskundlich durchgeführt werden soll und was die verschiedenen Formen unterscheidet.[6]

Spätestens wenn solche Debatten zu rechtlichen Streitigkeiten führen, ist eine Abgrenzung zwischen »religiösen« und »nicht-religiösen« Aspekten der betreffenden Institutionen und Sachverhalte nötig. Die Richter benötigen eine fachwissenschaftliche Expertise zu der Frage, was jeweils »religiös« ist und was nicht.[7] Die Religionswissenschaft ist gut beraten, solchen Klärungsbedarf nicht

---

3 Vgl. dazu auch Zinser 2010, S. 38 – 40.
4 Zwar vermied der Gesetzgeber eine Regelung im Rahmen des Religionsrechts, sondern verabschiedete innerhalb des Elternrechts am 12. 12. 2012 einen neuen Paragraphen 1631d, »Beschneidung des männlichen Kindes« im Bürgerlichen Gesetzbuch; jedoch geht aus der Begründung klar hervor, dass es darum geht, die positive Religionsfreiheit für Juden und Muslime in Deutschland zu sichern (vgl. Deutscher Bundestag 2012). Die begleitende, bundesweite Debatte zeigte zugleich, dass auch Gegner der Knabenbeschneidung einen Zusammenhang zur positiven Religionsfreiheit herstellten (vgl. z. B. Kelek 2012).
5 Vgl. z. B. Müller 2013.
6 Vgl. Frank 2012.
7 So ist z. B. im Kanton Zürich zu erwarten, dass früher oder später der vom Bildungsrat beabsichtigte obligatorische Charakter des »Religion-und-Kultur«-Unterrichts (s. Kanton Zürich 2013) von Gerichten überprüft werden muss. Da laut Artikel 15 Absatz 4 der Schweizer Bundesverfassung niemand gezwungen werden darf, »religiösem Unterricht zu folgen«, setzt das Obligatorium voraus, dass es sich nicht um einen solchen handelt. Kritik daran gibt es bereits jetzt, z. B. auf der Webseite der Schweizer Freidenker (vgl. Freidenker-Vereinigung der

zu ignorieren und entsprechende Grundlagen dafür zu erarbeiten. Andernfalls überlässt sie die Deutungshoheit anderen Disziplinen, z. B. der Soziologie oder der Theologie.[8]

Der vorliegende Beitrag setzt sich zum Ziel, notwendige Voraussetzungen für eine religionswissenschaftliche Säkularitätsforschung zu beschreiben. Bevor der Frage nachgegangen werden kann, wie Säkularität als Gegenstand zu bestimmen ist, soll zunächst der säkulare Charakter der Religionswissenschaft selbst thematisiert werden. Daher wird im ersten Abschnitt im Rückgriff auf die fachtheoretische Reflexion der letzten Jahrzehnte gefragt, ob und inwiefern Religionswissenschaft geeignet ist, Säkularitätsforschung zu betreiben. Im zweiten Abschnitt wird unter dieser Fragestellung das Problem der Unterscheidung zwischen Religion und Nicht-Religion, m.a.W. das Definitionsproblem, neu erörtert. Im dritten Abschnitt wird anhand aktueller empirischer Befunde genauer untersucht, wie das Verhältnis von Religion und Säkularität in modernen, funktional ausdifferenzierten Gesellschaften auf der Ebene der Individuen, der öffentlichen Institutionen und der öffentlichen Debatten *über* Religion genauer bestimmt werden kann. Zum Schluss werden Konsequenzen für die weitere Forschung formuliert und ein Versuch zur Lösung des Definitionsproblems angeboten.

1 Religionswissenschaft als säkulare Wissenschaft

Da der Begriff »Säkularität« als Gegenbegriff zu »Religion« konstruiert ist, können beide nicht unabhängig voneinander beschrieben werden. Man kann daher zunächst die Frage aufwerfen, ob Säkularitätsforschung mit einem religiösen oder einem säkularen Wissenschaftskonzept betrieben werden sollte. Beispiele für ersteres finden sich in der modernen kirchlichen Apologetik, die seit ihrer Gründung im 19. Jahrhundert den »Atheismus« und »Agnostizismus«

Schweiz 2013). Vgl. auch M. Huber 2011. Ein religionswissenschaftliches Konzept zur Unterscheidung zwischen »religiösem« und »nicht-religiösen« bzw. »religionskundlichem« Religionsunterricht findet sich bei Frank 2010. Zur inhaltlichen Gestaltung des Unterrichts vgl. auch unten, Anm. 97.

8 In diesem Sinne schreibt auch Zinser 2010, S. 38: »Ebenso macht eine Schutzbestimmung wie die der Religionsfreiheit nur dann Sinn, wenn das, was geschützt werden soll, definiert ist. Ein Unbestimmtes lässt sich nicht schützen. […] Ich halte deshalb die Verweigerung einer Bestimmung der Religion [Ergänzung C.B.: durch die Religionswissenschaft] für gesellschaftlich unverantwortlich. Auch damit wird zur Marginalisierung, genauer Selbstmarginalisierung der Religionswissenschaft beigetragen. Sie überlässt mit ihrer Weigerung die gesellschaftlich erwartete und geforderte Bestimmung anderen, z. B. den Kirchen, Soziologen und Politologen oder der Heerschar derer, die sich in der Öffentlichkeit dazu berufen fühlen«.

beobachtete und gleichzeitig theologisch-argumentativ bekämpfte.[9] Sie prägte auch deutlich wertende Begriffe zur Unterscheidung von Glaube und Unglaube, wahrem und falschem Glauben usw., die sie, wie das Wort »Apologetik« selbst, allgemeinen theologischen bzw. seelsorgerlichen Diskursen entnahm. Manche Reminiszenzen dieses Herangehens, z. B. die Beschreibung des Buddhismus als »atheistische Religion«, wanderten, teils mit umgekehrter Wertung, bis in die orientalistische und religionswissenschaftliche Fachliteratur.[10]

Es versteht sich eigentlich von selbst, dass die heutige Religionswissenschaft von solchen theologisch-wertenden Zugängen Abstand nimmt und bestrebt ist, auch in der Säkularitätsforschung mit Konzepten zu arbeiten, die selbst säkularer wissenschaftlicher Natur sind.[11] Schon seit ihrer Gründungszeit im 19. Jahrhundert gab es zahlreiche FachvertreterInnen, die sich dezidiert in einer säkularen, von der europäischen Aufklärung geprägten Denktradition sahen.[12] In Folge der religionsphänomenologischen Tradition in der ersten Hälfte des 20. Jahrhunderts rückte die Religionswissenschaft, besonders in Deutschland, näher an eine religiöse, theologisch gegründete Beschreibung ihres Gegenstandes, von dem sich die meisten Fachvertreter seit Ende der 1970er Jahre umso deutlicher absetzten.[13] In den vergangenen Jahrzehnten hat die Religionswissenschaft ihre Forschungsstandards immer wieder extensiv reflektiert.[14] Soweit sie sich dabei mit Nachbarfächern auseinandersetzt, wird aber bis heute überwiegend die Abgrenzung zur Theologie reflektiert, welche oftmals ähnliche Gegenstände in den Blick nimmt, diese jedoch anders bearbeitet und damit auch andere konstruktive Ziele vertritt.[15] Religionswissenschaftliche Fragestellungen – so wird argumentiert – unterscheiden sich von theologischen insbesondere

---

9 Zur Geschichte der evangelischen Apologetik vgl. Pöhlmann 1998.

10 Z.B. Glasenapp 1966. Zur Analyse der »apologetischen« Phase der westlichen Buddhismus-Rezeption vom 19. bis zum frühen 20. Jh. vgl. Schmidt-Leukel 1992, S. 36 – 68. Wie Schmidt-Leukel schlüssig zeigt, setzen sich die wertenden Argumente und Prinzipien dieser Rezeptionsphase fast bruchlos in der folgenden, religionsphänomenologischen Rezeptionsphase fort (Schmidt-Leukel 1992, S. 69 – 105), der auch Glasenapps Darstellung der Sache nach zuzuordnen ist.

11 Zur Abgrenzung einer solchen »Beobachtung« des Religionssystems aus der Perspektive des Wissenschaftssystems von der Selbstreflexion des Religionssystems, die in die Zuständigkeit der modernen Theologie fällt, vgl. Luhmann 2002, S. 59, S. 109 – 110, S. 312 u. ö.; vgl. dazu auch Kött 2003, S. 180 – 185. Für Hinweise dazu danke ich Moritz Klenk, Berlin/Friedrichshafen.

12 Vgl. Rudolph 1992.

13 Vgl. als frühen Beitrag der heutigen Generation der Fachwissenschaftler zu einer konsequent säkularen Religionswissenschaft Seiwert 1977.

14 Vgl. im deutschen Sprachraum z. B. F. Stolz [3]2001; Kehrer 1988; Hock 2002; Gladigow 2005, u. v. a.; vgl. dazu auch Bochinger 2004.

15 Von theologischer Seite wird die Differenz zur Religionswissenschaft gut auf den Punkt gebracht bei Dalferth 2001.

dadurch, dass sie Religion als menschliches bzw. soziales Phänomen thematisieren und nicht als Ergebnis göttlicher Offenbarung.[16]

Die Religionswissenschaft versteht sich in diesem modernen Sinne – zumindest in ihrem Mainstream – als »wissenschaftlich«, indem sie in der Tradition der abendländischen Aufklärung keine Denkvoraussetzungen gelten lässt, die die »Grenzen der bloßen Vernunft« übersteigen. Gleichzeitig wird im Sinne des kritischen Rationalismus eine Definition von Religion nicht als Wesensbestimmung, sondern als Ergebnis gesellschaftlicher Konstruktionen bzw. Übereinkünfte der Wissenschaftler-Community gesehen.[17] Obwohl auch moderne Theologien zumindest den ersteren Grundsatz zu teilen beanspruchen und deshalb v. a. in ihren historischen Teildisziplinen weitgehend dieselben kritischen Methoden anwenden, unterscheidet sich die Religionswissenschaft von der Theologie typischerweise durch ihr Erkenntnisinteresse, das letztlich auf eine *säkulare Theorie der Religion* abzielt.[18] Sie ist damit näher an andere säkulare, empirisch gegründete Wissenschaften herangerückt.

Als Standards heutiger religionswissenschaftlicher Tätigkeit können – zumindest idealtypisch – folgende Eckpunkte genannt werden:

- Ihrem säkularen Charakter entsprechend, versteht sich die Religionswissenschaft als empirische und zugleich theoretisch orientierte Wissenschaft, indem sie empirisch-materiale mit Fragestellungen einer säkularen Religionstheorie verknüpft. Sie hat sich daher deutlich von früheren religiös-philosophischen Fragestellungen verabschiedet und versteht sich auch nicht als »Theologie der anderen Religionen« oder »Theologie alternativer Spiritualität«, was ihr gelegentlich unterstellt wird.[19] Ebenso wenig ist sie jedoch eine »Theologie des Atheismus« und begründet daher keine dogmatische Religionskritik.[20] Vielmehr sollte der Atheismus – als normative weltanschauliche Haltung – ebenso zu ihrem Gegenstandsfeld gehören wie religiös-normative Orientierungen.

---

16 So wurde der Titel des XXth World Congress of the International Association for the History of Religions 2010 in Toronto: »Religion – A Human Phenomenon« von vielen Fachkolleginnen und -kollegen als exzellente programmatische Zusammenfassung einer weltanschaulich neutralen und »wissenschaftlichen« Religionswissenschaft verstanden; vgl. Wiebe 2011.

17 Zur Rezeption des kritischen Rationalismus in der Religionswissenschaft vgl. z. B. Seiwert 1977.

18 Vgl. Jensen und Rothstein 2000.

19 Kritisch z. B. Graf 2004.

20 Der von Kurt Rudolph eingeführte Terminus des »methodischen Atheismus« (oder »methodischen Agnostizismus«) bringt dies zwar zum Ausdruck, bewegt sich aber terminologisch noch deutlich in der Nähe der Theologie bzw. ihres Gegenstücks, einer normativen Religionskritik. Vgl. Rudolph 1992, S. 90. Dazu Albrecht 2007.

- Die Religionswissenschaft sieht sich in der Tradition des *Cultural Turn*.[21] Trotz aller unterschiedlichen Nuancierungen wird darunter in der Religionswissenschaft üblicherweise die Abwendung von einem theologisch gefüllten Verständnis von Religion als Ergebnis einer Offenbarung des »Heiligen« in der »Welt« verstanden. Religion wird stattdessen als eine ›normale‹ kulturelle Erscheinung gesehen, die sich ebenso wie andere kulturelle Erscheinungen gesellschaftlich konstituiert.[22] Insofern bringt auch die Bezeichnung *Cultural Turn* zum Ausdruck, dass sich die Religionswissenschaft als säkulare Wissenschaft versteht.

- Die Religionswissenschaft entwickelt ihre Theorien schon seit ihrer Gründungszeit mittels des systematischen Vergleichs von europäischen und aussereuropäischen Religionen. Im Zuge des *Cultural Turn* setzte sie sich kritisch mit ihren eigenen abendländischen Denkvoraussetzungen auseinander und ist insofern der Tradition des *Postcolonial Turn* verpflichtet.[23] Unter diesem Aspekt gesehen, hat sich die Religionswissenschaft in ihrem Selbstverständnis deutlich von früheren Zuschreibungen als einer Art Hilfswissenschaft der westlich-christlichen Theologien verabschiedet, die die »fremden« Religionen im Verhältnis zur »eigenen« untersuchte.[24]

- Ebenso verbindet die heutige Religionswissenschaft historische und gegenwartsbezogene Fragestellungen. Man könnte insofern – neben dem *Cultural* und dem *Postcolonial* Turn – auch von einem *Social scientific Turn* sprechen.[25] Diese Wendung bringt vielleicht am deutlichsten den säkularen Charakter der heutigen Religionswissenschaft zum Ausdruck. Während sich die Arbeitsgebiete und auch die Methoden von FachkollegInnen z. B. in der Europäischen Religionsgeschichte mit denen entsprechender theologischer Fachvertreterinnen naturgemäß überschneiden (obwohl das Erkenntnisinteresse und die theoretische Einbettung durchaus verschieden sein können), ist in diesem Zweig der Religionswissenschaft die Differenz zu religiösen bzw.

---

21 Zur Beschreibung unterschiedlicher »Cultural Turns« vgl. Bachmann-Medick 2010.

22 Vgl. z. B. Gladigow und Kippenberg 1983.

23 Z.B. King 1999.

24 Bis in die Gegenwart gibt es allerdings Debatten, z. B. auf der deutschsprachigen E-mail-Liste »Yggdrasill«, die den säkularen Charakter dieses »Turn« bestreiten und als Alternative eine pluralistisch-theologische Alternative präsentieren (zur Yggdrasill-Liste vgl. Eurpoean Association for the Study of Religions 2013).

25 Charakteristisch dafür sind Arbeiten in der Nachwuchsgeneration seit den späten 1980er Jahren, z. B. Franke 2002, Klinkhammer 2000, Baumann 1993, Usarski 1988, Bochinger 1994, die sich alle an bestimmte sozialwissenschaftliche Religionstheorien anschlossen und/oder mit sozialwissenschaftlichen Methoden arbeiteten. Inzwischen ist dieser Typus einer gegenwartsbezogenen, sozialwissenschaftlich orientierten Religionswissenschaft, zumindest auf der Ebene der Abschlussarbeiten, nach Ansicht vieler FachvertreterInnen zum »Mainstream« geworden, was z. B. bei der DVRW-Tagung 2011 in Heidelberg kritisch reflektiert wurde. Vgl. dazu Freiberger 2013.

theologischen Forschungszugängen nicht nur im Bereich der Theorie, sondern auch der Gegenstandswahl wohl am klarsten erkennbar. Säkularität sollte stärker als bisher auch zum Gegenstand dieser Art von Forschung werden.

2   Zur Abgrenzung zwischen Religion und Säkularität

Aus den oben skizzierten Standards ergeben sich – unabhängig vom gewählten Gegenstandsbereich und der Frage, welchem der genannten »Turns« man sich zuordnet –wesentliche Gemeinsamkeiten heutiger religionswissenschaftlicher Forschung, die sie mit anderen kultur- und sozialwissenschaftlichen Fächern prinzipiell teilt:
- Religion wird, egal ob in historischer oder gegenwärtiger Perspektive, als etwas grundsätzlich Plurales gesehen.[26]
- Neben »hochkulturellen« werden auch »popularreligiöse« bzw. »populärreligiöse« Aspekte von Religion mit gleichem Recht behandelt.[27]
- Synkretismen werden – auf individueller, sozialer wie auch auf der Ebene des religiösen Symbolbestandes – als Normalfall und nicht als Ausnahme gesehen.[28]
- Individuelle Religiosität wird nicht als anthropologisches Kontinuum im Sinne einer »religiösen Anlage« gesehen, die dem Menschen angeboren ist oder ihn sogar erst zum Menschen macht.[29] Vielmehr ist davon auszugehen, dass Religiosität (ebenso wie die Sprache und andere kulturelle Errungenschaften) kulturell erworben wird und damit Ergebnis eines Sozialisationsprozesses ist.[30]

Besonders relevant im Blick auf die Säkularitätsforschung ist der letztgenannte Punkt: Wie die moderne Forschung zeigt, verlaufen Sozialisationsprozesse nicht einlinig, sondern das Individuum ist in der Lage, produktiv und gestaltend mit solchen kulturellen Einflüssen umzugehen.[31] Soweit religiöses Wissen (z. B. das

---

26 Vgl. z. B. Kippenberg, Rüpke, Stuckrad 2009. Zur kritischen Auseinandersetzung mit der Verwendung des Terminus »Pluralismus« in der Religionswissenschaft vgl. Bochinger 2013.
27 Zur Unterscheidung zwischen »Popularreligion« und »Populärreligion« vgl. Knoblauch 2009.
28 Vgl. zusammenfassend Berner 2001.
29 Diese Aussage wird von manchen Richtungen der *cognitive studies* allerdings nicht geteilt, die die Entstehung von Religion auf kognitive Dispositionen des Individuums zurückführen. Dies bedeutet insofern eine Abwendung vom *Cultural Turn*. Vgl. zur Diskussion Schüler 2012.
30 Vgl. Stausberg 2005; Antes 2002.
31 Dazu Hurrelmann 2002; vgl. auch Stausberg 2005, S. 327.

»Wissen«, dass Gott existiert) zum kollektiven Wissensvorrat einer Gesellschaft gehört,[32] mag es für die meisten Individuen selbstverständlich oder gar überlebensnotwendig sein, dieses Wissen zu internalisieren.[33] Zumindest der gemeinschaftlichen Religionspraxis können sie sich möglicherweise nicht entziehen, weil sie sonst aus der betreffenden Gesellschaft ausgeschlossen würden.[34] Säkularitätsforschung bzw. Atheismusforschung kann sich daher in solchen Gesellschaften nur auf die wenigen Individuen beziehen, die sich dem allgemeinen Konsens widersetzen.[35]

Anders ist das in modernen, funktional ausdifferenzierten Gesellschaften, in denen man auch ohne Religion am öffentlichen Leben teilhaben kann. Das hat zur Folge, dass man sich der Religion sehr viel leichter als in traditionellen Gesellschaften entziehen kann und dass man nicht gezwungen ist, sich in religiösen Dingen zu positionieren: Wenn man ohne Religion leben will, beteiligt man sich einfach nicht an religiösen Vollzügen; man braucht sich deshalb nicht als Religionsgegner zu definieren und schon gar nicht gegenüber anderen in dieser Weise Stellung nehmen.[36]

Diese Beobachtung macht es sinnvoll, bei der Säkularitätsforschung zwischen *Formen der expliziten Religionskritik* und *Formen religiöser Indifferenz* zu unterscheiden: Während Religionskritik, z. B. Atheismus, vermutlich in allen religiösen Kontexten zu finden ist, setzt Säkularität im oben beschriebenen Sinne eine funktional ausdifferenzierte Gesellschaft voraus, in der man der Religion »aus dem Weg gehen kann« bzw. ihr womöglich gar nicht erst begegnet, soweit man nicht religiös sozialisiert ist oder in bestimmten öffentlichen Bereichen, etwa im Schulunterricht oder in einem kirchlich geführten Krankenhaus, mit Religion konfrontiert wird.[37]

---

32 Vgl. dazu Knoblauch 2010, S. 157 – 169; Berger, Luckmann 1969.

33 Dies mag die hohen Zustimmungsraten in manchen, u. a. muslimischen Gesellschaften zur Frage nach der Existenz Gottes im Religionsmonitor der Bertelsmann Stiftung erklären; vgl. z. B. Hock 2009.

34 Dass es gleichwohl, selbst beim »einfachen Volk«, auch in solchen gesellschaftlichen Kontexten religionskritische und atheistische Einstellungen geben kann, zeigt exemplarisch die Auswertung von Lebensbeschreibungen von »einfachen Leuten« in ländlichen Gegenden Österreichs und Oberbayerns, die bis auf die Zeit um 1900 zurückgehen. Sie wurden im Institut für Wirtschafts- und Sozialgeschichte der Universität Wien gesammelt und von der Volkskundlerin Oliva Wiebel-Fanderl ausgewertet; vgl. Wiebel-Fanderl 1993.

35 Vgl. zum europäischen Mittelalter Weltecke 2013.

36 Das erklärt die relativ geringen Mitgliederzahlen dezidiert religionskritischer Verbände wie des Humanistischen Verbandes Deutschland oder der Freidenker-Vereinigung in der Schweiz.

37 Gemäß einer empirischen Studie Phil Zuckermans ist es sogar gegenwärtig in den USA, anders als in skandinavischen Ländern, die er zum Vergleich heranzog, schwierig, sich *nicht* für Religion zu interessieren. Wer sich selbst nicht mit Religion identifiziert, habe nur die Wahl, als »Atheist« zu firmieren. Offenbar gelingt es der amerikanischen »Civil Religion«, die

Der für die Forschung entscheidende Unterschied ist, dass man es bei den Formen expliziter Religionskritik mit entsprechenden Selbstzeugnissen auf der Gegenstandsebene zu tun hat, was bei religiöser Indifferenz nicht vorausgesetzt werden kann. Als Religionskritik kann daher gelten, was sich in Textdokumenten und anderen kommunikativen Formen selbst so ausweist. Das ermöglicht es, Religionskritik in beliebigen Epochen und kulturellen Kontexten zu erforschen – soweit es entsprechende Selbstzeugnisse gibt.[38] Dagegen liegen bei Formen der religiösen Indifferenz in der Regel keine entsprechenden Selbstzeugnisse vor, weil sich die Betreffenden nicht von sich aus dazu äußern. Anders als den Vertretern einer expliziten Religionskritik ist ihnen das Thema der Religion subjektiv ‚unwichtig'. Wenn man jedoch mit Mitteln der empirischen Sozialforschung danach fragt, erhält man z. T. elaborierte Äußerungen, wie es das Projekt J. Stolz et al. 2011 – besonders in seinen qualitativen Interviews – deutlich zeigt. Das macht es für eine empirische Wissenschaft, als die sich die Religionswissenschaft definiert, unabdingbar, auf Methoden empirischer Sozialforschung zurückzugreifen, weil mit ihrer Hilfe entsprechende Daten generiert werden können. Dazu braucht man aber bereits eine (Arbeits-)Definition von »Säkularität«, m.a.W.: eine Religionsdefinition.

An dieser Stelle zeigt sich ein grundsätzliches Theorieproblem in der Religionswissenschaft: Im Zuge des *Cultural Turn* hat sich weitgehend die Auffassung durchgesetzt, dass die Religionswissenschaft auf eine Definition von Religion entweder ganz verzichten oder diese so offen wie möglich halten solle. Wer die Frage nach der Definition nur schon stellt, setzt sich heutzutage schnell dem Vorwurf des »Essenzialismus« aus. Die Konzepte »Religion« und »Religionen« werden damit nicht etwa kritisch reflektiert, sondern ganz selbstverständlich als Gegenstand der Religionswissenschaft vorausgesetzt, als ob man darüber nicht zu diskutieren bräuchte.[39] Einführungen in die Fachdisziplin beginnen deshalb meistens mit der Bemerkung, dass es Dutzende von Religionsbestimmungen gebe, dass der Religionswissenschaftler jedoch gut daran tue, sein Gegenstandsfeld offen zu halten.[40] Im deutschsprachigen Fachdiskurs haben dies v. a. Hans Kippenberg und Kocku von Stuckrad radikal umgesetzt, indem sie sich dem bekannten Diktum Jonathan Z. Smiths anschließen: »Es gibt keine Daten

---

ansonsten ebenfalls funktional hoch ausdifferenzierte amerikanische Gesellschaft viel stärker zu durchdringen, als das in Europa üblich ist (vgl. Zuckerman 2012).

38 Vgl. z. B. Berner, Tanaseanu-Döbler 2009; Berner, Quack 2012 und die oben in Anm. 2 genannte weitere Literatur.

39 Kritisch dazu Bergunder 2011. Ähnlich schon Pollack 1995, S. 165, bes. Anm. 7. Vgl. auch Zinser 2010, S. 36 – 38: Zinser beschreibt die verbreitete Abneigung der Religionswissenschaft, Religion zu definieren, als Fortsetzung der früheren Debatten um die Bestimmung ihres Gegenstandes, etwa die Bestimmbarkeit des Gottesbegriffs.

40 Vgl. etwa F. Stolz ³2001; Hock 2002.

für Religion. Religion ist ausschließlich das Produkt des Wissenschaftlers«.[41]
Aus diesem Grund verzichten sie, wie viele andere Autoren, auf eine Bestimmung des Gegenstandes »Religion«.[42]

Das Diktum von Smith ist durchaus anschlussfähig an die Grundhypothese
der meisten sozialwissenschaftlichen Forschungsansätze, nach der jede Daten-
erhebung (wie auch die Auswertung) abhängig von der Fragestellung des Forschenden ist. Allerdings verzichten die betreffenden Nachbarwissenschaften
deshalb nicht auf eine Definition ihrer Gegenstände – wenn sie auch in der Regel
weit entfernt sind von den Wesensdefinitionen der Religionsphänomenologie.
Soweit sie empirisch arbeiten, benötigen sie, v. a. für quantitative Studien, zumindest eine Arbeitsdefinition, um eine heuristische Forschungshypothese er-
stellen zu können. Dabei ist nach allgemeiner Übereinkunft die Überzeugung
leitend, dass jede Definition als Konstruktion zu verstehen ist, die nie für alle
Zeiten festgelegt ist, sondern immer wieder neu bestimmt werden muss.[43]

Wenn man die Religiosität der Menschen untersuchen will, braucht man
daher eine operationalisierungsfähige Religionsdefinition. Sie muss so spezifisch sein, *dass sie eine eindeutige Unterscheidung zwischen Religion und Nicht-
Religion zulässt.*[44] Das gilt besonders für quantitative Methoden. Der offenere,
explorative Zugang qualitativer Studien lässt sich dazu nutzen, eine solche
Definition zu erschließen oder zu schärfen. Aber auch bei qualitativ-empirischer
Arbeit lässt sich eine vorläufige Bestimmung von Religion und Säkularität
grundsätzlich nicht vermeiden, weil man sonst keine Forschungsfrage entwickeln kann. Wie die genauere Analyse qualitativ-empirischer Arbeiten über
Religion zeigt, liegt auch diesen jeweils eine Definition von Religion zugrunde,
auch wenn sie offener sein mag als die der quantitativen Studien. Da es die
quantitative Arbeit aber letztlich braucht, um religionsbezogene Entwicklungen
in der Gesellschaft nicht nur explorieren, sondern in ihrer Gesamtwirkung
einschätzen zu können, sollte im sozialwissenschaftlichen Zweig der Religionswissenschaft eine stärkere Auseinandersetzung auch mit quantitativer empirischer Arbeit erfolgen.

Es ist bezeichnend, dass die meisten neueren Religionsdefinitionen von so-
zialwissenschaftlicher Seite kommen.[45] Die Religionswissenschaft sollte ihre

---

41 Kippenberg, Stuckrad 2003, S. 37, im Rekurs auf Smith 1978.
42 Vgl Kippenberg, Stuckrad 2003, S. 38.
43 Vgl. dazu schon Pollack 1995, S. 165 – 167, S. 177 – 179, S. 182 – 183, der dies explizit im Blick
   auf den kulturwissenschaftlichen Ansatz der Religionswissenschaft diskutiert. Pollack
   spricht nach F.X. Kaufmann von einem »problemanzeigenden Begriff« der Religion, der »als
   heuristische Hypothese formuliert sein« müsse, »die sich empirisch füllen oder auch kor-
   rigieren lässt« (Pollack 1995, S. 183).
44 Vgl. Pollack 1995, S. 166.
45 Zu nennen ist allerdings Hartmut Zinsers ausführliche Darstellung des Problems, verbunden
   mit einem Definitionsvorschlag, den er selbst als »historisch« (im Unterschied zu funktio-

Kompetenz dahingehend einbringen, dass sie Engführungen solcher Religionsdefinitionen, die zumeist aus der unreflektierten Verallgemeinerung kirchlich-christlicher Religiositätsaspekte herrühren, mit Hilfe ihres komparativen »Knowhow« kritisch hinterfragt und ggf. weiterentwickelt oder durch besser geeignete ersetzt.[46] Ein bloßes Vermeiden der Definitionsproblematik hilft hier nicht weiter. Es führt dazu, dass handhabbare Bestimmungen des Gegenstandes »Religion« gar nicht erst entwickelt, sondern aus anderen Disziplinen »geborgt« werden, die damit weniger Skrupel haben. Das behindert letztlich die eigen-

---

nalen oder substanziellen Definitionen) bezeichnet (vgl. Zinser 2010, S. 35 – 80). Zinser nennt als Merkmale einer Religionsdefinition: (1) die »Unterscheidung religiös – nichtreligiös; (2) die Deutung einer Sache durch die Beteiligten als »religiös«; (3) »Religionen sind Taten des Geistes« oder »Gestaltungen des kollektiven Geistes«, d. h. Produkte gesellschaftlich gebundener Denkprozesse; (4) »Selbstbezeichnung und soziale Anerkennung«: »Religion ist immer […] eingebettet in die kollektiven Anschauungen« der betr. Gesellschaft (Zinser 2010, S. 68 – 69, 78 – 79). M.E. handelt es sich dabei nicht um eine Definition im eigentlichen Sinne, sondern eher um eine Beschreibung dessen, wie eine historische, nichttheologisch bestimmte Religionswissenschaft an ihren Gegenstand herangehen soll (vgl. dazu oben, Abschnitt 1). Für die Fragestellung des vorliegenden Beitrags ist sie insofern kaum anwendbar, weil sie – konsequent historisch angelegt – rückblickend das als religiös beschreibt, was vom jeweiligen sozialen Kontext selbst so ausgewiesen wird. Die typischen Probleme bei der Beschäftigung mit modernen Subjektivierungsprozessen (vgl. dazu bei Zinser selbst S. 79 – 80) – etwa die häufig zu findende Selbstaussage von Zeitgenossen, sie seien »nicht religiös, aber spirituell« (s. dazu unten, 3.2. und 4.2.) können mit diesem Zugang schlecht bearbeitet werden. Streng genommen, müsste man, wenn man Zinser folgt, alles, was sich selbst als »spirituell« bezeichnet, sowohl aus der Religions- wie aus der Säkularitätsforschung ausblenden und eine eigene »Spiritualitätsforschung« dafür entwickeln. Damit lässt sich aber das heuristische Potenzial nicht nutzen, das auf emischer Ebene gerade in der Unbestimmtheit, im Durchlässigwerden der traditionellen Grenzen zwischen »Religion« und »Nicht-Religion« besteht. Zinsers Ansatz kann auch nicht im Umkehrschluss auf die Definition von »Säkularität« übertragen werden, weil – wenn man nur das als Religion gelten lässt, was sich selbst so deutet – Säkularität folglich der »große Rest« ist, eine amorphe Masse, die all das enthält, was nicht religiös ist. Dennoch müssen die einzelnen »Merkmale« bei der Beschreibung des Zugangs auch einer Säkularitätsforschung sicherlich beachtet werden: (1) Die Erforschung von »Säkularität« setzt auf der etischen Ebene der Forschenden eine klare Vorstellung von »Religion« voraus; (2) empirische Forschung muss die emische bzw. objektsprachliche Ebene, d. h. die Selbstbeschreibung als »religiös« bzw. »säkular« ernst nehmen (allerdings reicht das m. E. für eine Definition nicht aus, weil auf dieser Basis allein keine Theorie entwickelt werden kann); (3) Religion ist kein anthropologisches Kontinuum, sondern – wissenssoziologisch übersetzt – eine gesellschaftliche Wirklichkeitskonstruktion (die unter gegenwärtigen Bedingungen allerdings brüchig bzw. »fuzzy« geworden ist, s. dazu Abschnitt 3.2. und 4.2.); (4) Rein individuelle Sinnkonstruktionen sollten nicht als »religiös« bezeichnet werden, wenn sie nicht kollektiv eingebettet sind (dies habe ich in Abschnitt 4.2. mit dem Aspekt des »kollektiven Geltungsgrundes« von Religion aufgegriffen).

46 So spricht Pollack in seinem Beitrag von 1995 noch u. a. von »pseudoreligiösen Phänomenen«, »Aberglauben«, »Jugendreligionen«, »neuer Innerlichkeit«, »Sinnsuche«, »Okkultismus«, »Wahrsagerei« (Pollack 1995, S. 166, S. 182) – aus religionswissenschaftlicher Sicht sicherlich kein geeignetes Vokabular, um die Vielfalt gegenwärtiger Religiosität ohne apologetische Scheuklappen erfassen zu können.

ständige religionswissenschaftliche Theoriebildung gemäß den in Abschnitt 1 skizzierten Kriterien. Im Blick auf die religiöse Gegenwartskultur Westeuropas ist es besonders aus zwei Gründen nötig, die Unterscheidung zwischen Religion und Nicht-Religion besser als bisher zu klären:

- Zwar ist es nur zu berechtigt, die Universalität des westlichen Religionsverständnisses in Frage zu stellen;[47] jedoch ist zu beachten, dass auch nichtwestliche Religionsformen, sobald sie aufgrund moderner Migrationsbewegungen nach Europa kommen, mit dem hier vorherrschenden Religionsverständnis konfrontiert sind und sich zwangsläufig damit auseinandersetzen müssen.[48] In der Terminologie der Soziologin Yasemin Soysal sind sie mit einem »Inkorporationsregime« konfrontiert, das sie zu gewissen Anpassungen zwingt.[49] Wer z. B. in Deutschland Religionsunterricht nach Art. 7,3 des Grundgesetzes anbieten will, muss so etwas wie eine Kirchenstruktur ausbilden, auch wenn das nach den Kriterien der betreffenden Religion abwegig erscheinen mag.[50]
- Zum anderen ist es unmöglich, »Säkularität« zu erforschen, wenn man nicht benennen kann, was als »Religion« und was als »Nicht-Religion« gelten soll. Zwar lässt sich bei Formen expliziter Religionskritik aus emischen Diskursen, v. a. anhand von Selbstzeugnissen, noch relativ einfach ein metasprachlicher (etischer) Begriff von »Säkularität« erschließen, jedoch bleiben dabei die Formen religiöser Indifferenz völlig unsichtbar, weil sie sich nicht explizit artikulieren.

---

47 Vgl. dazu z. B. Kleine 2012. Daraus ergeben sich Anfragen an das Vorgehen des Religionsmonitors der Bertelsmann-Stiftung (Vgl. Bertelsmann Stiftung 2009), der die in Deutschland entwickelten Items seines Fragebogens ohne nähere hermeneutische Klärung des Bedeutungskontextes in verschiedenste Sprachen übersetzte. Ob mit einem bestimmten Item in den unterschiedlichen Kontexten auch dasselbe erfragt wurde, darf stark bezweifelt werden. Schon innerhalb europäischer Länderkontexte gibt es offensichtliche Gegenbeispiele (vgl. bezüglich Spaniens z. B. Casanova 2009, S. 243 – 244, S. 246). Darüber hinaus ist zu bezweifeln, dass die erfragten Items für alle Religionen gleichermaßen bedeutsam sind: Der Maßstab bleibt der des modernen westeuropäischen Christentums. An dieser Stelle ist noch sehr viel Forschung nötig. Vgl. dazu auch die differenzierte Diskussion der Ergebnisse des Religionsmonitors in Wilke 2013, bes. S. 52 – 56, S. 65 – 66.
48 Gegen eine zu wörtliche Deutung des oben erwähnten Diktums von J.Z. Smith ist darauf hinzuweisen, dass Religion in diesem Sinne nicht nur ein »Produkt des Wissenschaftlers«, sondern eine nach wie vor mit erheblichen Machtfaktoren verbundene Konstruktion der westeuropäischen Gesellschaften ist, deren Regeln sich Religionsgemeinschaften und andere Akteure nicht oder nur schwer entziehen können.
49 Vgl. Soysal 1994.
50 Bezogen auf die Schweiz, wurden zahlreiche Beiträge zu dieser Frage aus unterschiedlicher Fachperspektive in den Projekten des Schweizer Nationalen Forschungsprogramms 58, »Religionsgemeinschaften, Staat und Gesellschaft«, erarbeitet. Vgl. zusammenfassend Bochinger 2012; vgl. auch NFP 58 Religionsgemeinschaften, Staat und Gesellschaft 2013.

Daher ist es auch aus religionswissenschaftlicher Sicht durchaus sinnvoll, begrenzte Bestimmungen von Religion zu entwickeln, auch wenn diese z. B. nur für den Kontext einer funktional hoch ausdifferenzierten, westlichen Gesellschaft geeignet sein mögen. Die nötige konstruktive Kritik an solchen Definitionsbemühungen sollte sich darauf richten, die Grenzen ihrer Reichweite bewusst zu machen.

In den beiden folgenden Abschnitten soll deshalb die Frage der Bestimmung von Religion und Säkularität genauer in den Blick genommen werden. Das Vorgehen schließt, ähnlich wie schon von Pollack 1995 beschrieben,[51] an übliche sozialwissenschaftliche Verfahren an, die zwischen einem möglichst offengelegten theoretischen Vorverständnis, der empirischen Überprüfung dieses Vorverständnisses und der Bildung empirisch gegründeter Hypothesen iterieren.[52] Um einen Einblick in die empirische Datenlage zu erhalten, werden dafür zunächst vorhandene sozialwissenschaftliche Befunde zur Religionsforschung im Umkehrschluss auf die Säkularität übertragen. Im abschließenden Teil des Beitrags werden auf dieser Grundlage Konsequenzen für die religionswissenschaftliche Theoriebildung benannt.

3   Säkularität in der Empirie

Der folgende Abschnitt greift auf ein analytisches Konzept von »Religion« zurück, das ich gemeinsam mit Katharina Frank für die Zwecke der empirischen Religionsforschung entwickelt habe.[53] Es unterscheidet – im Anschluss an ein allgemeines Modell von Talcott Parsons – zwischen drei möglichen Aspekten von Religion, die jeweils in Wechselwirkung miteinander stehen: »individuelle Religiosität«, »religiöse Gemeinschaft« und »religiöser Symbolbestand«. Es legt sich nahe, auch bei der Frage nach der Säkularität zwischen einem individuellen, einem sozialen/institutionellen und einem kulturell-symbolischen Aspekt zu unterscheiden. Da die bisherige sozialwissenschaftliche Forschung sich fast ausschließlich mit den beiden erstgenannten Aspekten befasste,[54] werden im

---

51 Vgl. Pollack 1995, S. 165, S. 183.

52 Dass quantitative und qualitative Methoden trotz aller methodologischen Differenzen in diesem grundlegenden, prozessualen Verständnis wissenschaftlicher Erkenntnis übereinstimmen, zeigt exemplarisch Strübing ²2008.

53 Vgl. Bochinger, Frank 2013. Für anregende Diskussionsbeiträge danke ich außerdem Jörg Stolz (Lausanne), Raphael Walthert (Zürich), sowie aus Bayreuth Bernt Schnettler, Ulrich Berner, Stefan Kurth, Monika Schrimpf, Karsten Lehmann, Christian Uhrig, Stefan Schröder und allen Studierenden, die sich in meinen Seminaren damit befassen mussten.

54 Eine interessante Ausnahme bildet die Arbeit von Engelbrecht, Rosowski 2007, die sich mit Hilfe einer an religionssoziologischen Verfahren angelehnten Methode mit den Sinnstrukturen und Lebensentwürfen »säkularer« Männer befasste. Auch Schnettler 2004 befasst sich

Folgenden nur die entsprechenden Befunde zum individuellen und sozialen/ institutionellen Aspekt von Säkularität erfasst. Es schließt sich ein weiterer Abschnitt an, der die Wechselwirkungen zwischen dem Religionssystem und anderen (säkularen) Teilsystemen der Gesellschaft (u. a. dem Politik- und dem Mediensystem) beschreibt.

3.1   Religion und Säkularität bei Individuen

In diversen quantitativ-empirischen Längsschnitt-Untersuchungen,[55] die z. T. bereits seit Jahrzehnten durchgeführt werden, zeigt sich in mittel- und westeuropäischen Ländern eine stetige Abnahme institutioneller, an die jeweilige Religionsgemeinschaft gebundener Religiosität. Dieser Befund wird im deutschen Kontext bestätigt durch die Mitgliedschaftsuntersuchungen der EKD, die ebenfalls seit den 1970er Jahren im zehnjährigen Abstand erhoben werden, und weitere Studien ähnlicher Art.[56] Die Studien zeigen zugleich, dass säkulare Weltanschauungen und Lebensweisen in der Bevölkerung Europas immer stärker verbreitet sind.[57] Sie zeigen aber auch, dass die Entwicklung nicht eindimensional ist. Auch wenn Menschen immer größere Distanz z. B. von traditionellen Glaubensvorstellungen haben oder sich nicht an die moralischen Vorgaben der betreffenden Institutionen halten mögen, bleiben sie vielleicht trotzdem ihren Religionsgemeinschaften in gewisser Hinsicht verbunden.[58] Oder sie entwickeln eigene Vorstellungen und Praktiken, die unabhängig von solchen institutionellen Vorgaben sind. Die klassische Säkularisierungsthese[59] reicht daher zu einer angemessenen Erfassung der unterschiedlichen Entwicklungen sicher nicht aus. Vielmehr sind die vielfältigen Aspekte der »Fuzzy Religion«[60] zu berücksichtigen, die unterschiedliche Intensitätsgrade von Religiosität/Säkularität, unterschiedliche zeitliche und lebensgeschichtliche Profile

---

mit religionsähnlichen, aber in ihrer Selbstsicht eindeutig nicht-religiösen individuellen Weltbildern.

55 U.a. WVS, EVS, ISSP, für Deutschland auch ALLBUS, vgl. dazu Ramsel 2011, bes. S. 23 – 30.

56 Vgl. zusammenfassend Pickel u. Sammet 2011; vgl. auch Bertelsmann Stiftung 2009, insbesondere die Beiträge von Gabriel, Petzold und Wohlrab-Sahr.

57 Die z. T. gegenläufigen Ergebnisse des Bertelsmann Religionsmonitors 2008 erklären sich m. E. damit, dass in dieser Studie eine äußerst niedrige Schwelle für die Einstufung der Befragten als »religiös« angewandt wurde, was vermutlich mit dem Erkenntnisinteresse der Akteure der Stiftung zu tun hatte. Vgl. Bertelsmann Stiftung (Hg.) 2009; zum Instrument vgl. S. Huber 2003, 2009. Vgl. dazu kritisch Anm. 47 sowie Abschnitt 4,2, bei Anm. 128.

58 Vgl. dazu den programmatischen Titel der dritten EKD-Mitgliedschaftsstudie: »Fremde Heimat Kirche« (Engelhardt, Löwenich, Steinacker 1997).

59 Vgl. Pollack 2003. Zu dieser Debatte vgl. insgesamt auch Wilke 2013.

60 Vgl. Storm 2009; Voas 2009.

des religiösen Interesses und die plurale Rezeption mehr oder weniger »religiöser« Ressourcen aus unterschiedlichen Quellen umfasst.

Um das komplexe Verhältnis zwischen individueller Religiosität und Säkularität genauer zu beschreiben, werden im Folgenden exemplarisch die Ergebnisse einer neuen Schweizer Studie betrachtet, die im Rahmen des Nationalen Forschungsprogramms 58, »Religionen, Staat und Gesellschaft« des Schweizerischen Nationalfonds entstand.[61] Sie ist für eine religionswissenschaftliche Deutung besser anschlussfähig als die meisten anderen Studien, weil sie als Längsschnittstudie angelegt ist und damit den Vergleich mit früheren Daten erlaubt,[62] zugleich aber differenzierter ist als die genannten Wertestudien, nicht auf bestimmte Kirchenmitgliedschaften beschränkt ist und nicht-kirchliche religiöse Orientierungen vergleichsweise detailliert und sachkundig erfragt.[63] Die Studie wurde mit einem Mixed-Method-Verfahren unter Verwendung qualitativer Interviews erarbeitet.

Die Studie zeigt insgesamt, dass die Schweizer Bevölkerung im Vergleich zu den Jahren 1989 und 1999 immer weniger »religiös« geworden ist, gemessen an Kriterien wie religiöser Praxis (Gottesdienst, Gebet, alternative religiöse Praktiken), religiösen Überzeugungen (Glaube an Gott, an eine höhere Macht, an ein Leben nach dem Tod usw.), religiöser Erziehung der eigenen Kinder, der Wichtigkeit von Religion als Selbstbeschreibungskategorie und der Wichtigkeit von Religion als »Wert« im Vergleich mit Familie, Freizeit, Arbeit oder Politik.

J. Stolz et al. entwickelten auf der Basis ihres Mixed Method-Verfahrens vier Religiositätstypen: die »Institutionellen« (17 %), die »Alternativen« (9 %), die »Distanzierten« (64 %) und die »Säkularen« (10 %). Die erste Gruppe umfasst in der Mehrheit landeskirchlich orientierte Christen, deren Religiositätsformen den seelsorgerlichen Angeboten und Vorgaben der betreffenden Kirchen mehr oder weniger entsprechen, daneben aber auch freikirchlich orientierte Christen, deren Anzahl in der Schweiz ca. 2 % der Bevölkerung ausmacht. Die »Alterna-

---

61 Vgl. vorläufig: J. Stolz, Könemann, Schneuwly Purdie, Englberger, Krüggeler 2011; J. Stolz 2012. Der Verfasser des vorliegenden Beitrags bedankt sich an dieser Stelle bei den Projektbeteiligten für die Möglichkeit, über die noch unpublizierten Rohdaten zu sprechen, und insbesondere bei Jörg Stolz, Lausanne, Olivier Favre, Lausanne, Katharina Frank, Zürich und Andrea Rota, Bern/Fribourg, für weiterführende Diskussionen.

62 Bereits 1989 wurde die erste Schweizer Studie dieser Art vorgelegt: Campiche und Dubach 1993; im Jahr 1999 wurde eine zweite Befragung durchgeführt: Campiche 2004. Die genannte Studie von J. Stolz et al. integrierte die Fragen dieser Surveys sowie weitere aus dem International Social Survey Program (ISSP), entwickelte darüber hinaus aber auch zusätzliche Items.

63 Bei der Auswertung wurden allerdings aus methodischen Gründen die erhobenen Daten von Angehörigen nicht-christlicher Religionen, insbesondere der Schweizer Muslime, nicht ausgewertet. Die Studie beschränkt sich daher auf Christen aller Art und aller Religiositätsgrade sowie auf »Säkulare«, die insgesamt mehr als 90 % der Schweizer Bevölkerung ausmachen.

tiven« suchen sich eigene Wege der Spiritualität oder Religiosität.[64] Sie zeichnen sich laut J. Stolz et al. u. a. durch einen hohen Bildungsgrad und ein hoch individualisiertes Auswahlverhalten bezüglich religiöser Inhalte aus; der Typus ist bei Frauen weit stärker verbreitet als bei Männern und hat seinen zahlenmäßigen Schwerpunkt in der Altersgruppe zwischen 40 und 60 Lebensjahren.[65]

Nimmt man die Typen der »Distanzierten« und der »Säkularen« genauer unter die Lupe, so zeigt sich, dass beide äußerst heterogen sind: So finden sich beispielsweise in beiden Gruppen Individuen mit und ohne Kirchenzugehörigkeit, Individuen, die sich für das Göttliche interessieren oder auch nicht, Personen, die das Christentum als Basis der Gesellschaft betrachten oder auch nicht. Trotzdem kommen J. Stolz et al. zu dem Schluss, dass sich die Säkularen tendenziell durch ein »*Neither Belonging nor believing*«, die Distanzierten dagegen durch ein »*Belonging without believing*« auszeichnen.[66] Bei den Distanzierten seien zwar gewisse religiöse und spirituelle Vorstellungen und Praktiken zu beobachten, und sie würden sich häufig einer Religionsgemeinschaft zurechnen, diese bedeute ihnen aber lebenspraktisch nicht viel oder gar nichts.[67] Bei den Säkularen gebe es keinerlei religiöse Glaubensüberzeugungen und Praktiken, wobei sich idealtypisch nochmals zwei Gruppen unterscheiden ließen: die Indifferenten und die Religionsgegner.[68]

Insgesamt sehen J. Stolz et al. – im Anschluss an David Voas' Deutung der »Fuzzy Fidelity«[69] – einen allgemeinen Trend von der institutionellen Religion über die Distanzierung zur Säkularität.[70] Auch den Typus der »Alternativen«, die sie mit 9 % der Schweizer Bevölkerung angeben, sehen sie in diesem Sinne als Übergangsstadium zwischen institutioneller Religiosität und Säkularität.[71] Da es bezüglich der »Alternativen« aber keine verlässlichen Längsschnitt-Daten gibt, halte ich diese Schlussfolgerung zumindest nicht für zwingend. Es könnte sich auch um ein typisches Phänomen des mittleren Lebensabschnitts handeln, das sich unabhängig von den sonstigen Mustern religiöser Tradierung über die Generationen hinweg als eigener Religiositätstypus hält; schon in den 1980er-

---

64 Die Gruppe der »Alternativen« ist, wie Jörg Stolz bestätigte, in mehrfacher Hinsicht den »Spirituellen Wanderern« in einer qualitativen Studie an der Universität Bayreuth sehr ähnlich; vgl. dazu Bochinger, Engelbrecht, Gebhardt 2009.

65 J. Stolz Könemann, Schneuwly Purdie, Englberger, Krüggeler 2011, S. 6 – 16, S. 18 – 21, S. 24 – 27 et passim. Vgl. J. Stolz 2012.

66 J. Stolz, Könemann, Schneuwly Purdie, Englberger, Krüggeler 2011, S. 13, im Anschluss an die bekannte Formel von Davie 1996, »Believing without belonging«; vgl. dazu auch Graphik 6, ebd.

67 Vgl. J. Stolz, Könemann, Schneuwly Purdie, Englberger, Krüggeler 2011, S. 11.

68 Vgl. J. Stolz, Könemann, Schneuwly Purdie, Englberger, Krüggeler 2011, S. 12.

69 Vgl. Voas 2009.

70 Vgl. J. Stolz, Könemann, Schneuwly Purdie, Englberger, Krüggeler 2011, S 4, S. 32 – 33.

71 J. Stolz Könemann, Schneuwly Purdie, Englberger, Krüggeler 2011, S. 3 – 4.

Jahren bezeichnete ein kundiger Verlagslektor in diesem Sinne das damalige »New Age« als »Midlife-Crisis der 68er Bewegung«.[72] Nicht zu bestreiten ist jedoch, dass es sich bei den »Alternativen« in der Form, wie sie J. Stolz et al. von anderen Typen abgrenzen, um eine zahlenmäßig zwar beachtliche, aber doch begrenzte Gruppe in der Schweizer Bevölkerung handelt. In Deutschland dürfte dies ähnlich sein.

Die nur begrenzte Reichweite des Typus der »Alternativen« ist sehr relevant für die Frage nach der Säkularitätsforschung: Der Befund widerspricht auf den ersten Blick der verbreiteten These im Anschluss an Thomas Luckmanns Religionstheorie,[73] nach der in modernen Gesellschaften die Religion nicht verschwinde, sondern sich von traditionellen institutionellen Formen zu individualisierten und privatisierten Formen der Religiosität oder Spiritualität transformiere. Die »populäre Religion« wird damit zur Sozialform der Religion in der (Spät-)Moderne.[74] Diese These wurde zwar durch vielfältige qualitativ-empirische Studien unterlegt,[75] wurde bisher aber nie in ausreichend differenzierten quantitativen Studien auf ihre tatsächliche Verbreitung überprüft. Die üblichen Items quantitativer Studien für alternative religiöse Orientierungen, die aus den Diskursen kirchlicher Apologetik stammen, wie »Glaube an Wahrsagerei«, nützen hierfür wenig, weil sich die betreffenden Menschen nicht mit jenen Zuschreibungen identifizieren.

Die Studie von J. Stolz et al. ist an dieser Stelle differenzierter. Im Blick auf die nötige Abgrenzung zwischen Religion und Säkularität gibt es allerdings weiteren Klärungsbedarf bei der Deutung der Ergebnisse. Insbesondere muss dabei berücksichtigt werden, dass gegenwärtige Religiositätsformen zwar von Deinstitutionalisierungsprozessen unterschiedlicher Art geprägt sind,[76] gleichzeitig aber auch neue Sozialformen mit geringem Institutionalisierungsgrad entstehen.[77]

Auch ist zu berücksichtigen, dass die Bandbreite religiöser und spiritueller Ausdrucksformen insgesamt stark gewachsen ist, was die Studie von J. Stolz et al. durchaus im Blick hat. Kirchenmitglieder, die nach der Typologie von J. Stolz et al. den »Institutionellen« zuzurechnen sind (weil sie z. B. regelmäßig den Gottesdienst besuchen), bedienen sich gleichzeitig alternativer Religiositätsformen

---

72 Bochinger 1994, S. 171.
73 Vgl. Luckmann 1991. Zu Luckmann vgl. unten, Abschnitt 4.2.
74 Knoblauch 2009; vgl. auch Knoblauch 2005; Heelas, Woodhead 2005 und viele andere Studien. Diese These habe ich auch selbst in früheren Veröffentlichungen vertreten (u. a. Bochinger 1994, eingeschränkt auch in Bochinger, Engelbrecht, Gebhardt 2009).
75 Vgl. aus dem Bereich der Religionswissenschaft z. B. Bochinger 1994, Bochinger, Engelbrecht, Gebhardt 2009.
76 So die Deutung von Jörg Stolz, der damit Prozesse der Säkularisierung, Individualisierung und Pluralisierung der Religiosität zusammenfasst; vgl. J. Stolz 2012, hier S. 83 – 90.
77 Dazu Hero 2010; vgl. auch Bochinger, Engelbrecht, Gebhardt 2009, bes. S. 121 – 143.

und entwickeln diese sogar mit.[78] Darüber hinaus konnten wir im erwähnten Bayreuther Projekt beobachten, dass es verschiedene Modi des Umgangs mit alternativer Spiritualität gibt: Der von J. Stolz et al. beschriebene Typus der »Alternativen« dürfte mit dem kongruieren, was in unserer Studie als »programmatischer Modus« des spirituellen Wanderns beschrieben wurde. Daneben gibt es einen – nach unserem Eindruck wesentlich stärker verbreiteten – »pragmatischen Modus«, der je nach Lebenslage von Fall zu Fall auf Inhalte alternativer Spiritualität zurückgreift – ebenso wie auch auf die Angebote traditioneller religiöser Institutionen – oder auch nicht.[79]

Insgesamt sollte man deshalb davon ausgehen, dass Religiositätsformen für quantitative Studien immer »unsichtbarer« werden, je näher sie dem Typus der Säkularen kommen. Die herkömmliche Sichtweise der Säkularisierungstheoretiker, dass am Ende eine völlig religionslose Masse und daneben kleine Glaubensgemeinschaften sowie Atheistengruppen mit jeweils überzeugten, traditionell orientierten Anhängern übrig blieben, spiegelt daher eher die Mängel der Messinstrumente als die Realität. Ebenso unrealistisch ist aber – in Anbetracht der Studie von J. Stolz et al. und ähnlichen quantitativen Studien – die aus der Luckmannschen Religionstheorie abgeleitete These, dass sich institutionelle Religiosität im großen Stil in alternative, individualisierte Spiritualität transformiere und insgesamt kein Rückgang der Religiosität zu verzeichnen sei. Gerade im Blick auf das komplexe Verhältnis zwischen Religiosität und Säkularität lohnt sich vielmehr eine Relektüre der Theorie Luckmanns mit ihren unterschiedlichen analytischen Ebenen.[80]

Unstrittig ist jedenfalls die generelle Beobachtung, dass die Religiosität der Schweizer Bevölkerung insgesamt abnimmt. Das belegen auch, bezogen auf die Mitgliedschaft in religiösen Gemeinschaften, die jüngsten Zahlen zur Religionszugehörigkeit in der Schweiz, die alle zehn Jahre vom Schweizer Bundesamt für Statistik erhoben werden. So ist die Zahl der Reformierten und Katholiken von zusammen 87,2 % im Jahr 1990 auf 66,6 % im Jahr 2010 gesunken; die Zahl der Konfessionslosen ist im selben Zeitraum von 7,5 % im Jahr 1990 auf 20,1 % im Jahr 2010 angestiegen.[81]

Für Deutschland gibt es keine entsprechenden Längsschnittzahlen, weil bei den vergangenen Volkszählungen nicht nach der Religionszugehörigkeit gefragt wurde.[82] Die Angaben über Religionsgemeinschaften, die keinen Körper-

---

78 Vgl. Bochinger, Engelbrecht, Gebhardt 2009; vgl. auch Franke 2002.
79 Bochinger, Engelbrecht, Gebhardt 2009, S. 33 – 34, S. 36, S. 54, S. 56 u. ö.
80 Vgl. dazu Abschnitt 4.2.
81 Bundesamt für Statistik [Schweiz] 2012.
82 Im Zensus 2011 der Statistischen Ämter des Bundes und der Länder, dessen Ergebnisse 2013 zu erwarten sind, wurden entsprechende Angaben mit abgefragt, die aber bis zum Redak-

schaftsstatus besitzen, darunter auch die Gemeinschaft der Muslime, beruhen auf Schätzungen. Auch die Zahl der Konfessionslosen kann daher nur indirekt berechnet werden.[83] Nach den sorgfältigen Recherchen des Religionswissenschaftlichen Medien- und Informationsdienstes e.V., Marburg (REMID), gibt es in Deutschland derzeit insgesamt ca. 56 Millionen Angehörige von Religionsgemeinschaften, das sind ca. 68 % der Gesamtbevölkerung von ca. 82 Millionen. Das bedeutet, dass die Konfessionslosen mit ca. 26 Millionen »Mitgliedern« (ca. 32 % der Gesamtbevölkerung) inzwischen in Deutschland die größte »Konfession« bilden. Sie liegen deutlich vor den 24,5 Millionen (ca. 30 %) Mitgliedern der Römisch-katholischen Kirche und den 23,6 Millionen (ca. 29 %) landeskirchlichen Protestanten im Jahr 2011 bzw. 2012.[84]

Zu noch höheren Zahlen bei den Konfessionslosen kommt die »Forschungsgruppe Weltanschauungen in Deutschland« (fowid): Nach deren Berechnung gab es 2011 in Deutschland 37,6 % Konfessionsfreie gegenüber jeweils 29 % katholischen und evangelischen Menschen, 2,3 % Muslimen und 2,1 % »anderen«.[85] Rechnet man zusätzlich ein, dass es auch unter den Kirchenmit-

---

tionsschluss des vorliegenden Bandes noch nicht veröffentlicht wurden. Vgl. Statistische Ämter des Bundes und der Länder 2012.

83 Vgl. dazu auch Pickel 2011, der eigene Berechnungen im Vergleich zwischen West- und Ostdeutschen vorlegte.

84 Vgl. REMID 2013. Im Statistischen Jahrbuch 2012 des Statistischen Bundesamts werden für das Jahr 2010 24,6 Millionen Römische Katholiken und 23,9 Millionen evangelische Kirchenmitglieder angegeben, s. Statistisches Bundesamt [Deutschland] 2012, 65.

85 Vgl. Forschungsgruppe Weltanschauungen in Deutschland 2012. Die Unterschiede bei den Prozentzahlen zwischen fowid und meiner eigenen Auswertung der REMID-Daten erklären sich folgendermaßen (vgl. ebd., S. 8): Erstens wurden bei fowid die statistischen Angaben der katholischen Bistümer, die im Statistischen Jahrbuch veröffentlicht werden, wegen gewisser Inkonsistenzen leicht nach unten korrigiert. Zweitens wurde die muslimische Bevölkerung nur mit 2,3 % angesetzt. Die vom BAMF stammende Schätzung von mindestens 4 Millionen Muslimen bzw. 4,9 % der Bevölkerung (s. Haug, Stichs, Müssig 2009), die auch den REMID-Zahlen zugrunde liegt, berücksichtige nicht, dass es auch im muslimisch geprägten Bevölkerungsanteil Menschen gebe, die »faktisch nichtgläubig und daher eigentlich den Konfessionslosen zuzurechnen« seien. Dasselbe Argument gilt aber, wie die o.g. Studien zeigen, mindestens in gleichem Maße für die Mitglieder der Landeskirchen. Auch deren Zahlen müssten dann nochmals beträchtlich nach unten korrigiert werden. Es erscheint mir nicht schlüssig, hier unterschiedliche Maßstäbe anzusetzen, weil das die relativen Anteile an der Gesamtbevölkerung verzerrt. Drittens wird der Anteil der »anderen« Religionsangehörigen nur mit 2,1 % angegeben – nach meiner Durchsicht der bei REMID angegebenen Gruppen (unter Weglassung dezidiert nicht-religiöser Gruppen wie der Freireligiösen und Humanisten und einiger weiterer Gruppen) sind das jedoch ca. 3,7 Millionen Menschen bzw. 4,6 % der Bevölkerung. Auch hier kann man im Einzelfall sicher streiten, weil die Einstufung als »religiös« abhängig von der gewählten Definition ist, aber die Gesamtzahl ist bei fowid jedenfalls zu niedrig angegeben; vermutlich ist die vergleichsweise große Zahl der nicht-landeskirchlichen Christen, d. h. einerseits die Angehörigen von Freikirchen, andererseits die der orthodoxen und anderer »orientalischer« Kirchen, nicht berücksichtigt. Insgesamt ergibt sich damit nach meiner Rechnung eine Zahl von 58,8 % Mitgliedern von

gliedern – wie auch unter den Mitgliedern anderer Religionsgemeinschaften – eine hohe Zahl von »Distanzierten« und »Säkularen« gibt,[86] so zeigt sich auch für Deutschland ein starker Schwund bei der institutionellen Religiosität der Bevölkerung, die sicher nicht durch alternative Spiritualität komplett aufgefangen wird.

Diese Beobachtung betrifft nicht nur die Angehörigen der christlichen Großkirchen, sondern ähnlich z. B. auch die jüdische Bevölkerung in der Schweiz[87] und – aufgrund der Zuwanderung aus Ländern der ehemaligen Sowjetunion – noch stärker in Deutschland.[88] Auch in der muslimischen Bevölkerung westeuropäischer Länder lassen sich – trotz des insgesamt bedeutend höheren Religiositätsniveaus – ähnliche Prozesse beobachten, die allerdings noch wenig erforscht sind.[89]

3.2   Religion und Säkularität in öffentlichen Institutionen

Während im Feld der individuellen Religiosität in westeuropäischen Ländern insgesamt ähnliche Entwicklungen zu verzeichnen sind, ist der Säkularisierungstrend bei öffentlichen Institutionen durchaus unterschiedlich, was mit den religionsrechtlichen und gesellschaftlichen Rahmenbedingungen der betreffenden Länder zu tun hat. In der Schweiz z. B. gibt es auch in Schulen, Krankenhäusern oder Strafvollzugsanstalten seit Jahrzehnten einen deutlich erkennbaren Rückgang des Einflusses von religiösen Akteuren, was z. T. mit der religiösen Pluralisierung zu tun hat. Während früher z. B. evangelische und katholische GefängnisseelsorgerInnen faktisch auch Funktionen eines Sozialarbeiters und Integrationsbeauftragten übernahmen, beschränkt sich heute ihre Funktion auf die rein religiösen, seelsorgerlichen Aspekte.[90] Für soziale oder psychologische Dienstleistungen werden heute entsprechende Fachleute von der Institution selbst angestellt. Gleichzeitig werden von Gefängnisleitungen auch

---

Landeskirchen, 4,9 % Muslimen und 4,6 % übrigen Angehörigen von Religionsgemeinschaften, in der Summe also 68,2 % Mitglieder von Religionsgemeinschaften, mithin eine Zahl von 31,8 % Konfessionslosen. Die Einschätzung der REMID-Beteiligten selbst ist noch vorsichtiger: Nach Auskunft des Vorstandsmitglieds Christoph Wagenseil errechneten sie insgesamt 25,1 Millionen bzw. 30,7 % Konfessionslose (vgl. www.remid.de).

86 Aufschlussreich dazu sind u. a. die Kirchenmitgliedschaftsstudien der EKD; vgl. zuletzt Friedrich, Huber, Steinacker 2006.

87 Vgl. dazu Gerson, Bossert, Dreyfus, Leupin, Rhein, Schlerkmann 2010.

88 Vgl. Haug, Schimany 2005.

89 Für die Schweiz zusammenfassend J. Stolz 2012.

90 Vgl. dazu Becci, Bovay, Kuhn, Schneuwly Purdie, Knobel, Vuille 2011. Siehe auch weitere Schlussberichte des Nationalen Forschungsprogramms 58 (s. www.nfp58.ch); zusammenfassend Pahud de Mortanges 2012.

Imame und andere Funktionsträger nicht-christlicher Religionsgemeinschaften für die Gefängnisseelsorge akzeptiert.

Ebenso wird derzeit in vielen Schweizer Kantonen ein vom Staat verantworteter, religionskundlicher Unterricht für sämtliche Schülerinnen und Schüler eingeführt.[91] Auch in der Heimerziehung für schwer erziehbare Kinder spielt Religion kaum mehr eine Rolle, es sei denn als Motivation und Ressource für das Personal.[92] Generell wurde die Religion im Zuge der Professionalisierung im Sozialbereich in den schweizerischen öffentlichen Institutionen auf eine private Angelegenheit reduziert, die als solche auch in der Gesellschaft weitgehend respektiert wird.[93] Andererseits bieten insbesondere die Kirchen, aber auch andere Religionsgemeinschaften, kulturelle und soziale Dienstleistungen für die Bevölkerung an. Deren faktische Zugänglichkeit ist jedoch häufig auf die jeweiligen Religionsangehörigen beschränkt.[94] Solche Anstrengungen vonseiten der Kirchen können evtl. als Reaktion auf die Abwanderung der Mitglieder gesehen werden.

In Deutschland entwickelt sich der Sektor der öffentlichen Institutionen völlig anders als in der Schweiz: Im Bereich des Religionsunterrichts ist aufgrund der Festschreibung eines konfessionsgebundenen Unterrichts im Grundgesetz (Art. 7,3) ein religionskundlicher Unterricht für alle Kinder der Klasse undenkbar – abgesehen von einzelnen Bundesländern, in denen Ausnahmeregelungen gelten. Selbst im Bundesland Hamburg, das bereits vor Jahren einen »Religionsunterricht für alle« entwickelte, müssen die Lehrerinnen und Lehrer bislang der evangelischen Kirche angehören; sie werden in einem evangelischen Lehrerseminar ausgebildet. Die Katholische Kirche hat sich deshalb aus dem »Hamburger Modell« zurückgezogen und bietet einen eigenen, konfessionellen Unterricht an. Im Zuge der derzeitigen Entwicklung eines Staatsvertrags mit den Muslimen soll die rein protestantische Anbindung des »Religionsunterrichts für alle« laut aktuellen Zeitungsberichten überdacht werden, aber offenbar nur im Blick auf die Beteiligung der Muslime als einer weiteren religiösen Gruppe.

Dass die Mehrheit der Hamburger Bevölkerung und vermutlich auch der betroffenen Schulkinder konfessionslos ist, wird bei diesen Überlegungen nicht berücksichtigt.[95] Nach den Kriterien der religionswissenschaftlichen Arbeit von

---

91 Vgl. Jödicke, Rota 2010.
92 Vgl. Schallberger, Schwendener, Hafner 2010; interessant ist in diesem Bereich der Zeitvergleich, weil früher die betr. Heime sehr stark religiös geprägt waren; vgl. dazu Hafner 2011.
93 Allerdings gibt es Widerstände religiöser Bevölkerungsgruppen gegen diese Entwicklungen z. B. in der Lehrerinnen- und Lehrerbildung. Vgl. dazu Stienen, Bühler, Gasser, Tamcan 2010.
94 Vgl. Marti, Kraft, Walter 2010.
95 Vgl. Bochinger 2013a.

Katharina Frank handelt es sich beim »Hamburger Modell«, gemessen an den Lehrplänen und den didaktischen Materialien, zudem inhaltlich überwiegend um einen *religiösen*, nicht einen *religionskundlichen* Unterricht.[96] Christliche Religion, ergänzt durch Elemente aus anderen »Weltreligionen«, wird bei diesem und ähnlichen Ansätzen als ein allgemeines Bildungsgut gesehen, das auch für die Religionslosen als persönliche Entwicklungsressource für nützlich erachtet und von den Religionsgemeinschaften bereitgestellt wird.[97]

Auch abgesehen vom konfessionellen Religionsunterricht mit seiner besonderen Verankerung im Grundgesetz gibt es in Deutschland im Bereich der öffentlichen Institutionen, v. a. der Kindergärten, Schulen, aber auch Krankenhäuser und anderen sozialen Einrichtungen, trotz aller Säkularisierung bei den Individuen einen eher wachsenden Einfluss der christlichen Kirchen. Dies hat weniger mit der Religionsgesetzgebung als mit dem allgemein geltenden Subsidiaritätsprinzip zu tun. Oftmals bekommen aus diesem Grund kirchliche Träger mehr staatliche Zuschüsse als z. B. ein kommunaler Träger, der einen neuen Kindergarten, eine Schule oder ein Krankenhaus braucht. Staatliche Träger überlassen daher häufig nicht aus religiösen, sondern aus betriebswirtschaftlichen Gründen dem kirchlichen Träger die Führung und nehmen dafür Einschränkungen in Kauf, etwa die Nicht-Anstellung von Mitbürgern anderer Religionszugehörigkeit oder eine religiös begründete Debatte um die »Pille danach« in der Gynäkologie-Abteilung eines Krankenhauses.[98]

In Deutschland ist daher, anders als z. B. in der Schweiz, eine deutliche Schere zwischen der kontinuierlich zurückgehenden institutionellen Religiosität der Individuen und einem gleichzeitig wachsenden Einfluss der beiden großen christlichen Kirchen auf öffentliche, vom Staat finanzierte, aber kirchlich geführte Institutionen zu beobachten. In manchen Regionen haben die Kirchen in diesen Bereichen eine fast monopolartige Stellung. Aber auch in den neuen Bundesländern, wo dieses Engagement erst nach der deutschen Wiedervereinigung begann, ist z. B. die Zahl der kirchlichen Privatschulen stark gewachsen. Einige dezidiert nicht-religiöse Verbände reagieren darauf, indem sie sich selbst in ähnlicher Weise positionieren. So richtet der Humanistenverband inzwischen

---

96 Frank 2010; vgl. auch Asbrand 2000.
97 Ähnliches gilt auch für manche der als religionskundlich bezeichneten Schweizer Unterrichtsformen. So lassen die Lehrpläne des Kantons Zürich für den »Religion-und-Kultur-Unterricht« (zu finden auf der Webseite des Volksschulamtes: www.vsa.zh.ch) die Möglichkeit offen, diesen Unterricht religiös oder religionskundlich umzusetzen. Das dafür entwickelte Lehrmittel »Blickpunkt Religion und Kultur 1« (Zürich 2012) entpuppt sich bei genauerer quantitativer und qualitativer Analyse seiner Bestandteile als eine Art ›konfessionell-christlicher Unterricht ohne Bekenntnis‹, ein Instrument zur Verbreitung christlicher Religionskultur in der säkularen Schweiz; andere Religionen werden nicht auf Augenhöhe mit dem Christentum dargestellt und Religionslose mit keinem Wort erwähnt.
98 Vgl. Müller 2013.

ebenfalls private Schulen ein, um auf diese Weise seinerseits vom Subsidiaritätsprinzip zu profitieren. Er unterstellt sich damit einer Logik, die von den Religionsgemeinschaften geprägt ist. In religionswissenschaftlicher Perspektive ist dies ein interessanter Vorgang.[99]

3.3   Repräsentation von Religion und Säkularität in öffentlichen Debatten

Eine weiterer Befund, der sich aus der neuesten interdisziplinären Religionsforschung ergibt, ist das zunehmende Auseinanderklaffen zwischen dem Stellenwert öffentlicher Debatten über Religion und der tatsächlichen Bedeutung von Religion in öffentlichen Institutionen und bei Individuen. Im Nationalen Forschungsprogramms 58 des Schweizerischen Nationalfonds wurde die Diskrepanz zwischen der starken, möglicherweise sogar wachsenden Präsenz des Themas Religion in der Schweizer Öffentlichkeit, z. B. bei der Minarettverbots-Initiative im Jahr 2009, und dem gleichzeitigen Bedeutungsückgang von Religion bei Individuen und in öffentlichen Institutionen sehr deutlich.[100] Die Rolle der Religion in öffentlichen Debatten wurde in mehreren, insbesondere medien- und politikwissenschaftlichen Projekten detailliert untersucht.[101] Für Deutschland gibt es bisher leider keine vergleichbar umfassenden Analysen.[102] Es kann jedoch davon ausgegangen werden, dass die Ergebnisse nicht grundsätzlich anders ausfallen würden als in der Schweiz.

Die genauere Inhaltsanalyse der medialen Berichterstattung ergibt auch hier ein differenziertes Bild: Auffällig bei den Schweizer Ergebnissen ist, dass »Religion an sich« die Medien und die Öffentlichkeit nur wenig interessiert. So wird v. a. die reformierte Kirche, die mit dem Reformierten Pressedienst über eine professionelle und aktive Medienagentur verfügt, von der allgemeinen Schweizer Presselandschaft nur wenig wahrgenommen. Weitaus erwähnenswerter erscheint Religion in Verbindung mit Politik (besonders bezüglich Islam und Judentum) sowie mit bestimmten Personen (besonders dem Dalai Lama), aber auch mit skandalösen Ereignissen wie z. B. Sexualdelikten (hier ist besonders die Römisch-katholische Kirche im Visier der Medien). Der Nachrichtenwert von Religion ist für Journalisten also nur dann gegeben, wenn Religion im »Huckepack« mit nicht-religiösen Themen auftritt.[103] Die reformierte Kirche kommt

---

99 Vgl. den Beitrag von Stefan Schröder im vorliegenden Band.
100 Vgl. zusammenfassend Bochinger 2012a, S. 212 – 216.
101 Vgl. U. Dahinden et al. 2009, Eugster, Jecker, Schönhagen, Trebbe 2010, Imhof, Ettinger 2011, Vatter et al. 2011.
102 Vgl. aber z. B. Hepp, Krönert 2009.
103 Vgl. Wyss, Keel 2009; Koch 2012.

deshalb nicht in den Blick, weil sie als vergleichsweise »modern« und »liberal« gilt und damit unspektakulär für die betreffenden öffentlichen Debatten ist.

Die Logik des Nachrichtenwertes führt die Medienakteure auch zu einer sehr spezifischen Bewertung der Religionen: Insbesondere der Islam und die Muslime werden überwiegend negativ bewertet, teilweise auch die Katholische Kirche, wenn es um Missbrauchsskandale u. ä. geht; Buddhismus und Buddhisten werden dagegen positiv konnotiert. In beiden Fällen handelt es sich um Stereotypisierungen, die von den betreffenden Religionsangehörigen auch im Fall des Buddhismus teilweise als problematisch wahrgenommen werden.[104] Dieser Effekt verstärkt sich, weil die Medien ihre Rezipienten anscheinend stark beeinflussen. So wird insbesondere der Islam auch von Individuen am stärksten als »problematische« Religion eingeschätzt, der – aus religionsanalytischer Sicht sicherlich mindestens ebenso »fremde« – Buddhismus dagegen als »vertraut« und »friedliebend«.

Zudem grenzen sich die »Einheimischen« von den »Fremden« oder von »Fremdartigkeit« zunehmend über Religionskategorien ab: So werden z. B. die Bosnier, eine in der Schweiz vergleichsweise gut integrierte Bevölkerungsgruppe, die sich selbst v. a. als »europäisch« und weitgehend säkular definiert, seit etwa dem Jahr 2000 von der Mehrheitsbevölkerung zunehmend, zusammen mit Türken, Albanern und Arabern, als »islamisch« identifiziert – ob sich die Bosnier mit dieser Fremdbestimmung identifizieren können oder nicht.[105] Einheimische identifizieren sich selbst im Gegenzug – unabhängig von ihrer eigenen Religiosität – als »christlich«, wobei beide Zuschreibungen wiederum entsprechende Reaktionen der jeweils anderen Gruppe hervorrufen.[106] Auf diese Weise fungiert Religion als Identitätsmarker in öffentlichen Debatten, die völlig unabhängig von religiösen Inhalten sind. Religion dient auf diese Weise der Abgrenzung bei gesellschaftlichen Gruppenkonflikten.

Im Gegenzug zu der negativen Stereotypisierung besonders des Islam findet sich noch eine weitere Variante öffentlicher Religionsbilder, die von der Religionswissenschaft ebenfalls mit Sorgfalt und kritischer Distanz betrachtet werden sollte: Es ist die positive Stereotypisierung des interreligiösen Dialogs als Konfliktlösungsinstrument für gesellschaftliche Probleme.[107] Die Produzenten

---

104 Vgl. Schlieter, Kind Furger, Lauer 2011; vgl. auch J. Stolz, Könemann, Schneuwly Purdie, Englberger, Krüggeler 2011, S. 29. Für Deutschland vgl. Pollack 2010, vgl. auch Pollack, Müller, Rosta, Friedrichs, Yendell 2012.

105 Vgl. Behloul 2010.

106 Vgl. Bochinger 2012a, S. 212 – 216, im Rückgriff auf J. Dahinden, Duemmler, Moret 2010; Giordano, Allenbach, Herzig, Müller 2010.

107 Im deutschen Sprachraum sei v. a. die von dem Theologen Hans Küng gegründete Stiftung Weltethos genannt; vgl. Stiftung Weltethos Tübingen 2013. Vgl. zu diesem Thema auch Bochinger 2012a, S. 221 – 222, S. 233 – 234; Bochinger 2013.

solcher Bilder sind teils religiöse Akteure, die den interreligiösen Dialog als Bereicherung und Ressource für die Horizonterweiterung ihrer eigenen Religiosität sehen und auch für die Gesellschaft nutzbar machen möchten, teils aber auch nicht-religiöse Akteure, z. B. Politiker, städtische Integrationsbeauftragte, Funktionsträger in Schulen und anderen öffentlichen Einrichtungen, die sich davon ein friedlicheres Zusammenleben und die Überwindung von Integrationsproblemen erhoffen.[108] Auch in vielen religionspädagogischen Entwürfen wird versucht, dieses positive Bild des interreligiösen Gemeinsinns in Anspruch zu nehmen, insbesondere wenn, wie etwa beim Hamburger »Religionsunterricht für alle«, eine Öffnung der konfessionellen Perspektiven beabsichtigt wird.[109]

An dieser Variante der »positiven« Stereotypenbildung sind auch ReligionswissenschaftlerInnen häufig beteiligt.[110] Zwar kann es durchaus zu ihrer Aufgabe gehören, sich bei interreligiösen Veranstaltungen als Mediatoren zu betätigen oder die Politik, die Medien und Vertreter öffentlicher Institutionen entsprechend zu beraten. Soweit sie sich in den Theologien der betreffenden Religionen auskennen, können sie mithilfe der religionswissenschaftlichen Expertise auch dazu beitragen, Missverständnisse aufzudecken, Engführungen und »blinde Flecke« in der gegenseitigen Wahrnehmung zu überwinden und Unterschiede zwischen den religiösen Symbolsystemen bewusst zu machen. Aber soweit sie die Religionswissenschaft als säkulare Wissenschaft verstehen, kann es nicht ihre Aufgabe sein, sich selbst an den normativ-theologischen Konstruktionen zu beteiligen, die im Zuge des interreligiösen Dialogs entwickelt werden. Dies ist vielmehr eine theologische Aufgabe. Daher gehören normativ aufgeladene Begrifflichkeiten, etwa die Rede von den »abrahamitischen Religionen«,[111] die anhand der betreffenden mythologischen Überlieferungen in Bibel und Koran die »Verwandtschaft« von Judentum, Christentum und Islam betont, nicht in das metasprachliche Repertoire der Religionswissenschaft.

Historisch gesehen, ist ein inhaltlich-normatives Engagement der Religionswissenschaft für den interreligiösen Dialog nichts Neues, haben doch schon

---

108 Häufig überschneidet sich bei dieser Art der öffentlichen Rezeption von Religion »interreligiöser Dialog« mit »interkulturellem Dialog« und wird z. B. bei »interkulturellen Wochen« zur Programmgestaltung herangezogen, in dem man einen »Tag der offenen Moschee« o. ä. organisiert. Nicht selten hat das interreligiöse Element auch eher symbolischen Charakter, so z. B. bei Kamingesprächen deutscher Ministerpräsidenten mit ReligionsvertreterInnen oder bei dem in allen Zeitungen abgebildeten Empfang des damaligen Bundeskanzlers Schröder für die »Vertreter der Religionen« wenige Tage nach dem 11. 09. 2001. Vgl. Rasche 2001.

109 Vgl. z. B. Doedens, Weisse 1997.

110 Ein Beispiel dafür ist das bekannte Pluralism-Project an der Harvard University, geleitet und inspiriert von Diana L. Eck. Vgl. Eck 2001. Vgl. auch Harvard University, Eck 1997 – 2013. Vgl. dazu kritisch Bochinger 2013.

111 Vgl. z. B. den Wikipedia-Eintrag »Abrahamitische Religionen« (Wikipedia. Die freie Enzyklopädie 2013).

Religionsphänomenologen wie Friedrich Heiler oder Rudolf Otto mit seinem »religiösen Menschheitsbund« ähnliche Ideale vertreten.[112] Dieser Zugang verkennt jedoch, dass in stark säkularisierten Gesellschaften ein inter*religiöses* Programm des gesellschaftlichen Friedens den größten Teil der Bevölkerung gar nicht erreichen kann. Wem Religion persönlich unwichtig ist, der interessiert sich auch nicht für interreligiösen Dialog. Daher ist der gesamtgesellschaftliche Nutzen solcher Initiativen eher beschränkt, so wichtig diese für die Religionsgemeinschaften selbst sein mögen, um Exklusivitätsansprüche neu zu reflektieren und sich in der weitgehend säkularen Gesellschaft gemeinsam neu zu positionieren.

Dieser Hypothese entspricht, dass gemäß den empirischen Befunden von J. Stolz et al. eine Mehrheit von über 80 % der Schweizer Bevölkerung der Meinung ist, Religionen führten eher zum Konflikt als zum Frieden (in der Vorgängerstudie von 1998 waren es noch ca. 72 %).[113] Andererseits fanden sich durchaus Mehrheiten für die Frage, ob alle Glaubensgemeinschaften der Schweiz die gleichen Rechte haben sollten: dafür votierten im Jahr 2009 ca. 60 % der Befragten; sogar über 80 % stimmten dem Item zu: »Wir müssen alle Religionen respektieren«.[114]

Es kann festgehalten werden, dass der öffentliche Diskurs *über* Religion, sei es in der Schweiz oder in Deutschland, sehr stark von *säkularen* Debatten in den Medien und in der Politik bestimmt ist. Diese beeinflussen allerdings im Gegenzug auch die Binnenperspektiven religiöser und säkularer Individuen und Gruppen und müssen daher für die Religions- und Säkularitätsforschung mitberücksichtigt werden.

---

112 Vgl. dazu Obergethmann 1998.
113 Vgl. Mader, Schinzel 2012, S. 126 – 127, im Rückgriff auf unveröffentlichte Daten des Projekts J. Stolz, Könemann, Schneuwly Purdie, Englberger, Krüggeler 2011.
114 Vgl. Bochinger 2012a, S. 220 – 221, im Rückgriff auf unveröffentlichte Daten des Projekts J. Stolz, Könemann, Schneuwly Purdie, Englberger, Krüggeler 2011. Diese Ergebnisse erstaunen angesichts der starken Bevölkerungsmehrheit bei der Schweizer Minarettverbotsinitiative im selben Jahr. Offenbar wurden die Minarette, wie auf den bekannten Plakaten der Initianden, von den Abstimmenden als »Machtsymbole« interpretiert und nicht den Kirchtürmen gleichgestellt.

4   Konsequenzen für die religionswissenschaftliche Theoriebildung

4.1   Empirische Ansatzpunkte

Zusammenfassend lässt sich feststellen, dass – entgegen der unterschiedlichen Theorien der »resurgence of religion« – die Religiosität der Bevölkerung auf individueller Ebene in westeuropäischen Ländern kontinuierlich zurückgeht und sich gleichzeitig diversifiziert. Im Gegenzug ist »Säkularität« im Sinne einer nicht-religiösen weltanschaulichen und lebenspraktischen Orientierung immer weiter in der Bevölkerung verbreitet.[115] Für die weitere Säkularitätsforschung ist festzuhalten, dass insbesondere die zahlreichen Grauzonen und -stufen, sei es zwischen institutioneller und distanzierter, distanzierter und säkularer, wie auch zwischen institutioneller und alternativer Religiosität differenziert zu betrachten sind.

Ähnlich differenziert sollte die Rolle der Religionen in öffentlichen Institutionen dargestellt werden: Während z. B. in der Schweiz auch in diesem Bereich starke Säkularisierungseffekte zu beobachten sind, hat in anderen Ländern, z. B. in Deutschland, der Einfluss der Religionsgemeinschaften auf öffentliche Institutionen eher zugenommen, was aber keine dezidiert religiösen, sondern eher ökonomische und verwaltungsrechtliche Gründe hat. Länderübergreifend sehr ähnlich ist hingegen das Auseinanderklaffen von Religiosität und institutioneller Einbindung einerseits und der Wahrnehmung der Religionsthematik in öffentlichen Debatten andererseits. Viele Menschen sind z. B. der Auffassung, dass Religion für sie selbst unwichtig, für andere Menschen dagegen wichtig sei.[116]

Die Religionswissenschaft sollte daraus folgende Schlüsse ziehen:
- Entwicklungen im Zusammenhang mit Religion und Säkularität sollten differenziert betrachtet werden. Ein Zunehmen öffentlicher Debatten sagt z. B. nichts über eine zunehmende Religiosität in der Bevölkerung. Im Bereich der Medien wird dies durch das mangelnde Interesse an genuin religiösen Themen, z. B. religiösen Festen, religiöser Alltagspraxis usw. belegt,[117] abgesehen von einzelnen, medienträchtigen Groß-Events wie den katholischen Weltjugendtagen oder den Kirchentagen. Diese strahlen aber erfahrungsgemäß nicht nennenswert zurück in den kirchlichen Alltag.[118]

---

115 Zuckerman 2009 stellt selbst für die USA die Theorie eines generellen Wachstums der Religiosität in Frage.
116 Vgl. J. Stolz 2012, S. 103.
117 S. o., Anm. 103.
118 Vgl. Gebhardt 2007; Hepp, Krönert 2009.

- Auch beim Wachstum im Bereich kirchlicher Privatschulen, Kindergärten oder Krankenhäuser ist erst einmal davon auszugehen, dass dafür überwiegend religionsfremde Faktoren ausschlaggebend sind, seien es ökonomische Faktoren oder z. B. innovative Bildungs- und Erziehungskonzepte. Das Prosperieren kirchlicher Einrichtungen im öffentlichen Raum kann z. B. dadurch zu erklären sein, dass es bei den entsprechenden staatlichen Einrichtungen an Geld und vielleicht auch Engagement mangelt, um solche Konzepte einzuführen. Außerdem bevorzugt das in Deutschland starke, eigentlich vom Liberalismus geprägte Subsidiaritätsprinzip solche privaten Einrichtungen. Dass die kirchlichen Träger ebenfalls große, staatsähnliche Institutionen sind, wird dabei zu wenig wahrgenommen.
- Umgekehrt sollte sich die Religionswissenschaft auch nicht von den stereotypisierenden Debatten in der Öffentlichkeit beeinflussen lassen, die gesellschaftliche Probleme aufgrund von Migrationseffekten, sozioökonomischer Schichtung, Bildungszugang, demographischen Entwicklungen usw. teils latent, teils explizit mit »Religion« (in diesem Fall zumeist: »dem Islam«) in Verbindung bringen.[119] Sie sollte sich aber auch nicht an den positiven Stereotypisierungen beteiligen, wie oben am Beispiel des interreligiösen Dialogs dargelegt.

Die mangelnde Berücksichtigung dieser Differenzierungen bewirkt eine »Religionisierung« säkularer gesellschaftlicher Fragen und Probleme. Auf den ersten Blick mag das die Bedeutung des eigenen Faches stärken, aber letztlich wird es der Aufgabe der Religionswissenschaft nicht gerecht, weil damit die unklare Grenzziehung zwischen säkularen und religiösen Bereichen der Gesellschaft und der individuellen Lebensführung von den öffentlichen Debatten in den religionswissenschaftlichen Diskurs übernommen wird. Ganz im Gegenteil muss es das Ziel religionswissenschaftlicher Arbeit sein, empirische Daten so zu erheben und auszuwerten, dass es besser gelingt, zwischen »Religion« und »Nicht-Religion« zu unterscheiden. Die Religionswissenschaft hat hier eine aufklärerische Funktion für die Gesellschaft. Sie sollte den Ort der Religion in der heutigen Gesellschaft zutreffend beschreiben. Eine Säkularitätsforschung, die nicht-religiöse Orientierungen und Praktiken der Lebensführung wie auch institutionelle Grenzlinien zwischen Religion und Nicht-Religion differenziert beschreibt, ist hierfür die Voraussetzung. Sie sollte in der Religionswissenschaft daher gestärkt werden.

---

119 Exemplarisch dafür sei für Deutschland die Sarrazin-Debatte genannt: Vgl. Sarrazin 2010; kritisch dazu Foroutan 2010.

4.2   Theoretische Ansatzpunkte

Abschließend soll, wie in Abschnitt 3.1 angekündigt, im Blick auf die Definitionsproblematik eine Relektüre der Luckmannschen Religionstheorie skizziert werden. Sie stützt sich auf einen kurzen Text von Luckmann in einem Sammelband, in dem es um das Verhältnis von »Individualisierung« und »Säkularisierung« geht.[120] Wie auch andernorts in seinem Werk, unterscheidet Luckmann zwischen drei analytischen Ebenen seines Religionsverständnisses:

(1) Als »religiöse Grundfunktion« beschreibt Luckmann – in einem sehr allgemeinen, wissenssoziologisch begründeten Sinne – dass »der Einzelne in eine ihn transzendierende Wirklichkeit gestellt [wird] und [...] sein Leben in ihr [führt]«. Religion in diesem Sinne finde sich überall dort, »wo Zugehörige der Gattung Mensch in Handelnde innerhalb einer sie als ›natürliche‹ Organismen transzendierenden, geschichtlich entstandenen gesellschaftlichen Ordnung verwandelt werden«.[121]

(2) Im Unterschied dazu beschreibt Luckmann die traditionellen religiösen Systeme, d. h. die historischen Sozialformen der Religion, als Ergebnis von »kommunikativen Handlungen zweiter Stufe«, in der das »Rohmaterial« der bereits in unmittelbarer Kommunikation rekonstruierten Transzendenzerfahrungen »nach gesamtgesellschaftlichen Interessenlagen ›bearbeitet‹« werde.[122] Auf dieser analytischen Stufe, in der es nicht zuletzt um »Herrschaftsinteressen von Experten unterschiedlicher Art« gehe, ist die Entstehung religiöser Orthodoxien und der zugehörigen Trägerschichten, d. h. der Theologen und religiösen Amtsträger, angesiedelt. Luckmann bezeichnet Religion auf dieser Ebene als »Domestizierung« der individuellen Transzendenzerfahrung nach den Regeln eines »Systems«, das zunehmend auch die Normen des alltäglichen Handelns an die von ihm repräsentierte »andere Wirklichkeit« anbinde.[123]

(3) Unter den Bedingungen der Moderne entstehe im Gegenzug zum zunehmenden, funktional spezialisierten Rollenhandeln der Individuen in ökonomischen, politischen, familiären und anderen Teilbereichen des Lebens ein Bereich des Privaten und der Subjektivität, der sich solchem Rollenhandeln entzieht. Sein Kernstück sei die privatisierte Religion, eine Form der »sakralisierenden Beschäftigung mit ›kleinen‹ Transzendenzen«, deren

---

120 Luckmann 1996. Eine religionswissenschaftliche Relektüre des Zugangs von Luckmann und seiner Rezeption mit ähnlicher Zielrichtung bietet auch Wilke 2013. Die Frage nach der Universalität der Unterscheidung zwischen »religiös« und »säkular« reflektiert Kleine 2012, vgl. bes. S. 70, Anm. 3.
121 Luckmann 1996, S. 18, vgl. S. 28.
122 Luckmann 1996, S. 22 – 23.
123 Luckmann 1996, S. 23.

ideengeschichtlicher Ursprung in der Romantik und in den »Tiefenpsychologien« zu Beginn des 20. Jahrhunderts liege und sich in vielfältigen therapeutischen und anderen Aktivitäten äußere.[124] Was im 19. Jahrhundert noch »randständige Unternehmungen der intellektuellen Bohème« gewesen seien, sei mittlerweile in eine »Massenkultur der breitesten Mittelschichten« übergegangen.[125] Unter diesen speziellen Bedingungen hätten die traditionellen religiösen Systeme, namentlich die Kirchen, ihre einstige »monopolhafte Kontrolle« über den kommunikativen Umgang mit Transzendenzerfahrungen verloren und sähen sich mit einem »Markt« von religiösen und nicht-religiösen Mitbewerbern konfrontiert, die der subjektivierten Religiosität ebenbürtige Deutungsressourcen anbieten. Sie gliederten sich so ungewollt »in den Prozeß der modernen sozialen Konstruktion ›anderer‹ Wirklichkeiten ein, obwohl sie, als Monumente einer früheren Epoche der institutionell spezialisierten Religion… den heiligen Kosmos einer besonderen Tradition« bewahrten.[126]

Diese analytische Differenzierung präzisiert und korrigiert die der Luckmannschen Religionstheorie häufig zugeschriebene Auffassung, dass es keine Säkularisierung gäbe. Luckmann schreibt explizit am Ende seines kurzen Beitrags, dass er nichts gegen den Begriff der Säkularisierung habe, wenn damit der beschriebene Prozess der Privatisierung als vorherrschender Sozialform der Religion und der Schwächung der traditionellen religiösen Legitimierungen bezeichnet werde.[127] Er hält lediglich daran fest, dass die »religiöse Grundfunktion«, also die wissenssoziologisch begründete Erfahrung von Transzendenz und deren kommunikative Verarbeitung, bei diesem Prozess nicht verloren gehe.

Ich sehe an dieser Stelle keinen Widerspruch zu der in Abschnitt 2 des vorliegenden Beitrag konstatierten Gemeinsamkeit gegenwärtiger religionswissenschaftlicher Forschung, Religion *nicht* als anthropologisches Kontinuum zu bezeichnen: Die »religiöse Grundfunktion« nach Luckmann ist ein rein wissenssoziologisches begründetes Konzept zur Beschreibung des Umgangs mit »Transzendenzerfahrungen« auf unterschiedlichen Ebenen, die keinerlei »religiöse« Deutung durch die betreffenden Menschen voraussetzt und selbstverständlich auch in »säkularen« Handlungen und Institutionalisierungsformen zum Ausdruck kommen können: Eine säkulare Bestattungsfeier oder die Jugendweihe in der ehemaligen DDR (und den heutigen neuen Bundesländern)

---

124 Luckmann 1996, S. 24 – 26.
125 Luckmann 1996, S. 26 – 27.
126 Luckmann 1996, S. 26 – 27.
127 Luckmann 1996, S. 28.

sind gute Beispiele dafür, dass man auch ohne Rückgriff auf religiöse Institutionen Wege finden kann, mit den dahinter stehenden »Transzendenzerfahrungen« (Tod eines Angehörigen, Übergang zum Erwachsenenalter) umgehen zu können. Ähnliches gilt für moderne, säkulare Techniken der Traumdeutung und vieles mehr. Es ist vielleicht missverständlich, wenn Luckmann diese Grundfunktion als »religiös« bezeichnet. Zwar muss man als Religionswissenschaftler zugestehen, dass der Umgang mit solchen Transzendenzerfahrungen zum Grundrepertoire aller »Religionen« gehört, die auch in weitgehend säkularisierten Gesellschaften vergleichsweise am wenigsten umstritten ist; aber das erlaubt keinesfalls den Umkehrschluss, dass das Vorhandensein dieser Art von Transzendenzerfahrungen eine *religiöse* Bearbeitung (im Sinne der von Luckmann auf »Stufe 2« angesiedelten historischen Sozialformen der Religion) erfordere. Dafür stehen zumindest heutzutage nicht nur alternative religiöse, sondern auch säkulare Ressourcen zur Verfügung.

Daher sollten Fehlschlüsse in zwei Richtungen vermieden werden: Zum einen lässt sich aus der wissenssoziologischen Begründung der »religiösen Grundfunktion« nicht folgen, dass traditionelle religiöse Deutungssysteme auch in der modernen Gesellschaft unabdingbar wären und es einen gesellschaftlichen Bedarf an ihrem kulturellen oder moralischen Erbe gäbe. Mit Luckmanns Religionstheorie lässt sich dies zumindest nicht begründen, wie insbesondere seine Ausführungen zur »Sozialform der Religion in der Moderne« zeigen. Zum zweiten halte ich in Anbetracht der in Abschnitt 3 dargelegten empirischen Befunde den Schluss für falsch, das sich Luckmanns »Sozialform der Religion in der Moderne« mit einem bestimmten Typus moderner Religiosität oder Spiritualität identifizieren lässt, etwa der »spiritual revolution« (Heelas, Woodhead) oder den »spirituellen Wanderern« (Bochinger et al.). Sie ist vielmehr durch den Verfall eindeutiger Zuordnungen gekennzeichnet und erlaubt, wie Luckmann selbst konstatiert, sowohl Formen eines erneuerten institutionell-religiösen Engagements wie auch alle Spielarten »spiritueller« oder »säkularer« Deutungskonzepte.

Mit Hilfe dieser Differenzierung lässt sich auch eine »Säkularitätsforschung« gut begründen: »Säkularität« ist unter den Bedingungen moderner, funktional ausdifferenzierter Gesellschaften nicht einfach als Gegenteil von »Religion« zu verstehen, sondern als eine Variante des Umgangs mit den Subjektivierungszwängen des modernen Lebens. Im Sinne der dritten Analyse-Ebene bei Luckmann ist es damit eine Variante der »Sozialform der Religion in der Moderne«. Es ist ebenso wenig sinnvoll, anhand einzelner Kriterien für Religionslosigkeit oder Religionskritik einen Menschen als »säkular« einzuordnen, wie es umgekehrt fragwürdig ist, anhand einzelner religiöser Zuschreibungen einen Menschen als »religiös« zu beschreiben. Ebenso wie den »Religionsmonitor« der Bertelsmann Stiftung[128] könnte man auch einen »Säkularitätsmonitor« entwickeln, der vermutlich ebenfalls zu erstaunlich hohen Zustimmungsraten führen würde. Sinnvoller erscheint es, die unterschiedlichen Bezugnahmen auf religiöse und säkulare Weltdeutungen in einem zusammenfassenden Konzept zu untersuchen. So wäre es interessant, herauszufinden, an welchen Stellen ihres Alltags und ihrer Biographien weitgehend säkulare Menschen auf Religion zurückgreifen und umgekehrt. Das Konzept der »Säkularität« würde damit nicht eingeschränkt auf den Befund einer explizit anti-religiösen Haltung, sondern ebenso flexibel ausgestaltet wie die Religiositätskonzepte der aktuellen empirischen Sozialforschung. Die von Luckmann beschriebenen Formen der subjektivierten Auseinandersetzung mit der »Sinnhaftigkeit des Einzeldaseins«,[129] also das, was man heutzutage häufig als »Spiritualität« bezeichnet, könnte dann auch in der Säkularitätsforschung mit untersucht werden.[130]

Die bei Luckmann selbst angelegte, aber von seinen – anknüpfenden wie kritischen – Rezipienten häufig vernachlässigte Unterscheidung zwischen institutionellen, historisch gegründeten Religionsformen einerseits, der »religiösen Grundfunktion« und ihrer modernen, subjektivierten Variante andererseits macht es ratsam, als Arbeitsbegriff eine enger gefasste Religionsdefinition zu verwenden. Sie lässt sich im Umkehrschluss auch auf die Säkularität anwenden. Nach Luckmann ist ein wesentliches Kennzeichen der modernen Sozialstruktur, »daß kein einigermaßen allgemeines, selbstverständlich verbindliches, gesellschaftlich konstruiertes Modell einer ›anderen‹ Wirklichkeit wirksam wird, ja werden kann«.[131] Es wäre sicherlich verfehlt, daraus zu folgern, dass es solche Modelle nicht mehr gäbe, dass sie ihre Vergemeinschaftungswirkung vollständig eingebüßt hätten und unter Bedingungen eines modernen Marktes nicht noch immer als quasi-monopolistische Akteure auftreten könnten.[132] Wie das Projekt J. Stolz et al. 2011 zeigt, gibt es auch unterhalb der Ebene der öffentlichen Institutionen, z. B. im Bereich der Freikirchen, wachsende Gemeinschaften, deren Mitglieder sich auf freiwilliger Basis jener Verbindlichkeit eines spezifischen »Modells einer ›anderen‹ Wirklichkeit« unterstellen. Der Großteil der bisherigen religionswissenschaftlichen Forschungsarbeit bezieht sich auf solche spezifischen Modelle von Religion, die für ihre jeweiligen Anhänger verbindlich sind.

---

128 S.o., Anm. 33 und 57.
129 Luckmann 1996, S. 25.
130 In diesem Sinne werden in der Studie von Murken 2008 über »religionspsychologische Aspekte des ›Unglaubens‹« Praktiken und Überzeugungen, die man als »spirituell« bezeichnen könnte, miteinbezogen. Vgl. ähnlich auch Engelbrecht, Rosowski 2007.
131 Luckmann 1996, S. 26.
132 S. dazu oben, Abschnitt 3.2.

Es liegt daher nahe, anhand der Grenzlinie der »Subjektivierung« dem Kriterium der Transzendenzerfahrung ein weiteres Definitionselement hinzuzufügen, das es ermöglicht, zwischen historisch gegründeten, institutionellen Formen von »Religion« und den genannten subjektivierten Formen zu unterscheiden. In der religionswissenschaftlichen Theoriebildung spielt hier das Element des »kollektiven Geltungsgrundes« eine wichtige Rolle.[133] Im Unterschied zu Luckmanns Beschreibung historischer bzw. traditioneller Religion (Ebene 2) beansprucht dieses Element nicht die gesamtgesellschaftliche Verbindlichkeit eines solchen spezifischen Modells. Es reicht aus, wenn es von einem Kollektiv religiöser Menschen getragen wird, die in entsprechend verbindlichen Codes miteinander kommunizieren. Mit Recht wurde an dieser Bestimmung kritisiert, dass sie nicht hinreichend sei, weil sie auch nicht-religiöse Symbolsysteme einschließe, die mit entsprechender, kollektiv verbindlicher Autorität ausgestattet sind.[134] Im Blick auf die hier vorliegende Unterscheidung zwischen »Religion« und »Säkularität« ist es daher ratsam, beide Elemente miteinander zu verbinden:

Als »religiös« (im Blick auf Individuen, soziale Institutionen und Symbolbestände) wäre dann zu kennzeichnen, was *erstens* durch die kommunikative Verarbeitung von Transzendenzerfahrungen, *zweitens* durch das Vorhandensein eines kollektiv verbindlichen Geltungsgrundes ausgezeichnet ist. Die von Luckmann beschriebenen subjektivierten Formen sollten folglich nicht als »religiös«, sondern besser als »spirituell« bezeichnet werden, soweit ihnen jener kollektive Geltungsgrund fehlt.[135]

Im Gegenzug kann als »säkular« gelten, was keine Merkmale einer kommunikativen Verarbeitung und Institutionalisierung von Transzendenzerfahrungen aufweist – egal ob dem ein kollektiv verbindliches (nicht-religiöses) Deutungssystem zugrunde lieg, oder ob es sich um eine subjektivierte Variante der Nicht-Religiosität handelt.

---

133 Vgl. Gladigow 2005, S. 35 – 36, der sich seinerseits bereits auf Seiwert 1981 bezieht.
134 Vgl. Pollack 1995, S. 178.
135 Vgl. dazu auch Frank 2010, S. 105 – 108. Zur komplexen Bedeutungsgehalt des Terminus »Spiritualität« vgl. Bochinger 1994, S. 377 – 398; dazu auch Knoblauch 2005; Wilke 2013, bes. S. 42.

Literatur

ALBRECHT, Jörg (2007): Religionswissenschaft und Ideologiekritik. Ein Problem der Vergangenheit oder eine aktuelle Aufgabe? Zeitschrift für junge Religionswissenschaft, 2 (1), S. 10 – 32.

ANTES, Peter (2002): Wie lernt man religiös zu sein? Religiöse Erziehung in den Religionen. Zeitschrift für Religionswissenschaft, 10 (1), S. 93 – 103.

ANTES, Peter, GEERTZ, Armin W., WARNE, Randi R. (Hg.): New Approaches to the Study of Religion. Textual, Comparative, Sociological, and Cognitive Approaches, 2 Bde. Berlin: De Gruyter.

ASBRAND, Barbara (2000): Zusammen leben und lernen im Religionsunterricht. Eine empirische Studie zur grundschulpädagogischen Konzeption eines interreligiösen Religionsunterrichts im Klassenverband der Grundschule, Frankfurt a. M.: IKO.

AUFFARTH, Christoph (2007): Einführung: Theologie als Religionskritik. Zeitschrift für Religionswissenschaft, 15,1, S. 1 – 4.

BACHMANN-MEDICK, Doris (2010): Cultural Turns. Neuorientierungen in den Kulturwissenschaften. Reinbek: Rowohlt.

BAUMANN, Martin (1993): Deutsche Buddhisten. Geschichte und Gemeinschaften, Marburg: Diagonal.

BECCI, Irene, BOVAY, Claude, KUHN, André, SCHNEUWLY PURDIE, Mallory, KNOBEL, Brigitte, VUILLE, Joëlle (2011): Enjeux sociologiques de la pluralité religieuse dans les prisons suisses. Schlussbericht zum Nationalen Forschungsprogramm 58 des Schweizerischen Nationalfonds. URL: http://www.nfp58.ch/files/downloads/Schlussbericht_Becci_fr.pdf, [21. 03. 2013].

BEHLOUL, Samuel (2010): Reaktionen der bosnischen und albanischen Muslime in der Schweiz auf den Islam-Diskurs. Schlussbericht zum Nationalen Forschungsprogramm 58 des Schweizerischen Nationalfonds. URL: http://www.nfp58.ch/files/downloads/Schlussbericht_Behloul.pdf, [23. 03. 2013].

BERGER, Peter L., LUCKMANN, Thomas (1969): Die gesellschaftliche Konstruktion der Wirklichkeit, Frankfurt a. M.: Fischer.

BERGUNDER, Michael (2011): Was ist Religion? Kulturwissenschaftliche Überlegungen zum Gegenstand der Religionswissenschaft, Zeitschrift für Religionswissenschaft, 19, S. 3 – 55.

BERNER, Ulrich (2001): Synkretismus. In: Handbuch religionswissenschaftlicher Grundbegriffe. Bd. 5 (S. 143 - 152). Stuttgart: Kohlhammer.

BERNER, Ulrich (2006): Einführung: Religionswissenschaft und Religionskritik. Zeitschrift für Religionswissenschaft, 14 (2), S. 107 – 110.

BERNER, Ulrich, QUACK, Johannes (Hg.) (2012): Religion und Kritik in der Moderne. Frankfurt a. M.: LIT.

BERNER, Ulrich, TANASEANU-DÖBLER, Ilinca (Hg.) (2009): Religion und Kritik in der Antike. Frankfurt a. M.: LIT.

BERTELSMANN STIFTUNG (Hg.) (2009): Woran glaubt die Welt? Analysen und Kommentare zum Religionsmonitor 2008. Gütersloh: Verlag Bertelsmann Stiftung.

BOCHINGER, Christoph (1994): »New Age« und moderne Religion. Zugänge, Analysen, Interpretationen. Gütersloh: Chr. Kaiser.

BOCHINGER, Christoph (2004): Religionswissenschaft. In: ROTH, Michael (Hg.), Leitfaden Theologiestudium. Göttingen: Vandenhoeck & Ruprecht. S. 159 – 182.

BOCHINGER, Christoph (Hg.) (2012): Religionen, Staat und Gesellschaft. Die Schweiz zwischen Säkularisierung und religiöser Vielfalt. Zürich: NZZ Libro.

BOCHINGER, Christoph (2012a): Religionen. Staat und Gesellschaft. Weiterführende Überlegungen. In: BOCHINGER, Christoph (Hg.), Religionen, Staat und Gesellschaft. Die Schweiz zwischen Säkularisierung und religiöser Vielfalt. Zürich: NZZ Libro. S. 209 – 241.

BOCHINGER, Christoph (2013): Ist religiöse Vielfalt etwas Gutes? Pluralismus und Pluralität in der Religionswissenschaft. In: ADOGAME, Afe, ECHTLER, Magnus, FREIBERGER, Oliver (Hg.), Alternative Voices. A Plurality Approach for Religious Studies. Göttingen: Vandenhoeck & Ruprecht. S. 281 – 303.

BOCHINGER, Christoph (2013a): Zwischen Konfessionen, Säkularität und Pluralisierung. Die Rolle der Religionen in der deutschen Gesellschaft. In: DEUTSCHE BOTSCHAFT ANKARA (Hg.), Rechte und gesellschaftlicher Einfluss religiöser Gruppen in Deutschland und der Türkei. Tagungsband der X. Tarabya-Konferenz, 1.-3.6.2012. o.O. (im Druck).

BOCHINGER, Christoph, ENGELBRECHT, Martin, GEBHARDT, Winfried (2009): Die unsichtbare Religion in der sichtbaren Religion. Formen spiritueller Orientierung in der religiösen Gegenwartskultur. Stuttgart: Kohlhammer.

BOCHINGER, Christoph, und FRANK, Katharina (2013): Religion, Spiritualität und Säkularität in der Schweiz. In: RIEDI, Anna Maria, ZWILLING, Michael, MEIER KRESSIG, Marcel, BENZ BARTOLETTA, Petra, AEBI ZINDEL, Doris (Hg.): Handbuch Sozialwesen Schweiz. Bern: Haupt Verlag (im Druck).

BOOS-NÜNNING, Ursula (1972): Dimensionen der Religiosität. Zur Operationalisierung und Messung religiöser Einstellungen. München: Kaiser.

BUNDESAMT FÜR STATISTIK (Schweiz) (Hg.) (2012): Medienmitteilung 19. 6. 2012, korrigierte Version vom 11.10.12. Strukturerhebung der Eidgenössischen Volkszählung 2010. Ein Fünftel der Bewohnerinnen und Bewohner ist konfessionslos. Neuenburg 2012. URL: http://www.bfs.admin.ch/bfs/portal/de/index/news/04/01.html, [15. 12. 2012].

CAMPICHE, Roland J. (2004): Die zwei Gesichter der Religion. Faszination und Entzauberung, Zürich: Theologischer Verlag.

CAMPICHE, Roland J., DUBACH, Alfred (Hg.) (1993): Jede(r) ein Sonderfall? Religion in der Schweiz. Ergebnisse einer Repräsentativbefragung, Zürich und Basel: NZN-Buchverlag, F. Reinhardt.

CASANOVA, José (2009): Religiosität in Spanien. Eine interpretative Relektüre der Resultate des Religionsmonitors, in: BERTELSMANN STIFTUNG (Hg.), Woran glaubt die Welt? Analysen und Kommentare zum Religionsmonitor 2008. Gütersloh: Verlag Bertelsmann Stiftung. S. 229 – 264.

DAHINDEN, Janine, DUEMMLER, Kerstin, MORET, Joëlle (2010): Religion und Ethnizität: Welche Praktiken, Identitäten und Grenzziehungen? Eine Untersuchung mit jungen Erwachsenen. Schlussbericht zum Nationalen Forschungsprogramm 58 des Schweizerischen Nationalfonds. URL: http://www.nfp58.ch/files/downloads/Schlussbericht_DahindenJanine.pdf, [21. 03. 2013].

DAHINDEN, Urs, et al. (2009): Die Darstellung von Religionen in Schweizer Massenmedien:

Zusammenprall der Kulturen oder Förderung des Dialogs? Schlussbericht zum Nationalen Forschungsprogramm 58 des Schweizerischen Nationalfonds. URL: http://www.nfp58.ch/files/downloads/NFP58_Schlussbericht_DahindenU.pdf, [21. 3. 2013].

DALFERTH, Ingolf U. (2001): Theologie im Kontext der Religionswissenschaft. Selbstverständnis, Methoden und Aufgaben der Theologie und ihr Verhältnis zur Religionswissenschaft. Theologische Literaturzeitung, 126, S. 4 – 20.

DAVIE, Grace (1996): Religion in Britain since 1945. Believing without Belonging. Oxford: Blackwell.

DEUTSCHE VEREINIGUNG FÜR RELIGIONSWISSENSCHAFT E.V. (2013): Offizielle Website. URL: http://www.dvrw.de/, [28. 03. 2013].

DEUTSCHER BUNDESTAG (2012): Entwurf eines Gesetzes über den Umfang der Personensorge bei einer Beschneidung des männlichen Kindes. URL: http://dip21.bundestag.de/dip21/btd/17/112/1711295.pdf, [26. 03. 2013].

DOEDENS, Folkert, WEISSE, Wolfram (1997): Religionsunterricht für alle. Hamburger Perspektiven zur Religionsdidaktik. München: Waxmann.

ECK, Diana (2001): New Religious America. How a »Christian« Country Became the World's Most Religiously Diverse Nation. San Francisco: HarperCollins.

ENGELBRECHT, Martin, ROSOWSKI, Martin (2007): Was Männern Sinn gibt. Leben zwischen Welt und Gegenwelt. Stuttgart: Kohlhammer.

ENGELHARDT, Klaus, LÖWENICH, Hermann von, STEINACKER, Peter (Hg.) (1997): Fremde Heimat Kirche. Die dritte EKD-Erhebung über Kirchenmitgliedschaft. Gütersloh: Gütersloher Verlagshaus.

EUGSTER, Veronica, JECKER, Constanze, SCHÖNHAGEN, Philomen, TREBBE, Joachim (2010): Religion im Fernsehen. Schlussbericht zum Nationalen Forschungsprogramm 58 des Schweizerischen Nationalfonds. URL: http://www.nfp58.ch/files/downloads/Schlussbericht_Trebbe.pdf, [21. 03. 2013].

EUROPEAN ASSOCIATION FOR THE STUDY OF RELIGIONS (2013): Stichwort »E-Networks«. URL: www.easr.eu, [21. 03. 2013].

FOROUTAN, Naika (Hg.) (2010): Sarrazins Thesen auf dem Prüfstand. Ein empirischer Gegenentwurf zu Thilo Sarrazins Thesen zu Muslimen in Deutschland. URL: http://www.heymat.hu-berlin.de/sarrazin2010/, [22. 3. 2013].

FORSCHUNGSGRUPPE WELTANSCHAUUNGEN IN DEUTSCHLAND (2012): Religionszugehörigkeit, Deutschland. Bevölkerung 1970 – 2011. http://fowid.de/fileadmin/datenarchiv/Religionszugehoerigkeit/Religionszugehoerigkeit_Bevoelkerung_1970_2011.pdf, [28. 03. 2013].

FRANK, Katharina (2010): Schulischer Religionsunterricht. Eine religionswissenschaftlich-soziologische Untersuchung. Stuttgart: Kohlhammer.

FRANK, Katharina (2012): Wie implementiert man einen religionskundlichen Unterricht? Analysen und Entwicklungen. In: HANNEMANN, Tilman, HINDRIKSEN, Arendt, KENNGOTT, Eva-Maria, KLINKHAMMER, Gritt (Hg.), Religionspädagogik zwischen religionswissenschaftlichen Erwartungen und pädagogischen Ansprüchen. Bremen: Universität Bremen 2012/13. S. 47 – 89.

FRANKE, Edith (2002): Die Göttin neben dem Kreuz. Zur Entwicklung und Bedeutur g weiblicher Gottesvorstellungen bei kirchlich-christlich und feministisch geprägten Frauen. Marburg: Diagonal.

FREIBERGER, Oliver (2013): Die deutsche Religionswissenschaft im transnationalen Fachdiskurs. Zeitschrift für Religionswissenschaft, 21, S. 1 – 28.

FREIDENKER-VEREINIGUNG DER SCHWEIZ (2013): Artikel-Schlagworte »Religion und Kultur«. URL: http://www.frei-denken.ch/de/tag/religion-und-kultur/, [16. 03. 2013].

FRIEDRICH, Johannes, HUBER, Wolfgang, STEINACKER, Peter (Hg.) (2006): Kirche in der Vielfalt der Lebensbezüge. Die vierte EKD-Erhebung über Kirchenmitgliedschaft, 2 Bde. Gütersloh: Gütersloher Verlagshaus.

GABRIEL, Karl (2009): Die Kirchen in Westdeutschland. Ein asymmetrischer religiöser Pluralismus. In: BERTELSMANN STIFTUNG (Hg.) Woran glaubt die Welt? Analysen und Kommentare zum Religionsmonitor 2008. Gütersloh: Verlag Bertelsmann Stiftung. S. 99 – 124.

GEBHARDT, Winfried (2007): Megaparty Glaubensfest. Weltjugendtag: Erlebnis – Medien – Organisation. Wiesbaden: VS.

GEERTZ, Clifford (1987): Religion als kulturelles System. In: GEERTZ, Clifford: Dichte Beschreibung. Beiträge zum Verstehen kultureller Systeme. Frankfurt a. M.: Suhrkamp. S. 44 – 95.

GERSON, Daniel, BOSSERT, Sabina, DREYFUS, Madeleine, LEUPIN, Leonardo, RHEIN, Valérie, SCHLERKMANN, Isabel (2010): Schweizer Judentum im Wandel. Religionswandel und gesellschaftspolitische Orientierung der Juden in der Schweiz. Schlussbericht zum Nationalen Forschungsprogramm 58 des Schweizerischen Nationalfonds. URL: http://www.nfp58.ch/files/downloads/SB_Gerson.pdf, [21. 03. 2013].

GIORDANO, Christian, ALLENBACH, Brigit, HERZIG, Pascale, MÜLLER, Monika (2010): Migration und Religion. Perspektiven von Kindern und Jugendlichen in der Schweiz. Schlussbericht zum Nationalen Forschungsprogramm 58 des Schweizerischen Nationalfonds. URL: http://www.nfp58.ch/files/downloads/Schlussbericht_Giordano.pdf, [21. 03. 2013].

GLADIGOW, Burkhard (2005): Mögliche Gegenstände und notwendige Quellen einer Religionsgeschichte. In: GLADIGOW, Burkhard: Religionswissenschaft als Kulturwissenschaft. Stuttgart: Kohlhammer.

GLADIGOW, Burkhard, KIPPENBERG, Hans G., (Hg.) (1983): Neue Ansätze in der Religionswissenschaft. München: Kösel.

GLASENAPP, Helmuth v. (1966): Der Buddhismus, eine atheistische Religion. München: Szczesny.

GOETHE UNIVERSITÄT FRANKFURT AM MAIN (2004 – 2012): Dr. Johannes Quack. URL: http://www2.uni-frankfurt.de/43722704/quack, [21. 03. 2013].

GRADUIERTENZENTRUM GEISTES- UND SOZIALWISSENSCHAFTEN (2013): Säkularitäten. Konfigurationen und Entwicklungspfade. URL: http://www.uni-leipzig.de/~ral/gchuman/klassen/saekularitaeten-konfigurationen-und-entwicklungspfade/, [26. 03. 2013].

GRAF, Friedrich W. (2004): Die Wiederkehr der Götter. Religion in der modernen Kultur. München: C.H. Beck.

HAFNER, Urs (2011): Heimerziehung. Eine Geschichte des Aufwachsens in der Anstalt. Baden: Hier und Jetzt. Verlag für Kultur und Geschichte.

HARVARD UNIVERSITY, DIANA ECK (1997 – 2013): The Pluralism Project. URL: http://pluralism.org/, [23. 03. 2013].

HAUG, Sonja, SCHIMANY, Peter (2005): Jüdische Zuwanderer in Deutschland. Ein Überblick über den Stand der Forschung, Nürnberg: Bundesamt für Migration und Flüchtlinge. Working Papers 3/2005.

HAUG, Sonja, STICHS, Anja, MÜSSIG, Stephanie (2009): Muslimisches Leben in Deutschland. Im Auftrag der Deutschen Islamkonferenz, Nürnberg: Bundesamt für Migration und Flüchtlinge.

HEELAS, Paul, WOODHEAD, Linda (2005): The Spiritual Revolution. Why Religion is Giving Way to Spirituality. Malden, MA, u. a.: Blackwell.

HEPP, Andreas, KRÖNERT, Veronika (2009): Medien – Event – Religion. Die Mediatisierung des Religiösen. Wiesbaden: VS.

HERO, Markus (2010): Die neuen Formen des religiösen Lebens. Eine institutionentheoretische Analyse neuer Religiosität. Würzburg: Ergon.

HOCK, Klaus (2002): Einführung in die Religionswissenschaft. Darmstadt: Wissenschaftliche Buchgesellschaft.

HOCK, Klaus (2009): Die Allgegenwart des Religiösen. Religiosität in Nigeria. In: Bertelsmann Stiftung (Hg.) Woran glaubt die Welt? Analysen und Kommentare zum Religionsmonitor 2008. Gütersloh: Verlag Bertelsmann Stiftung. S. 279 – 311.

HUBER, Marius (2011): Zu viel Religion für gottlose Schüler? URL: http://www.tagesanzeiger.ch/zuerich/region/Zu-viel-Religion-fuer-gottlose-Schueler/story/14859092, [19. 03. 2013].

HUBER, Stefan (2003): Zentralität und Inhalt. Ein neues multidimensionales Messmodell der Religiosität. Opladen: Leske und Budrich.

HUBER, Stefan (2009): Der Religionsmonitor 2008: Strukturierende Prinzipien, operationale Konstrukte, Auswertungsstrategien. In: BERTELSMANN STIFTUNG (Hg.) Woran glaubt die Welt? Analysen und Kommentare zum Religionsmonitor 2008. Gütersloh: Verlag Bertelsmann Stiftung 2009. S. 17 – 52.

HURRELMANN, Klaus (2002): Einführung in die Sozialisationstheorie. Weinheim: Beltz.

IMHOF, Kurt, ETTINGER, Patrik (2011): Ethnisierung des Politischen und Problematisierung religiöser Differenz. Schlussbericht zum Nationalen Forschungsprogramm 58 des Schweizerischen Nationalfonds. URL: http://www.nfp58.ch/files/downloads/NFP58_Schlussbericht_Ettinger_Imhof.pdf, [21. 03. 2013].

INSTITUT FÜR RELIGIONSWISSENSCHAFT (WE 8) (2012): DFG-Projekt: Die »Rückkehr der Religionen« und die Rückkehr der Religionskritik – Der »Neue Atheismus« in der deutschen und US-amerikanischen Gegenwartskultur. URL: http://www.geschkult.fu-berlin.de/e/relwiss/forschung/DFG-Projekt_Neo-Atheismus/index.html, [21. 03. 1013].

JENSEN, Tim, ROTHSTEIN, Mikael (Hg.) (2000). Secular Theories on Religion. Current Perspectives, Copenhagen: Museum Tusculanum Press, University of Copenhagen.

JÖDICKE, Ansgar, ROTA, Andrea (2010): Schlussbericht des Projekts: »Religiöse Bildung zwischen Religionsgemeinschaften und öffentlicher Schule« zum Nationalen Forschungsprogramm 58 des Schweizerischen Nationalfonds. URL: http://www.nfp58.ch/files/downloads/Joedicke_Schule_Schlussbericht_def.pdf, [21. 3. 2013].

KANTON ZÜRICH (2013):Volksschulamt (VSA). URL: http://www.vsa.zh.ch/, [28. 03. 2013].

KEHRER, Günter (1988): Einführung in die Religionssoziologie. Darmstadt: Wissenschaftliche Buchgesellschaft.

KEHRER, Günter (1988a): Die Kirchen im Kontext der Säkularisierung. In: BAADTE,

Günter, RAUSCHER, Anton (Hg.), Neue Religiosität und säkulare Kultur. Graz: Styria, 1988. S. 9 – 24.

KELEK, Necla (2012): Akt der Unterwerfung. In der Beschneidungsdebatte im Deutschen Bundestag spielte die muslimische Praxis keine Rolle. In: Der Spiegel 51/2012. S. 74 – 75.

KING, Richard (1999): Orientalism and Religion. Postcolonial Theory, India and »the Mystic East«. London, New York: Routledge.

KIPPENBERG, Hans G., RÜPKE, Jörg, STUCKRAD, Kocku von (2009): Europäische Religionsgeschichte. Ein mehrfacher Pluralismus, 2 Bde. Göttingen: Vandenhoeck & Ruprecht.

KIPPENBERG, Hans G., STUCKRAD, Kocku von (2003): Einführung in die Religionswissenschaft. München: C.H.Beck.

KLEINE, Christoph (2012): Zur Universalität der Unterscheidung religiös/säkular: eine systemtheoretische Betrachtung. In: STAUSBERG, Michael (Hg.), Religionswissenschaft, Berlin u. a.: De Gruyter, 2012, S. 65 – 80.

KLINKHAMMER, Gritt (2000): Moderne Formen islamischer Lebensführung. Eine qualitativ-empirische Untersuchung zur Religiosität sunnitisch geprägter Türkinnen der zweiten Generation in Deutschland. Marburg: Diagonal.

KNOBLAUCH, Hubert (2005): Einleitung. Soziologie der Spiritualität. Zeitschrift für Religionswissenschaft, 13, S. 123 – 131.

KNOBLAUCH, Hubert (2009): Populäre Religion. Auf dem Weg in eine spirituelle Gesellschaft. Frankfurt a. M. u. a.: Campus.

KNOBLAUCH, Hubert (2010): Wissenssoziologie. Konstanz: UVK.

KOCH, Carmen (2012): Religion in den Medien. Eine quantitative Inhaltsanalyse von Medien in der Schweiz. Konstanz: UVK.

KÖTT, Robert (2003): Systemtheorie und Religion. Mit einer Religionstypologie im Anschluss an Niklas Luhmann. Würzburg: Königshausen und Neumann.

KRECH, Volkhard, HÖHMANN, Peter (2006): Das weite Feld der Kirchenmitgliedschaft. Vermessungsversuche nach Typen, sozial- struktureller Verortung, alltäglicher Lebensführung und religiöser Indifferenz. In: Huber, Wolfgang, FRIEDRICH, Johannes, STEINACKER, Peter (Hg.), Kirche in der Vielfalt der Lebensbezüge. Die vierte EKD-Erhebung über Kirchenmitgliedschaft, Bd. 1. Gütersloh: Gütersloher Verlagshaus. S. 143 – 195.

LUCKMANN, Thomas (1991): Die unsichtbare Religion. Frankfurt a.M.: Suhrkamp.

LUCKMANN, Thomas (1996): Privatisierung und Individualisierung. Zur Sozialform der Religion in spätindustriellen Gesellschaften. In: GABRIEL, Karl (Hg.), Religiöse Individualisierung oder Säkularisierung. Biographie und Gruppe als Bezugspunkte moderner Religiosität. Gütersloh: Chr. Kaiser. S. 17 – 28.

LUHMANN, Niklas (1990). Die Funktion der Religion. Frankfurt a.M.: Suhrkamp.

LUHMANN, Niklas (2002): Die Religion der Gesellschaft. Hrsg. v. André KIESERLING. Frankfurt a.M.: Suhrkamp.

MADER, Luzius, und SCHINZEL, Marc (2012). Religion in der Öffentlichkeit. In BOCHINGER, Christoph (Hg.), Religionen, Staat und Gesellschaft. Die Schweiz zwischen Säkularisierung und religiöser Vielfalt. Zürich: NZZ Libro. S. 109 – 143.

MARTI, Michael, KRAFT, Eliane, WALTER, Felix (2010): Dienstleistungen, Nutzen und Finanzierung von Religionsgemeinschaften in der Schweiz (Projekt FAKIR). Schlussbericht zum Nationalen Forschungsprogramm 58 des Schweizerischen Nationalfonds. URL: http://www.nfp58.ch/files/downloads/Schlussbericht_Marti.pdf, [26. 03. 2013].

MÜLLER, Eva (2013): Gott hat hohe Nebenkosten. Wer wirklich für die Kirche zahlt. Köln: Kiepenheuer und Witsch.

MURKEN, Sebastian (2008) (Hg.): Ohne Gott leben. Religionspsychologische Aspekte des »Unglaubens«. Marburg: Diagonal.

NFP 58 RELIGIONSGEMEINSCHAFTEN, STAAT UND GESELLSCHAFT. (2013): Offizielle Website. URL: www.nfp58.ch, [14. 03. 2013].

OBERGETHMANN, Frank (1998): Rudolf Ottos ›religiöser Menschheitsbund‹ – ein Kapitel interreligiöser Begegnung zwischen den Weltkriegen. Zeitschrift für Religionswissenschaft, 6, S. 79 – 106.

PAHUD DE MORTANGES, René (2012): Die Auswirkung der religiösen Pluralisierung auf die staatliche Rechtsordnung. In BOCHINGER, Christoph (Hg.), Religionen, Staat und Gesellschaft. Die Schweiz zwischen Säkularisierung und religiöser Vielfalt. Zürich: NZZ Libro. S. 145 – 173.

PETZOLD, Matthias (2009): Zur religiösen Lage im Osten Deutschlands: Sozialwissenschaftliche und theologische Interpretationen. In: BERTELSMANN STIFTUNG (Hg.), Woran glaubt die Welt? Analysen und Kommentare zum Religionsmonitor 2008. Gütersloh: Verlag Bertelsmann Stiftung. S. 125 – 150.

PICKEL, Gert (2011): Atheistischer Osten und gläubiger Westen. Pfade der Konfessionslosigkeit im innerdeutschen Vergleich. In: PICKEL, Gert, SAMMET, Kornelia, (Hg.), Religion und Religiosität im vereinigten Deutschland. Zwanzig Jahre nach dem Umbruch. Wiesbaden: Verlag für Sozialwissenschaften. S. 43 – 77.

PICKEL, Gert, und SAMMET, Kornelia (Hg.) (2011): Religion und Religiosität im vereinigten Deutschland. Zwanzig Jahre nach dem Umbruch. Wiesbaden: Verlag für Sozialwissenschaften.

PÖHLMANN, Matthias (1998): Kampf der Geister. Die Publizistik der »Apologetischen Zentrale« (1921 – 1937). Stuttgart: Kohlhammer.

POLLACK, Detlef (1995): Was ist Religion? Probleme der Definition. Zeitschrift für Religionswissenschaft, 3, S. 163 – 190.

POLLACK, Detlef (2003): Säkularisierung – ein moderner Mythos? Tübingen: Mohr Siebeck.

POLLACK, Detlef (2009): Studien zum religiösen Wandel in Deutschland und Europa, Bd. 2: Rückkehr des Religiösen? Tübingen: Mohr Siebeck.

POLLACK, Detlef (Hg.) (2010): Wahrnehmung und Akzeptanz religiöser Vielfalt, Bevölkerungsumfrage des Exzellenzclusters »Religion und Politik«. Münster. URL: http://www.uni-muenster.de/imperia/md/content/religion_und_politik/aktuelles/2010/12_2010/studie_ wahrnehmung_und_akzeptanz_religioeser_vielfalt.pdf, [23. 03. 2013].

POLLACK, Detlef, MÜLLER, Olaf, ROSTA, Gergely, FRIEDRICHS, Nils, YENDELL, Alexander (Hg.) (2012): Grenzen der Toleranz. Wahrnehmung und Akzeptanz religiöser Vielfalt in Europa. Wiesbaden: VS-Verlag.

RASCHE, Uta (2001): Islamische Organisationen in Deutschland. Rivalität und Konkurrenz. URL: http://m.faz.net/aktuell/politik/islamische-organisationen-in-deutschland-rivalitaet-und-konkurrenz-1194985.html, [23. 03. 2013].

RAMSEL, Carsten (2011): Deutschland und seine Kinder – eine Frage der Religiosität?

Gesellschaftliche und individuelle Bedingungen der Reproduktion religiöser Menschen. Diss. Univ. Tübingen. URL: http://nbn-resolving.de/urn:nbn:de:bsz:21-opus-58886, [23. 03. 2013].

REMID (Religionswissenschaftlicher Medien- und Informationsdienst e.V.) (2013): Religionen und Weltanschauungsgemeinschaften in Deutschland: Mitgliederzahlen. URL: http://www.remid.de/statistik, [21. 03. 2013].

Riesebrodt, Martin (2007): Cultus und Heilsversprechen. Eine Theorie der Religionen. München: C.H. Beck.

Rudolph, Kurt (1992): Geschichte und Probleme der Religionswissenschaft. Leiden: Brill.

Sarrazin, Thilo (2010): Deutschland schafft sich ab. Wie wir unser Land aufs Spiel setzen. München: DVA.

Schallberger, Peter, Schwendener, Alfred, Hafner, Urs (2010): Hilfe für die Schwachen aus dem Geist des Göttlichen? Die Bedeutung von Religion bei der Professionalisierung der Sozialen Arbeit. Schlussbericht zum Nationalen Forschungsprogramm 58 des Schweizerischen Nationalfonds. URL: http://www.nfp58.ch/files/downloads/Schlussbericht_Schallberger.pdf., [27. 03. 2013].

Schlieter, Jens, Kind Furger, Marietta, Lauer, Tina (2011): Buddhistische Identität im Wandel: eine Untersuchung der zweiten und dritten Generation tibetischer Migrantinnen und Migranten in der Schweiz. Schlussbericht zum Nationalen Forschungsprogramm 58 des Schweizerischen Nationalfonds. URL: http://www.nfp58.ch/files/downloads/Schlussbericht_Schlieter.pdf, [21. 03. 2013].

Schmidt-Leukel, Perry (1992): »Den Löwen brüllen hören«. Zur Hermeneutik eines christlichen Verständnisses der buddhistischen Heilsbotschaft. Paderborn: Schöningh.

Schnettler, Bernt (2004): Zukunftsvisionen. Transzendenzerfahrung und Alltagswelt. Konstanz: UVK.

Schüler, Sebastian (2012): Religion, Kognition, Evolution. Eine religionswissenschaftliche Auseinandersetzung mit der Cognitive Science of Religion. Stuttgart: Kohlhammer.

Seiwert, Hubert (1977): Systematische Religionswissenschaft. Theoriebildung und Empiriebezug, ZMR, 61, S. 1 - 18.

Seiwert, Hubert (1981): »Religiöse Bedeutung« als wissenschaftliche Kategorie. Annual Review for the Social Sciences of Religion, 5, S. 57 - 99.

Smith, Jonathan Z. (1978): Map Is Not Territory. Studies in the History of Religions. Leiden: Brill.

Soysal, Yasemin Nuhoğlu (1994): Limits of Citizenship. Migrants and Postnational Membership in Europe. Chicago: University of Chicago Press.

Statistische Ämter des Bundes und der Länder (2012): Zensus 2011. URL: https://www.zensus2011.de/DE/Home/home_node.html, [21. 03. 2013].

Statistisches Bundesamt [Deutschland] (Hg.) (2012): Statistisches Jahrbuch. Deutschland und Internationales. Wiesbaden: Selbstverlag.

Stausberg, Michael (2005): Sozialisation/Erziehung. In: Metzler Lexikon Religion, Bd. 3. Auffarth, Christoph, Bernard, Jutta, Mohr, Hubert (Hg.) (S. 327 - 334). Stuttgart u. a.: Metzler.

Stienen, Angela, Bühler, Caroline, Gasser, Nathalie, Tamcan, Özgür (2010): Beruf oder Berufung? Deutungskonflikte in der Lehrerinnen- und Lehrerbildung. Schlussbericht zum Nationalen Forschungsprogramm 58 des Schweizerischen Nationalfonds. URL: http://www.nfp58.ch/files/downloads/Schlussbericht_Stienen_de.pdf, [21. 03. 2013].

STIFTUNG WELTETHOS TÜBINGEN (2013): Offizielle Website. URL: http://www.weltethos. org/, [23. 03. 2013].

STOLZ, Fritz (^{3}2001): Grundzüge der Religionswissenschaft. Göttingen: Vandehoeck und Ruprecht.

STOLZ, Jörg (2012): Religion und Individuum unter dem Vorzeichen religiöser Pluralisierung. In: BOCHINGER, Christoph (Hg.), Religionen, Staat und Gesellschaft. Die Schweiz zwischen Säkularisierung und religiöser Vielfalt. Zürich: NZZ Libro. S. 77 – 107.

STOLZ, Jörg, KÖNEMANN, Judith, SCHNEUWLY PURDIE, Mallory, ENGLBERGER, Thomas, KRÜGGELER, Michael (2011): Religiosität in der modernen Welt. Bedingungen, Konstruktionen und sozialer Wandel. Schlussbericht zum Nationalen Forschungsprogramm 58 des Schweizerischen Nationalfonds. URL: http://www.nfp58.ch/files/ downloads/Schlussbericht__Stolz.pdf., [21. 03. 2013].

STORM, Ingrid (2009). Half Way to Heaven: Four Types of Fuzzy Fidelity in Europe. Journal for the Scientific Study of Religion, 48 (4), S. 702 – 718.

STRÜBING, Jörg (^{2}2008): Grounded Theory: Zur sozialtheoretischen und epistemologischen Fundierung des Verfahrens der empirische gegründeten Theoriebildung. Wiesbaden: Verlag für Sozialwissenschaften.

USARSKI, Frank (1988): Die Stigmatisierung neuer spiritueller Bewegungen in der Bundesrepublik Deutschland. Köln u. a.: Böhlau.

VATTER, Adrian, et al. (2011): Direkte Demokratie und religiöse Minderheiten in der Schweiz: Tyrannei der Mehrheit oder ausgebauter Minderheitenschutz? Schlussbericht zum Nationalen Forschungsprogramm 58 des Schweizerischen Nationalfonds. URL: http://www.nfp58.ch/files/downloads/Schlussbericht_Vatter.pdf, [21. 03. 2013].

VOAS, David (2009): The Rise and Fall of Fuzzy Fidelity. European Sociological Review, 25 (2), S. 155 – 168.

WELTECKE, Dorothea (2013): Bemerkungen zur Geschichte des Atheismus in Deutschland. In: DEUTSCHE BOTSCHAFT ANKARA (Hg.): Rechte und gesellschaftlicher Einfluss religiöser Gruppen in Deutschland und der Türkei. Tagungsband der X. Tarabya-Konferenz, 1.–3.6.2012. o.O. (im Druck).

WIEBE, Donald (2011): Religion. A Human Phenomenon. XXth world congress of the International Association for the History of Religions. Proceedings. University of Toronto, 15 – 21 August 2010. Pdf. URL: http://individual.utoronto.ca/yeungsydney/ IAHR-2010-Congress-Proceedings-WEB.pdf, [16. 03. 2013].

WIEBEL-FANDERL, Oliva (1993): Religion als Heimat? Zur lebensgeschichtlichen Bedeutung katholischer Glaubenstraditionen. Wien: Böhlau.

Wikipedia. Die freie Enzyklopädie (2013): Abrahamitische Religionen. URL: http://de. wikipedia.org/wiki/Abrahamitische_Religionen, [26. 03. 2013].

WILKE, Annette: Säkularisierung oder Individualisierung von Religion? Theorien und empirische Befunde. Zeitschrift für Religionswissenschaft, 21, S. 29 – 76.

WOHLRAB-SAHR, Monika (2009): Das stabile Drittel: Religionslosigkeit in Deutschland, in: BERTELSMANN STIFTUNG (Hg.), Woran glaubt die Welt? Analysen und Kommentare zum Religionsmonitor 2008. Gütersloh: Verlag Bertelsmann Stiftung. S. 151 – 168.

WYSS, Vinzenz, KEEL, Guido (2009): Religion surft mit. Journalistische Inszenierungs-strategien zu religiösen Themen. Communicatio Socialis, 42 (4), S. 351 – 364.

ZINSER, Hartmut (2010): Grundfragen der Religionswissenschaft. Paderborn: Ferdinand Schöningh.

ZUCKERMAN, Phil (2009): Atheism, Secularity, and Well-Being: How the Findings of Social Science Counter Negative Stereotypes and Assumptions. Sociology Compass, 3 (6), S. 949 – 971.

ZUCKERMAN, Phil (2012): Contrasting Interreligious Orientation. Atheism and Secularity in the USA and in Scandinavia. Approaching Religion, 2 (1), S. 8 – 20.

Peter Antes

Leben in einer total säkularisierten Welt

Im Jahre 2010 bewegte ein Buch die öffentliche Diskussion in Deutschland: Thilo
Sarrazins *Deutschland schafft sich ab.*[1] Das Buch prognostizierte, dass durch
Migration und hohe Geburtenzahlen unter Ausländern wie Deutschen mit Mi-
grationshintergrund die Zahl der Muslime in Deutschland derart rapide an-
steigen wird, dass das traditionelle Deutschland mit seinem jüdisch-christlichen
Erbe – vor allem letzterem – so ins Hintertreffen geraten wird, dass davon kaum
noch etwas bestimmend sein wird. Was die meisten Deutschen fürchten, hat
Thilo Sarrazin 2010 so formuliert: »Ich möchte nicht, dass das Land meiner
Enkel und Urenkel zu großen Teilen muslimisch ist, dass dort über weite Stre-
cken Türkisch und Arabisch gesprochen wird, die Frauen ein Kopftuch tragen
und der Tagesrhythmus vom Ruf der Muezzine bestimmt wird«.[2]
   Für dasselbe Jahr 2010 stellt die Statistik der »Forschungsgruppe Weltanschauungen in Deutschland«[3] fest, dass der »Anteil der Muslime zu hoch«
eingeschätzt wird und nennt für die Religionszugehörigkeit 2010 in Deutschland
29,2 % katholisch, 29,3 % evangelisch, 2,3 % muslimisch und 2,0 % sonstige,
während die Konfessionsfreien mit 37,2 % den eindeutig größten Anteil an der
Bevölkerung ausmachen – mit unterschiedlich großen Anteilen im Osten, dem
Territorium der ehemaligen DDR und im Westen, der alten Bundesrepublik
Deutschland, bei steigender Tendenz in beiden Teilen Deutschlands. Es ist daher
an der Zeit, sich mit dieser bevölkerungsmäßig größten Gruppe in Deutschland
näher zu beschäftigen und danach zu fragen, ob konfessionsfrei atheistisch
bedeutet oder nicht, wie der Alltag als säkularisierte Wirklichkeit aussieht und
welche Antworten diese Menschen auf die drängenden Fragen menschlicher
Existenz geben.

---

1 Vgl. Sarrazin 2010 und zur Debatte um das Buch z. B. Bellers 2010 und Bellers 2011.
2 Stolz 2010, S. 19.
3 Vgl. Forschungsgruppe Weltanschauungen in Deutschland 2005a.

1   Konfessionsfrei = atheistisch?

Im Jahre 2009 ist unter dem Sammeltitel »Religionen und Weltanschauungen«
im Berliner Wissenschaftsverlag ein sechsbändiges Lehrbuch für Unterricht,
Schule, Studium und Unterrichtsvorbereitung erschienen, das neben den üblichen Weltreligionen (Judentum, Christentum, Islam, Hinduismus und Buddhismus) auch einen Band zur Esoterik und einen weiteren zum Atheismus
enthält.[4] Dabei ist der Band über den Atheismus wohl die größte Überraschung
in dieser Reihe.

Zu Recht wird gesagt, es handele sich beim Atheismus um

> »keine geschlossene Weltanschauung. Es gibt auch keinen gemeinsamen Kanon von
> Texten, auf den sich alle Atheisten berufen würden. Es gibt keine speziellen Ver-
> sammlungsorte und keine speziellen Riten, die nur die Atheisten aufsuchen oder
> praktizieren. Das Etikett ›Atheist‹ ist ausschließlich ein negierendes Etikett: Es besagt,
> dass jemand *nicht* Anhänger einer Religionsgemeinschaft ist, und dass er *nicht* an
> einen oder mehrere Götter glaubt«.[5]

Unabhängig davon, ob die Aussage richtig ist, es habe »jede Kultur ihren eigenen, spezifischen Atheismus herausgebildet als Kontrapunkt zu der Religion, die
in der Kultur jeweils das konstituierende und einigende Moment des Kultur-
bildungsprozesses bildete«,[6] darf man sicher behaupten, dass es in unserer
Kultur in zunehmendem Maße seit der Aufklärung Atheisten gab und dies in
zweierlei Form, wie in diesem Band zutreffend festgestellt wird: als vorausset-
zungsloser und als religionskritischer Atheismus.

> »Ein ›voraussetzungsloser Atheist‹ ist jemand, der seine intellektuellen Bemühungen
> ausschließlich auf Fragen beschränkt, die sich aus der Erfahrung und ohne den
> Rückgriff auf Instanzen wie ›Gott‹, ›Geist‹ oder ›Seele‹ erklären lassen. Sein Ziel ist die
> Entwicklung eines möglichst widerspruchsfreien und möglichst umfassenden Welt-
> bildes, das ohne Unsichtbares und Unmessbares aller Art auskommt«.[7]

Meist wird dabei auf die Naturwissenschaften als Leitbild verwiesen.

> »Wie der voraussetzungslose Atheismus, so leugnet auch der religionskritische Athe-
> ismus die Existenz eines oder mehrerer Götter. Anders als dieser arbeitet sich der
> religionskritische Atheismus jedoch ab an einer ganz bestimmten Religion oder am
> Phänomen der Religiosität. Er entsteht in einem Umfeld, in dem es gemeinhin üblich
> oder sogar durch Zwang geboten ist, Anhänger einer Religion zu sein. Er verfolgt das
> Anliegen, die konkrete Religion oder das Phänomen der Religiosität als irrational und
> unvernünftig auszuweisen. Deshalb hat der religionskritische Atheismus in aller Regel

---

4 Vgl. Grözinger 2009.
5 Grözinger 2009, Bd. 6, S. 17.
6 Grözinger 2009, Bd. 6, S. 18.
7 Grözinger 2009, Bd. 6, S. 20.

den Charakter von Protest und Auflehnung. Zudem verbindet sich der religionskritische Atheismus häufig mit einer politischen Opposition gegen eine herrschende Macht
oder ein herrschendes System«.[8]

Anhand dieser Zweiteilung des Atheismus lassen sich gut Textbeispiele bringen,
um die Existenz dieser Formen von Atheismus zu belegen und durch Kommentare zu untermauern.

Was damit gänzlich wegfällt, ist die große Zahl von Menschen in unserem
Lande, denen letzte Fragen nach Leben und Tod, nach Gott und der Welt offenbar
kein Anliegen sind. Religiöses Denken ist ihnen anscheinend ebenso fremd wie
jegliche Form religiöser Praxis. Für sie trifft damit nicht zu, dass – wie es der
britische Meeresbiologe Alister Hardy (1896 – 1985) glaubte behaupten zu
können – das Spezifische des Menschen gegenüber dem Tier darin besteht, dass
der Mensch ein betendes Tier ist.[9] In ähnlicher Weise macht der Religionswissenschaftler Mircea Eliade (1907 – 1986) Religion zum Maßstab vollwertigen
Menschseins, wenn er mit Blick auf die Prähistorie schreibt: »Wenn der Alt-
steinzeitmensch als ›vollwertiger Mensch‹ gelten kann, so folgt daraus, daß er
auch eine Anzahl von Glaubensvorstellungen besaß und bestimmte Riten
praktizierte«.[10] Wer also in der heutigen Gesellschaft weder eine Anzahl von
Glaubensvorstellungen besitzt noch bestimmte Riten praktiziert, so muss man
demnach folgern, ist kein »vollwertiger Mensch«. Deshalb sind die säkularen
Konfessionsfreien eine Herausforderung für die Religionswissenschaft. Sie
stellen die gesamte eliadeische Anthropologie in Frage.

Während die Atheisten sich immer wieder mit der Frage nach der Existenz
Gottes auseinandersetzen und bekenntnishaft Gottes Nichtexistenz behaupten,
lassen Agnostiker diese und alle anderen mit dem Glauben verbundenen Fragen
offen, gemäß dem Friedrich dem Großen (1712 – 1786) in den Mund gelegten
Gebet: »*Lieber Gott, wenn es dich gibt: Rette meine Seele, wenn ich eine habe*«.[11]

In der Praxis wird diese scharfe Unterscheidung allerdings weniger präzise
durchgehalten. Zudem gibt es beim Wortgebrauch kulturelle Unterschiede.
Während beispielsweise in Frankreich die Nichtglaubenden eher zu der Aussage
neigen, sie seien Atheisten und agnostisch nur für eine entsprechend reflektierte,
pointierte Position reserviert zu sein scheint, sagen Briten lieber von sich, sie
seien Agnostiker und gebrauchen den Terminus »Atheist« nur, wenn sie damit
eine Haltung einer dezidierten Leugnung der Existenz Gottes zum Ausdruck
bringen wollen. Beiden Aussagen liegt eine bewusste Reflexion zu Grunde.
Deshalb treffen beide Aussagen auf die Mehrheit derer nicht zu, die sich heute in

---

8 Grözinger 2009, Bd. 6, S. 24 – 25.
9 Vgl. Hardy 1979.
10 Eliade [3]1997, Bd 1, S. 17.
11 Vgl. Internationaler Bund der Konfessionslosen und Atheisten 2013.

Deutschland als konfessionsfrei bezeichnen. Ohne ihnen zu nahe treten zu wollen, darf man sicher von ihnen sagen, sie sind weltanschaulich gesprochen einfach gar nichts, weder atheistisch, noch agnostisch oder häretisch. Der gesamte Komplex des religiösen Fragens ist ihnen kein Anliegen, entsprechende Gedanken diesbezüglich sind ihnen fremd. Ihr Leben läuft in einer säkularen Geschlossenheit ab, die in früheren Zeiten unvorstellbar war.

Bestimmend für das christliche Denken war durch die Jahrhunderte das Psalmwort: »Die Toren sagen in ihrem Herzen: ›Es gibt keinen Gott.‹« (Psalm 14,1) Wer also nachdenkt und vernünftig ist, weiß, dass dies nicht stimmt. Weltweit nämlich stellen die Menschen dieselben Fragen und erwarten darauf Antworten von den Religionen, sagt 1965 die Katholische Kirche in der Einführung zur Erklärung des II. Vatikanischen Konzils über das Verhältnis der Kirche zu den nichtchristlichen Religionen (Nostra Aetate):

> »Die Menschen erwarten von den verschiedenen Religionen Antwort auf die ungelösten Rätsel des menschlichen Daseins, die heute wie von je die Herzen der Menschen im tiefsten bewegen: Was ist der Mensch? Was ist Sinn und Ziel unseres Lebens? Was ist das Gute, was die Sünde? Woher kommt das Leid, und welchen Sinn hat es? Was ist der Weg zum wahren Glück? Was ist der Tod, das Gericht und die Vergeltung nach dem Tode? Und schließlich: Was ist jenes letzte und unsagbare Geheimnis unserer Existenz, aus dem wir kommen und wohin wir gehen?«[12]

All diese Fragen, so scheint es, bewegt mehr als ein Drittel der deutschen Bevölkerung nicht mehr, wenn die eingangs zitierte Statistik richtig ist. Bereits 1992 hat man bei einer Befragung festgestellt, dass bei weitem nicht alle evangelischen Christen in Deutschland an den von der Kirche verkündeten Gott glauben. Unter den Konfessionslosen glaubten 50 % der westdeutschen und 75 % der ostdeutschen Konfessionslosen an keinen Gott. Aber »die Hälfte (51 %) der westdeutschen Konfessionslosen glauben an eine ›höhere Kraft‹ (38 %) bzw. an ›Gott‹ (13 %). Bei den Konfessionslosen in den Neuen Ländern beträgt der Anteil dieser Gläubigen (an eine ›höhere Macht‹ / ›Gott‹) 25 Prozent«.[13] Wie leben sie, was sind ihre Fragen?

2   Alltag als säkularisierte Wirklichkeit

Bereits Anfang der achtziger Jahre des 20. Jahrhunderts hat der Theologe Heinrich Fries den Alltag als säkularisierte Wirklichkeit in einer noch heute zutreffenden Weise so beschrieben:

---

12 Declaratio de Ecclesiae Habitudine ad religiones non christianas.
13 Vgl. Forschungsgruppe Weltanschauungen in Deutschland 2005b.

»Der Alltag ist der Tag des beruflichen Dienstes, der täglichen Geschäfte, des Leistungsdrucks, der Sorgen und Besorgungen, der Zwangsläufigkeit, der Angepasstheit, der Tag, an dem es sehr weltlich, sehr routiniert, sehr nüchtern, profan und bürokratisch zugeht. Es ist zugleich die Welt, die wir mit anderen teilen. Der Alltag ist, so könnte man sagen, die *säkularisierte Wirklichkeit*. Wenn von weltlicher, säkularisierter Wirklichkeit die Rede ist, soll damit gesagt sein, daß ein ›Gegenüber‹ zum Alltag fehlt: es gibt keinen Festtag, keinen Feiertag, der den Menschen über den profanen Alltag erhebt; es gibt nichts, was dem Festtag einen anderen Inhalt geben könnte, als er im Alltag ohnehin schon gegeben ist. Der Sonntag, in früheren Zeiten der ›Tag des Herrn‹ genannt, ist heute das ›Wochenende‹, wo liegengebliebene Arbeit erledigt wird, wo man vielleicht auch etwas anderes tut als am Werktag, aber nichts, was nicht im Horizont der Alltagswirklichkeit verbliebe; es ist eine andere Art der Beschäftigung und Betriebsamkeit mit weltlichen Dingen. Die früheren Feiertage, die der Erinnerung und Vergegenwärtigung der durch das Kirchenjahr geprägten religiösen Inhalte dienten (zumal an Weihnachten und Ostern), werden zum verlängerten Wochenende oder zum Urlaub, der wiederum im profanen Bereich verbleibt. Nichts ist dafür so bezeichnend wie die Wörter ›Freizeitindustrie‹ und ›Tourismus‹. Hier wird dem Menschen abgenommen, seine freie Zeit selbst zu erfüllen und zu gestalten, indem man ihn zu beschäftigen und somit in Gang zu halten versucht, damit er für die Alltagswirklichkeit wieder neue Kräfte und Antriebe sammelt. Nichts anderes meint das Wort ›Freizeitbeschäftigung‹. Von den früheren Sonn- und Feiertagen ist gleichsam nichts übrig geblieben. Dazu kommt das häufig festgestellte Eingeständnis, daß Sonntage, vor allem aber Feiertage, für die Menschen langweilig, ja oft unerträglich werden, weil sie damit nichts anzufangen wissen.

Das ist die wichtigste Charakterisierung der Alltagswirklichkeit: sie ist zur Wirklichkeit schlechthin geworden. Der Sinn für das, was den Alltag als Arbeitswelt übersteigt oder ein Gegenüber zu ihm bildet, ist weithin abhanden gekommen. Das Profane, Weltliche, Vorhandene, unmittelbar Gegebene und vor Augen Liegende ist die alles bestimmende Wirklichkeit geworden, neben der sonst nichts mehr Platz hat. Das frühere Morgengebet wird durch die Lektüre der Zeitung ersetzt, das Abendgebet durch das Fernsehen, am besten durch Sportberichte oder Kriminalfilme; das im Fernsehen ausgestrahlte ›Wort zum Sonntag‹ ist eine günstige Pause zum Bierholen. Kirchen gelten als Museen, lateinische Choräle als Konzert. Man sieht: Die Alltagswirklichkeit ist die Wirklichkeit des durchschnittlichen Daseins, des ›Man‹ – verbunden mit den Merkmalen dessen, was alle tun, es ist die Welt des Jedermann«.[14]

Das so ablaufende Leben des säkularisierten Menschen vollzieht sich folglich in einer in sich geschlossenen Profanität, aus der es keinen Hinweis auf irgendetwas diese Wirklichkeit Übersteigendes, ein irgendwie angedeutetes Transzendentes gibt. Dies gilt sogar für die städtebauliche Wirklichkeit:

»Wenn ehedem die Kirchen das Gesicht der Städte prägten und ihre hochragenden Türme über den Alltag hinaus auf das Ewige verwiesen, so hat der Mensch heute in den modernen Hochbauten die Monumente seiner eigenen Größe errichtet, die längst die

---

14 Fries 1985, S. 11 – 12.

Türme der Gotteshäuser überragen und den Blick zum Himmel verdecken oder vielmehr auch den Himmel als den Raum des Menschen, als Welt erklären, die er zu
erforschen und in seinen Dienst zu nehmen sich anschickt«.[15]

Demnach gilt in aller Schärfe und Konsequenz:

»Der Mensch hat gelernt, in allen wichtigen Fragen mit sich selbst fertig zu werden ohne
Zuhilfenahme der ›Arbeitshypothese: Gott‹. In wissenschaftlichen, künstlerischen,
auch ethischen Fragen ist das eine Selbstverständlichkeit geworden, an der man kaum
mehr zu rütteln wagt; seit etwa 100 Jahren gilt das aber in zunehmendem Maße auch für
die religiösen Fragen; es zeigt sich, daß alles auch ohne ›Gott‹ geht, und zwar ebenso gut
wie vorher. Ebenso wie auf wissenschaftlichem Gebiet wird im allgemein menschlichen
Bereich ›Gott‹ immer weiter aus dem Leben zurückgedrängt, er verliert an Boden«.[16]

Inzwischen gilt dies auch für die sogenannten Grenzsituationen des Lebens, für
Krankheit und Tod. Waren noch vor einigen Jahrzehnten diese Grenzsituationen
oft Anlass für seelsorgerlichen Beistand der Betroffenen, so ist der Wunsch
danach ebenfalls deutlich zurückgegangen. Hinzu kommt, dass die deutlich
verlängerte Lebensperspektive zu einer steigenden Anzahl von Demenzkranken
geführt hat sowie viele die letzte Phase ihres Lebens gar nicht mehr bewusst
erleben, weil sie durch Medikamente betäubt in den Tod hinüberdämmern, ohne
sich des bevorstehenden Endes bewusst zu sein. Doch auch dort, wo man bewusst dem Ende ins Auge sieht, so wird bei vielen Diskussionen um Sterbehilfe
deutlich, sind die in der Einführung der Konzilserklärung Nostra Aetate formulierten Fragen offenbar nicht mehr da: »Was ist der Tod, das Gericht und die
Vergeltung nach dem Tode?«

Typisch für die säkularisierte Lebenswirklichkeit ist somit nicht eine dezidierte atheistische oder agnostische Aussage, sondern die Abwesenheit des
Fragens in dieser Richtung. Sie geht einher mit einer wachsenden Unkenntnis
über elementare Kenntnisse aus dem Bereich der Religion, insbesondere des
Christentums, weshalb 2007 durch die Universität Erfurt ein Projekt (»Folge
dem Stern«) initiiert wurde, das inzwischen durch das katholische Bistum Erfurt
fortgeführt wird. Ziel des Projektes ist es, den Besucherinnen und Besuchern des
Weihnachtsmarktes die vor dem Dom aufgestellte Weihnachtskrippe zu erklä-
ren, damit sie verstehen, wen die Figuren darstellen und welche Rolle sie in der
Weihnachtsgeschichte spielen.[17] Das Beispiel zeigt, welcher Kulturabbruch im
Gange ist und verhindert, das Christentum als Bildungsgut für das Verstehen
unserer Kultur zu erfassen.[18] Das Beispiel zeigt zudem, dass immer mehr
Menschen Probleme haben, etwas mit dem anzufangen, was Christen glauben

---

15 Fries 1985, S. 12.
16 Bonhoeffer 1966, S. 215 – 216.
17 Vgl. Schatzler 2011, S. 25 – 27.
18 Vgl. Antes 2002.

und bewegt. Schon 1976 hat der Psychoanalytiker Tilmann Moser in einer in Gebetsform an Gott gerichteten Anklage geschrieben:

> »Viele von den Jüngeren können sich heute überhaupt nicht vorstellen, was du [d.i. Gott, PA.] in mir und anderen angerichtet hast. Manche meiner Studenten schütteln bei den bekanntesten biblischen Geschichten, auf die ich manchmal verweise, ahnungslos den Kopf. Bei denen bist du nicht einmal mehr als Bildungsgut bekannt, was ich auch nicht für richtig halte. Aber ich weiß von Patienten, Freunden und Bekannten, daß du für Millionen noch immer die schlimmste Kinderkrankheit bist, die man sich denken kann, in vielen Fällen unheilbar, ansteckend vor allem für Kinder und Kindeskinder. Viele, soweit sie glücklichere Eltern und Ahnen hatten, haben ein freundlicheres Bild von dir, in das weniger Zerstörung und mehr Versöhnlichkeit mit dem Leben eingegangen ist«.[19]

Gemessen daran, leben die heutigen Konfessionsfreien unbeschwert und weitgehend glücklich. Die Probleme früherer Generationen und deren Leiden an der Religion sind ihnen fremd. Ebenso fremd sind für sie religiöse Vokabeln. Der Erfurter Bischof Dr. Joachim Wanke sagte sogar 2012 in einem Interview bezogen auf seine Mitbürgerinnen und Mitbürger: »Religiöse Vokabeln sind für viele Thüringer und Sachsen wie ›Chinesisch‹«.[20] Die Wörter sind nämlich oft so sehr auf den profanen Sprachgebrauch eingegrenzt, dass das religiöse Begriffsfeld dabei überhaupt nicht mehr mitschwingt. So beispielsweise gibt es »Schuld« für viele nur noch im Zusammenhang mit Verkehrsunfällen, jede darüber hinausgehende Dimension fehlt im allgemeinen Sprachgebrauch. Ein Gleiches gilt für manche semantische Verknüpfung. Während man sich unter »Wahrheit« und »tun« jeweils noch irgendwie etwas vorstellen kann, ist eine Wendung wie »die Wahrheit tun« wohl nur noch für christlich Sozialisierte verständlich.

> »Der Ausfall Gottes und des Göttlichen im Alltag bedeutet den Ausfall der Religion und hat als Konsequenz die Antwort: Ich bin nicht religiös. Diese Konsequenz schließt allerdings *Ersatzreligionen* und *Religionsersatz* in vielfältiger Form nicht aus, sondern ein. Das zeigt sich in einem heute weit verbreiteten Aberglauben, in dem ein religionsähnliches, aber auch religionswidriges Verhalten vorliegt. Die Zuwendung, die in der Religion der göttlichen Wirklichkeit entgegengebracht wird, ist hier auf weltliche und irdische Dinge übertragen: von den Sternen, vom Horoskop, von den Amuletten, von der Wahrsagerei, von den vielen Formen des Okkultismus erwartet man jene Orientierung, Stärke und Hilfe, die eine recht verstandene Religion Gott als der alles bestimmenden Wirklichkeit anheimgibt. Hier trifft der Satz zu: Wo Gott verschwindet, tauchen die Götter und Götzen auf. Man kann sich nur wundern, welches Vertrauen, welche Glaubensintensität den Praktiken des Aberglaubens entgegengebracht wird. Menschen, welche die angeblichen Zumutungen eines religiösen Glaubens entrüstet

---

19 Moser 1980, S. 21 – 22.
20 Facius 2012.

von sich weisen, verfallen einem blinden und höchst unaufgeklärten Irrationalismus«.[21]

Auf die Frage, ob wir es in Deutschland mit einem stabilen areligiösen Milieu oder einem aggressiven Atheismus zu tun haben, antwortet der Erfurter Bischof Dr. Wanke wohl zutreffend:

>»Wir haben es meines Erachtens wohl mit einem derzeit stabilen areligiösen Milieu zu tun, weniger mit einem aggressiven Atheismus. Der kommt eher aus den USA, England und Frankreich und ist in akademischen Kreisen zu Hause.
> Die hiesige Areligiosität ist eher eine Hilflosigkeit im Umgang mit Religion«.[22]

Diese Hilflosigkeit ist wohl auch der Grund dafür, dass man unter den Konfessionsfreien, die weltanschaulich gesprochen gar nichts sind, keine Antworten auf die drängenden Fragen der menschlichen Existenz findet.

3   Antworten auf die Fragen des Lebens

Umberto Eco hat sich in mehreren Leserbriefen mit dem damaligen Mailänder Erzbischof Kardinal Carlo Maria Martini zur Frage des Glaubens von Nichtgläubigen geäußert. Er kam zu dem Schluss, dass der »Gegensatz zwischen denen, die an einen transzendenten Gott glauben, und denen, die an kein überindividuelles Prinzip glauben«, gar nicht so groß ist, wie man vielleicht vermutet.[23] Dreh- und Angelpunkt für diesen Glauben ist die Ethik. Eco sagt dazu:

>»Die ethische Dimension beginnt, wenn der andere ins Spiel kommt. Jedes Gesetz, ob moralischer oder juridischer Art, regelt interpersonale Beziehungen einschließlich derjenigen zu einem Großen Anderen, der es auferlegt.
> [...] Ohne den Blick und die Antwort des anderen können wir nicht begreifen, wer wir sind (so wie wir nicht leben können, ohne zu essen und zu schlafen). Selbst wer andere tötet, vergewaltigt, beraubt, verletzt, tut das nur in Momenten der Ausnahme, und den Rest seines Lebens verbringt er damit, von seinesgleichen Anerkennung, Liebe, Achtung und Lob zu erbetteln. Sogar von denen, die er demütigt, verlangt er die Anerkennung der Angst und der Unterwerfung. Ohne den anerkennenden Blick eines anderen kann das Neugeborene, das im Wald ausgesetzt wird, nicht zu einem Menschen werden (oder es sucht den anderen, wie Tarzan, im Gesicht eines Affen), und wir würden sterben oder verrückt werden, wenn wir in einer Gemeinschaft leben müssten, in der ausnahmslos alle beschlossen hätten, uns nie anzusehen und sich so benehmen, als ob wir nicht existierten«.[24]

---

21 Fries 1985, S. 13
22 Facius 2012.
23 Martini, Eco 1998, S. 90.
24 Martini, Eco 1998, S. 86 – 87.

Umberto Eco berichtet dann dem Kardinal von einem Bekannten, der Kommunist war und den er fragte:

>»Wie könne er als Nichtgläubiger dem doch dann ganz sinnlosen eigenen Tod einen
> Sinn geben? Worauf er mir antwortete: ›Indem ich vorher festlege, daß ich ohne
> kirchlichen Beistand begraben werde. Dann bin ich nicht mehr da, aber ich habe den
> anderen ein gutes Beispiel gegeben.‹ Ich denke, auch Sie [d.i. Kardinal Martini, P.A.]
> können das tiefe Vertrauen in die Kontinuität des Lebens und das absolute Pflichtgefühl
> bewundern, das sich in dieser Antwort ausdrückte. Es ist dasselbe, das viele Nicht-
> gläubige dazu befähigt hat, unter der Folter zu sterben, ohne ihre Freunde zu verraten,
> oder andere, sich von der Pest anstecken zu lassen, um die Pestkranken zu heilen.
> Manchmal ist es auch das einzige, was einen Philosophen zum Philosophieren treibt
> oder einen Schriftsteller zum Schreiben: eine Flaschenpost zu hinterlassen, damit das,
> woran man geglaubt hat oder was man schön fand, auch von den Nachgeborenen
> geglaubt oder schön gefunden werden kann«.[25]

Eco schließt dabei nicht aus, dass manche seiner moralischen Überzeugungen noch immer von der religiösen, d. h. katholischen Prägung abhängen, die er in seiner Kindheit erfahren hat.[26] So jedenfalls sieht es auch André Comte-Sponville, ein französischer Atheist, wenn er fragt, was eigentlich vom christlichen Abendland übrig bleibt, wenn es nicht christlich ist, und dann sagt:

>»Darauf gibt es zwei Antworten:
> Entweder Sie denken, dass nichts davon bleibt. Dann gute Nacht. In diesem Fall haben
> wir dem Fanatismus im Äußeren und dem Nihilismus im Inneren nichts mehr ent-
> gegenzusetzen – und der Nihilismus ist, anders als anscheinend viele glauben, die bei
> weitem größere Gefahr. Wir sind eine tote, jedenfalls sterbende Zivilisation. […]
> Oder, andere Möglichkeit: Sie denken, dass etwas davon bleibt, vom christlichen
> Abendland, wenn es auch nicht mehr christlich ist... Und wenn das, was bleibt, nicht
> mehr der gemeinsame Glaube ist (weil es tatsächlich keinen gemeinsamen Glauben
> mehr gibt: jeder zweite Franzose ist heute Atheist, Agnostiker oder religionslos, einer
> von vierzehn ist Muslim usw.), dann muss es das gemeinsame Bekenntnis sein, das
> heißt ein von allen geteiltes Festhalten an überkommenen Werten, was bei jedem
> Einzelnen von uns den Willen voraussetzt oder nach sich zieht, diese auch weiterzu-
> geben«.[27]

Folgerichtig zieht der linksliberale Journalist Eugenio Scalfari den Schluss:

>»Lassen wir also die Metaphysiken und Transzendenzen beiseite, wenn wir gemeinsam
> [d.h. Gläubige und Nichtgläubige, P.A.] eine verlorene Moral rekonstruieren wollen;
> anerkennen wir gemeinsam den moralischen Wert des Gemeinwohls und der Nächs-
> tenliebe im höchsten Sinne des Begriffes; und praktizieren wir diesen Wert radikal,
> nicht um uns Belohnungen zu verdienen oder Strafen zu meiden, sondern um schlicht

---

25 Martini, Eco 1998, S. 89.
26 Vgl. Martini, Eco 1998, S. 82 – 83.
27 Comte-Sponville 2009, S. 44 – 45.

und einfach dem Instinkt zu folgen, der sich aus der uns allen gemeinsamen menschlichen Wurzel ergibt, man kann auch sagen: aus dem genetischen Code, der dem Körper eines jeden von uns eingeschrieben ist«.[28]

Diese Aussagen widerlegen die Ansicht, Konfessionsfreie oder Nichtgläubige hätten keine Ethik. Im Gegenteil, sie vertreten dezidiert eine solche, allerdings ohne Transzendenzbezug, d. h. rein diesseitig. Programmatisch ist dies auf der Homepage des »Humanistischen Verbandes Deutschlands« (HDV) nachzulesen, wo es heißt:

> »Es haben sich Menschen zusammengeschlossen, die für einen modernen Humanismus eintreten [Prinzipien]. Wir sind miteinander durch säkulare ethische Lebensauffassungen verbunden.
> [...] Wir sind der Überzeugung, dass ein moderner praktischer Humanismus im Kern darin besteht, dass Menschen ein selbstbestimmtes und verantwortliches Leben führen und einfordern, ohne sich dabei religiösen Glaubensvorstellungen zu unterwerfen.
> [...] Selbstverständlich haben wir eigene *politische Positionen*, mit denen wir uns einmischen [Politische Forderungen]. Dabei suchen wir Bündnispartner und den *Dialog* mit allen, die ebenfalls Humanität begründen, sei es christlich, islamisch, jüdisch, buddhistisch, konfuzianisch oder anders.
> [...] Der Humanistische Verband Deutschlands stützt sich auf die Menschenrechtserklärung der Vereinten Nationen und die sich daran anschließenden internationalen und europäischen *Menschenrechtskonventionen*.
> *Der Humanistische Verband Deutschlands ruft* alle Konfessionsfreien, Atheistinnen und Atheisten, Agnostikerinnen und Agnostiker, Freidenkerinnen und Freidenker sowie freigeistige Menschen *auf*, im HDV ihre Interessen zu vertreten und gemeinsam für ein menschliches und solidarisches Miteinander in dieser Gesellschaft und im europäischen und weltweiten Maßstab zu arbeiten«.[29]

Im Vordergrund steht somit das Eintreten für die gemeinsamen Werte und nicht mehr wie früher das Angebot eines Religionsersatzes, als beispielsweise während der ersten großen Kirchenaustrittswelle in den siebziger Jahren des 20. Jahrhunderts die freireligiöse Landesgemeinschaft in Niedersachsen, die regionale Vorläuferorganisation des HVD, in den öffentlichen Verkehrsmitteln in Hannover durch Plakate für sich warb: »Kirchenaustritt – und was nun? Befragen Sie sich bei der freireligiösen Gemeinde. Wir bieten: Namensfeier, Jugendweihe, Eheschließung, Begräbnis«.

Die Frage: »Kirchenaustritt – und was nun?« stellt sich heute nicht mehr. Wer austritt, verspürt gewöhnlich kein Bedürfnis nach einem Ersatz, weil es sich in der säkularisierten Welt gut leben lässt und ein Wunsch nach mehr nicht besteht.

---

28 Scalfari 1998, S. 120.
29 Humanistischer Verband Deutschlands 2012.

4 Fazit

Die voraufgehenden Ausführungen haben gezeigt, dass für mehr als ein Drittel der Bevölkerung in Deutschland das Leben in einer säkularisierten, areligiösen Welt so abläuft, dass kein religiöses Bedürfnis mehr aufkommt. Diese Menschen sind areligiös oder weltanschaulich gesprochen gar nichts, also weder atheistisch noch agnostisch, aber nicht unmoralisch in dem Sinne, dass sie ohne Ethik wären. In völlig diesseitiger Weise bekennen sie sich zu den Menschenrechten und treten dafür ein. Sie arbeiten »für ein menschliches und solidarisches Miteinander in dieser Gesellschaft und im europäischen und weltweiten Maßstab« – wie es der Humanistische Verband Deutschlands auf seiner Homepage sagt – und sie suchen dazu »den **Dialog** mit allen, die ebenfalls Humanität begründen, sei es christlich, islamisch, jüdisch, buddhistisch, konfuzianisch oder anders«, wie es ebenfalls der Humanistische Verband Deutschlands verkündet. Ihnen ein vollwertiges Menschsein abzusprechen, wie es Eliade suggeriert, ist unzulässig, im Gegenteil, mit Umberto Eco kann man sagen: »Ich möchte nicht, daß der Eindruck entsteht, es gäbe einen schroffen Gegensatz zwischen denen, die an einen transzendenten Gott glauben, und denen, die an kein überindividuelles Prinzip glauben«.[30]

Literatur

ANTES, Peter (Hg.) (2002): Christentum und europäische Kultur. Eine Geschichte und ihre Gegenwart. Freiburg u. a.: Herder.

BELLERS, Jürgen (Hg.) (2010): Zur Sache Sarrazin. Wissenschaft, Medien, Materialien. Münster: LIT-Verlag.

BELLERS, Jürgen (Hg.) (2011): Freiheit und Zuwanderung als Spannungsverhältnis: Beiträge zur Sarrazin-Diskussion. Berlin u. a.: LIT-Verlag.

BONHOEFFER, Dietrich (1966): Widerstand und Ergebung. Briefe und Aufzeichnungen aus der Haft. München: Chr. Kaiser Verlag.

COMTE-SPONVILLE, André (2009): Woran glaubt ein Atheist? Spiritualität ohne Gott. Zürich: Diogenes Verlag.

Declaratio de Ecclesiae Habitudine ad religiones non christianas. Erklärung über das Verhältnis der Kirche zu den nichtchristlichen Religionen. In: HÖFER, Josef, RAHNER, Karl: Lexikon für Theologie und Kirche, 2. völlig neubearbeitete Auflage: Das Zweite Vatikanische Konzil. Konstitutionen, Dekrete und Erklärungen. Lateinisch und Deutsch, Kommentare, Teil II, Freiburg-Basel-Wien: Herder, S. 488 – 495.

ELIADE, Mircea (³1997): Geschichte der religiösen Ideen. 4 Bde., hier Bd. 1: Von der Steinzeit bis zu den Mysterien von Eleusis. Freiburg u. a.: Herder.

FACIUS, Gernot (2012): Gottesglaube ist hierzulande gleichsam verdunstet. URL: http://www.

---

30 Martini, Eco 1998, S. 90.

welt.de/politik/deutschland/article106257129/Gottesglaube-ist-hierzulande-gleichsam-verdunstet.html/, [19. 06. 2012].

Forschungsgruppe Weltanschauungen In Deutschland (2005a): Offizielle Website. URL: http://www.fowid.de/, [19. 06. 2012].

Forschungsgruppe Weltanschauungen In Deutschland (2005b): Gottesglaube, Evangelische und Konfessionslose, 1992. URL: http://fowid.de/fileadmin/datenarchiv/Gottesglaube_Evangelische_und_Konfessionslose%2C%201992.pdf, [19. 02. 2013].

Fries, Heinrich (1985): 1. Religion in der Alltagswirklichkeit. In: Fischer, Peter et al. (Hg.), Studientexte Funkkolleg Religion. Weinheim u. a.: Beltz – Gütersloh: Gütersloher Verlagshaus Mohn – Düsseldorf: Patmos, S. 9 – 24.

Grözinger, Karl E. (Hg.) (2009): Religionen und Weltanschauungen. Werte, Normen, Fragen in Judentum, Christentum, Islam, Hinduismus/Buddhismus, Esoterik und Atheismus. Ein Lehrbuch für Unterricht, Schule, Studium und Unterrichtsvorbereitung, 6 Bde., Berlin: Berliner Wissenschafts-Verlag.

Hardy, Alister (1979): Der Mensch, das betende Tier. Religiosität als Faktor der Evolution. Stuttgart: Klett Cotta.

Humanistischer Verband Deutschlands (2012): Wir über uns. URL: http://www.humanismus.de/wir-ueber-uns, [19. 06. 2012].

Internationaler Bund der Konfessionslosen und Atheisten (2013): Was kluge Leute sagen und denken. URL:http://www.ibka.org/artikel/ag98/kluge_leute.html/, [06. 02. 2013].

Kirchenamt der EKD (2003): Kirche, Horizont und Lebensrahmen. Weltsichten, Lebensstile, Kirchenbindung. Vierte EKD-Erhebung über Kirchenmitgliedschaft. Hannover: Kirchenamt der EKD.

Martini, Carlo Maria, Eco, Umberto (1998): Waran glaubt, wer nicht glaubt? Mit einem Vorwort von Kardinal Franz König und Beiträgen von Emanuele Severino, Manlio Sgalambro, Eugenio Scalfari, Indro Montanelli, Vittorio Foa und Claudio Martelli. Wien: Paul Zsolnay Verlag.

Moser, Tilmann (1980): Gottesvergiftung. Frankfurt a. M: Suhrkamp Taschenbuchausgabe.

Raters, Marie-Luise (2009): Atheismus. Bd. 6 in Grözinger, Karl E. (Hg.), Religionen und Weltanschauungen. Werte, Normen, Fragen in Judentum, Christentum, Islam, Hinduismus/Buddhismus, Esoterik und Atheismus. Ein Lehrbuch für Unterricht, Schule, Studium und Unterrichtsvorbereitung, 6 Bde. Berlin: Berliner Wissenschafts-Verlag.

Sarrazin, Thilo (2010): Deutschland schafft sich ab: wie wir unser Land aufs Spiel setzen. München: DVA.

Scalfari, Eugenio (1998): Um menschlich zu handeln, brauchen wir uns nur auf den Instinkt verlassen. In Martini, Carlo Maria, Eco, Umberto (1998): Waran glaubt, wer nicht glaubt? Mit einem Vorwort von Kardinal Franz König und Beiträgen von Emanuele Severino, Manlio Sgalambro, Eugenio Scalfari, Indro Montanelli, Vittorio Foa und Claudio Martelli. Wien: Paul Zsolnay Verlag. S. 112 – 120.

Schatzler, Stephan (2011): Riten und Rituale der Postmoderne am Beispiel des Bistums Erfurt. München: Grin Verlag.

Scholl, Norbert (²2011): Religiös ohne Gott. Warum wir heute anders glauben. Darmstadt: Lambert Schneider Verlag.

Stolz; Matthias (2010): Sarrazins Pulsschlag. In: ZEIT-Magazin Nr. 38, S. 18 – 19.

Steffen Führding[1]

Der schmale Pfad: Überlegungen zu einer diskurstheoretischen Konzeptionalisierung von Säkularität

Die »*in ihrer Totalität* profane Welt, der gänzlich entsakralisierte Kosmos, [ist] eine neue Entdeckung in der Geschichte des menschlichen Geistes. Es ist nicht unsere Aufgabe, zu zeigen, durch welche geschichtlichen Prozesse und infolge welcher Veränderungen in der geistigen Einstellung der moderne Mensch seine Welt entsakralisiert und eine profane Existenz angenommen hat. Uns genügt die Feststellung, daß die Entsakralisierung die totale Erfahrung des nicht religiösen Menschen der modernen Gesellschaften kennzeichnet und daß es für ihn infolgedessen immer schwieriger wird, die existentiellen Dimensionen des religiösen Menschen der archaischen Gesellschaften wiederzufinden«.[2]

1   Einleitung

Während Religion mittlerweile schon seit längerer Zeit wieder ein großes Thema in der Öffentlichkeit und im wissenschaftlichen Diskurs ist, ist erst in den letzten Jahren ein verstärktes Interesse am Thema »Säkularität« aufgekommen. Initiativen wie die Schaffung des »Nonreligion and Secularity Research Network (NSRN)«[3], die Einrichtung des ersten Studiengangs für »Secular Studies«[4] oder die Gründung der Zeitschrift »Secularism and Nonreligion«[5] sind genau wie dieser Sammelband, ein Ausdruck dieses Interesses.

In den folgenden Ausführungen wird die Frage im Mittelpunkt stehen, wie eine religionswissenschaftliche Auseinandersetzung mit der Thematik aussehen kann und dabei ein Ansatz vorgeschlagen, der sich vor allem in den letzten zwei Jahrzehnten im angloamerikanischen Diskurs entwickelt hat.

---

1 Ich danke Stefan Schröder und Dagmar Fügmann für ihre hilfreichen Hinweise zu einer früheren Version dieses Artikels und Tim Jensen sowie Russell McCutcheon für gute Diskussionen und wichtige Denkanstöße zum Thema.
2 Eliade 1998, S. 16.
3 NSRN Online 2013.
4 Pitzer College 2013.
5 Secularism and Nonreligion 2013.

2   Der breite Weg: Säkularität in säkularisierungstheoretischer Perspektive

»The world today is massively religious, is *anything but* the secularized world that had been predicted [...] by so many analysts of modernity. There are, however, two exceptions to this proposition [...] In western Europe, if nowhere else, the old secularization theory would seem to hold. With increasing modernization there has been an increase in key indicators of secularization, both on the levels of expressed beliefs [...] and, dramatically, on the level on church-related behaviour«.[6]

In den vergangenen Jahren und mittlerweile beinahe Jahrzehnten ist die Rolle von Religion in Politik, Gesellschaft und Staat wieder zunehmend diskutiert worden. Vielen dieser Diskussionen liegt die Frage nach dem Verhältnis von Religion und Nichtreligion bzw. dem Säkularen / Säkularität[7] implizit oder explizit zu Grunde.

Dieses Verhältnis ist auch Gegenstand in dem vielbeachteten Artikel des Religionssoziologen Peter Berger »Desecularization of the World: A Global Overview« aus dem Jahr 1999. Berger räumt in diesem Aufsatz ein – wie das voranstehende Zitat zeigt – dass sich die unter dem Stichwort »Säkularisierungstheorie« zusammengefassten Überlegungen zur Entwicklung von »Religion« in modernen Gesellschaften als falsch erwiesen hätten. Bemerkenswert ist dies, weil Berger selbst Jahre lang zu denjenigen gehörte, die die Auffassung vertreten, dass mit zunehmender Modernisierung eine Abnahme der Bedeutung von Religion in der Öffentlichkeit einhergehe.[8] Die Säkularisierungsthese allerdings allein auf die Bedeutungsabnahme von Religion in der Öffentlichkeit zu reduzieren greift zu kurz. Eine der momentan wirkungsmächtigsten Überlegungen zu dieser These stammt vom Religionssoziologen José Casanova. Er kritisiert die gängigen Säkularisierungsvorstellungen, da in ihnen drei unterschiedliche Prozesse, die analytisch auseinandergehalten werden müssten, als eine Theorie präsentiert würden. Folgende drei Annahmen müssen seiner Meinung nach auseinander gehalten werden: 1. Säkularisierung als gesellschaftlicher Ausdifferenzierungsprozess, in dem sich »die Ablösung und die Emanzipation weltlicher Bereiche von religiösen Einrichtungen und Normen«[9] vollzieht; 2. Säkularisierung als Rückgang religiöser Überzeugungen und Praktiken und 3. Säkularisierung als Zurückdrängung der Religion in die Pri-

---

6 Berger 1999, S. 9.
7 Die Begriffe »das Säkulare« und Säkularität werden synonym und zwar in Sinne von »Nichtreligion« verwendet. Das geschieht aus heuristischen Gründen im Bewusstsein, dass es unterschiedliche Definitionsvorschläge gibt. Siehe dazu Johannes Quack in diesem Band und anstelle von vielen Lee 2012.
8 Siehe hierzu u. a. Berger 1980.
9 Casanova 1994, S. 22.

vatsphäre. Nur der erste Prozess ist für ihn konstitutiv für das Verhältnis von
Religion und Moderne, die beiden anderen »zufällige« geschichtliche Entwicklung.[10]

Trotz der teilweise massiven Kritik an der Säkularisierungsthese, in die sich
Berger – und auch Casanova – einreihen, stellt sie bis heute den quantitativ um-
fangreichsten Erklärungsversuch für das Verhältnis von Religion zu allgemein als
nichtreligiös betrachteten Bereichen wie Politik, Gesellschaft und Staat dar. Egal
ob bei diesen Versuchen auf Annahmen von struktureller Differenzierung, Privatisierung oder Niedergang in Bezug auf Religion rekurriert wird, es wird die-
selbe Ontologie verwendet und postuliert: eine zunächst religiöse Welt wird
Schritt für Schritt entzaubert und somit säkularisiert. Vor dieser Grundüberzeu-
gung kann dann diskutiert werden, wie weit der Säkularisierungsprozess fortge-
schritten ist, ob es zu einer Rückkehr der Religionen kommt, etc.[11]

Die britische Religionswissenschaftlerin Kim Knott macht darauf aufmerksam, dass die Dominanz der Säkularisierungsthese so stark wurde, dass auch die
Kritiker/-innen der These bzw. Wissenschaftler/-innen mit anderen Blickwin-
keln gezwungen waren ihre Vorstellungen in Bezug auf die Säkularisierungsthese zu artikulieren.[12] Egal wie diese Autor(inn)en zur Säkularisierungsthese
stehen und wie sie das Verhältnis von Religion und Säkularität bestimmen,
haben sie ein substantielles Verständnis von Religion und Säkularität gemeinsam. Das heißt, dass die Begrifflichkeiten für sie auf konkrete, empirische
Phänomene (Gruppen, Institutionen, Prozesse etc.) in der natürlichen Welt
verweisen.[13]

Das ist auch im zitierten Aufsatz von Peter Berger so. Ganz selbstverständlich
wird von Religion und Religionen gesprochen. Dabei werden diese Kategorien
als ahistorische Gattungsbegriffe verwendet, deren Bedeutungen klar zu sein
scheinen. Religion oder Religionen in Form konkreter Traditionen[14] werden
dabei als Entitäten aufgefasst, die im Kern von anderen Bereichen wie dem der
Politik oder Ökonomie getrennt sind. Dies wird an Aussagen wie den beiden
folgenden deutlich:

> »To assess the role of religion in international politics, it would be useful to distinguish
> between political movements that are genuinely inspired by religion and those that use
> religion as a convenient legitimation for political agendas based on quite non-religious
> interests«.[15]

---

10 Vgl. Casanova 1994, S. 21 – 25.
11 Vgl. Knott 2010, S. 116 – 118.
12 Vgl. Knott 2010, S. 117 – 118.
13 Vgl. Knott 2010, S. 117 – 118.
14 Berger nennt verschiedene Spielarten »des« Christentums und »des« Islams aber auch »den«
    Buddhismus.
15 Berger 1999, S. 15.

»Certain religious institutions have lost power and influence in many societies, but both old and new religious beliefs and practices have nevertheless continued in the lives of individuals, sometimes taking new institutional forms and sometimes leading to great explosions of religious fervor. Conversely, religiously identified institutions can play social or political roles«.[16]

Eine Unterscheidung in Gruppierungen, die religiös beeinflusst sind und solche, die Religion bloß als Legitimierung ihrer Ziele nutzen, um die Rolle von Religion in der internationalen Politik zu untersuchen, würden keinen Sinn machen, wenn man Religion nicht als eigenständigen Bereich sehen würde, der von den anderen Bereichen getrennt ist.[17] Nicht die Kategorien wie Religion und Politik, sondern die Beziehungen zwischen diesen vermeintlich getrennten Bereichen rücken in den Fokus des Interesses.

Der Berger-Text eignet sich auch, um auf einen anderen Aspekt, der schon kurz gestreift wurde, hinzuweisen. Religion und Säkularität werden in einem zeitlichen Abfolgeverhältnis zueinander gesehen. Das Säkulare / Säkularität wird als eine geschichtliche, der Religion / dem Religiösen nachgelagerte »Erfindung« oder Entwicklung gesehen, die das Religiöse beschränkt. Religion existiert in dieser Vorstellung zunächst unabhängig und zeitlich vor dem Säkularen. Die eingangs zitierten Passagen aus Mircea Eliades Buch »Das Heilige und das Profane. Vom Wesen des Religiösen« illustrieren diese Vorstellung idealtypisch. Der Mensch, der in dieser Perspektive als homo religiosus[18] konzeptualisiert wird, lebt in seiner historischen Urform in einer heiligen Welt. Unterschiedliche Entwicklungen führen zu einer Entsakralisierung der Welt, die zum modernen und aus Eliades Sicht bemitleidenswerten säkularen Menschen führen. Diese Auffassung findet sich mehr oder weniger offensichtlich und mehr oder weniger modifiziert in einem Großteil der Überlegungen zum Verhältnis von Religion und Säkularität wieder; auch bei Berger, wenn er etwa schreibt: »My point is that the assumption that we live in a secularized world is false. The world today, with some exceptions [...] is as furiously religious *as it ever was*«.[19] Eine andere Einschätzung ist für Berger auch gar nicht möglich, da er in Religion eine anthropologische Konstante sieht, die zum Menschsein gehört. »The religious impulse, the quest for meaning that transcends the restricted space of empirical existence in this world, has been a perennial feature of humanity«.[20]

---

16 Berger 1999, S. 3.
17 Auf diesen Aspekt wird später noch genauer eingegangen.
18 Vgl. Eliade 1998, S. 175 – 176.
19 Berger 1999, S. 2. Hervorhebung durch den Autor.
20 Berger 1999, S. 13.

3 Der schmale Pfad: Säkularität in diskurstheoretischer Perspektive

Neben diesem ersten Weg der Verhältnisbestimmung von Religion und Säkularität, dem ein substantielles Verständnis beider Bereiche zugrunde liegt, findet sich in der Literatur noch ein zweiter, in den letzten Jahren immer stärker beschrittener Weg. Auf diesem Pfad nähert man sich nicht den Phänomenen als solchen, sondern untersucht »Religion« und »Säkularität« als Konzepte oder klassifikatorische Kategorien. Dabei geht es darum zu ergründen, wie diese Konzepte geschaffen und verwendet werden. »Religion« und »Säkularität« werden nicht als natürliche Gegenstände verstanden und auch nicht als Kategorien die auf Dinge in der natürlichen Welt verweisen. Vielmehr werden »Religion« und »Säkularität« in diesen Ansätzen als diskursiv geschaffene Kategorien untersucht.

3.1 Diskursive Wirklichkeit

Wissenschaftler/-innen, die diesen zweiten Pfad betreten, stellen Kategorien und Klassifizierungsprozesse in das Zentrum ihrer Untersuchungen. Ausgehend von einem diskursiven Wirklichkeitsverständnis werden solche Klassifizierungsprozesse nicht als neutrale oder »unschuldige« Vorgänge verstanden. Vielmehr stellen sie aktive, interessengeleitete Handlungen dar.

Grundlegend für diese Ansätze, und daher wichtig festzuhalten, ist zunächst das diskursive Wirklichkeitsverständnis. Anders als in der Widerspieglungstheorie wird hier davon ausgegangen, dass die Bedeutung »von etwas« »als etwas« nicht im bezeichneten Gegenstand selbst liegt, sondern dem Gegenstand zugeschrieben wird. Die Bedeutungen sind kontingent, im Diskurs[21] historisch erzeugt und tradiert sowie abhängig vom jeweiligen spezifischen Kontext.

---

21 In Anlehnung an Siegfried Jäger (der sich vor allem auf Michel Foucault und Jürgen Link stützt) und andere verstehe ich unter Diskurs Flüsse von sozialen Wissensvorräten (in Form von Reden und Texten) durch die Zeit. Der Diskurs ist eine gesellschaftliche Redeweise, die institutionalisiert ist. Er unterliegt gewissen Regeln und besitzt Machtwirkungen, weil er das Handeln von Menschen bestimmt. Diskurse sind das Ergebnis historischer und sozialer Prozesse. Das heißt, sie werden nicht durch einzelne Subjekte produziert. Sie sind aber gleichzeitig nicht unabhängig von den Menschen. Im Gegenteil: Diskurse sind Resultat menschlicher Tätigkeit. Zugleich sind sie die Ergebnisse des gesamtgesellschaftlichen Handelns der Subjekte, die historisch überliefertes Wissen aufnehmen, es verarbeiten und an andere in der Gegenwart und für die Zukunft weitergeben. Diese Weitergabe kann in sprachlicher oder aber auch in vergegenständlichter Form erfolgen, wie Siegfried Jäger festhält (Vgl. Jäger [4]2004, S. 78). Es wird also deutlich, dass das Individuum einerseits in Diskurse verstrickt ist und sich andererseits am Weiterspinnen der Diskurse beteiligt. Die

Durch die Bedeutungszuweisung werden die Dinge erst zu Dingen und für den Menschen wahrnehmbar. Siegfried Jäger schreibt hierzu:

> »Ein Ding, dem ich keine Bedeutung zuweise, ist für mich kein Ding; ja, es ist für mich völlig diffus, unsichtbar oder sogar nicht existent; ich sehe es nicht einmal, weil ich es übersehe. [...] alle bedeutende Wirklichkeit ist deshalb für uns vorhanden, weil wir sie bedeutend machen; oder auch weil sie von unseren Vorfahren oder unseren Nachbarn Bedeutung erhalten, zugewiesen bekommen hat, die für uns noch wichtig ist«.[22]

Klassifizierungsakte sind nichts anders als die hier beschriebene Bedeutungszuweisung. Um diese vielleicht theoretischen Behauptungen anschaulicher zu machen, können zwei Beispiele aus unterschiedlichen Bereichen herangezogen werden.

Peter Antes hat in einem Aufsatz aus dem Jahr 1997 zur Frage, ob es christlichen und islamischen Fundamentalismus gibt, überzeugend aufgezeigt, dass die Klassifizierung von etwas als Fundamentalismus bzw. fundamentalistisch wesentlich mehr über jene aussagt, die sie vornehmen, als über die Gruppen, die damit bezeichnet werden. Die Rede vom Fundamentalismus ist eine wirksame, rhetorische Strategie um ein bestimmtes Modernisierungsverständnis zu stützen und gegen Kritik zu schützen.

Bedeutung und der Sinn von »etwas« für das Individuum wird nicht einfach einer präexistenten »Wirklichkeit« entnommen, sondern vielmehr der »Wirklichkeit« aktiv zugewiesen. Diese Bedeutungszuweisung setzt voraus, dass der Mensch die entsprechende Bedeutung kennt, sie gespeichert hat. Das Bewusstsein des Menschen wird durch seinen Umgang mit der Objektwelt, die wiederum in einen bestimmten historischen und gesellschaftlichen Kontext eingebunden ist, bestimmt. In der Tätigkeit wird die Objektwelt in subjektive Bedeutung überführt und gleichzeitig die subjektive Bedeutung in den objektiven Resultaten der Tätigkeit (Sprache, Schrift, Architektur etc.) materialisiert (Vgl. Jäger [4]2004, S. 89 – 90). Durch Tätigkeit eignen sich Menschen die Wirklichkeit, in der sie leben, in Form von Bedeutungszuschreibungen an. Die Aneignung der Wirklichkeit erfolgt »vermittelt über andere Menschen, über geltende Normen und Werte, Routinen, [...] die ›Sprache‹ usw.« (Vgl. Jäger [4]2004, S. 90. Zitat: ebenda, S. 90) Zu bedenken ist, dass diese Wirklichkeit selbst nur ein historisches Produkt ist, das durch herrschende Diskurse geformt wurde und wird. Nicht die Individuen und ihre Taten etc. schaffen die Gesellschaft, sondern die Gesellschaft schafft die Individuen, das heißt, von Einzelnen oder Gruppen ausgeführte Handlungen sind von durch die Gesellschaft vorgegebenen Strukturen und Ressourcen abhängig. Gleichzeitig sind diese Bedingungen und ihr Einfluss auf das Individuum eine Folge von Entscheidungen und Handlungen vorhergehender Generationen, die wiederum in einer komplexen, nicht selbstgeschaffenen sozialen Welt lebten (Vgl. McCutcheon 2001, S. 31 – 32). An diesem Punkt reicht es für das hier verfolgte Anliegen festzuhalten, dass Diskurse in einem Zusammenspiel von Individuum und Gesellschaft produziert werden. Stark vereinfacht geben die Diskurse praktisch die Rahmenbedingungen für menschliches Handeln vor und entwickeln so Machtwirkungen. Gleichzeitig wirkt der oder die Einzelne auf den Diskurs ein und entwickelt ihn weiter.

22 Jäger 1996, S. 7.

»Als einziger Bezugspunkt gilt offenbar die Kritik an einem gewissermaßen dogmatisch festgelegten Modernisierungsverständnis, das sich selbst nicht mehr der Diskussion stellt, sondern alle, die davon [...] unter Berufung auf überkommene religiöse Werte abweichen, als ›religiöse Fundamentalisten‹ bezeichnet und dadurch gesellschaftlich unmöglich machen will.«[23]

Erreicht wird damit, dass eine kritische Auseinandersetzung mit den Motiven der als fundamentalistisch abgestempelten Gruppierungen verhindert wird.

»Solange das Fundamentalismuskonzept bei der prinzipiellen Wahlentscheidung zwischen Fundamentalismus und Moderne stehen bleibt und die gesellschaftlich-wirtschaftlichen Rahmenbedingungen des Erfolges sog. fundamentalistischer Agitatoren auslässt, ist es sozialpolitisch unproblematisch, weil jede kritische Rückfrage an die Weisen der Modernisierung und jede Frage nach ihren Opfern ausgeblendet bleibt.«[24]

Für die zumeist westlichen Vertreter/-innen des Fundamentalismuskonzeptes ist dies praktisch, weil sie die gesellschaftlichen und materiellen Ursachen der von ihnen als fundamentalistisch abgestempelten Phänomene, die eng mit den eigenen (ökonomischen) (Macht-)Interessen zusammenhängen, auf diese Weise nicht näher in den Blick nehmen müssen.

Ein zweites, von Russell McCutcheon entlehntes Beispiel,[25] soll die Interessengeleitetheit noch deutlicher machen. Im Mai 1893 musste der oberste Gerichtshof über eine Klage der Händler Nix gegen den Steuereintreiber des Hafens von New York, Hedden, entscheiden. Hedden hatte Steuern auf eingeführte Tomaten erhoben, weil er diese als Gemüse ansah. Auf Gemüse wurde im Unterschied zu Früchten eine Steuer fällig. Die einführenden Händler wollten ihre Tomaten aber als Früchte, die steuerfrei eingeführt werden konnten, deklariert sehen. Das Gericht entschied schlussendlich, dass Tomaten als Gemüse anzusehen seien (obwohl das einer klassischen botanischen Zuordnung widerspricht) und damit die Abgaben zu Recht entrichtet wurden.

An den Beispielen können unterschiedliche Aspekte aufgezeigt werden. Zunächst wird deutlich, dass ein Interesse vorliegen muss, um überhaupt etwas als etwas zu klassifizieren. Hätte bspw. die Einordnung der Tomate in die eine oder andere Gattung keine praktischen Auswirkungen (Steuereinnahmen bzw. –abgaben) für die beteiligten Prozessparteien gehabt, ist unwahrscheinlich, dass sie auf die Idee gekommen wären, diesen Gerichtsprozess zu führen. Darüber hinaus kann gezeigt werden, dass Klassifizierungsprozesse konkrete Auswir-

---

23 Antes 1997, S. 203.
24 Antes 1997, S. 203.
25 Vgl. McCutchoen 2007, S. 184.

kungen haben – in diesem Falle ökonomische – und Fragen von Macht eine zentrale Rolle spielen.[26]

Klassifizierungen sind also zunächst einmal »beliebig« und kontingent, insofern sie nichts mit einer inneren Qualität des Bezeichneten zu tun haben. Es handelt sich um externe Zuschreibungen. McCutcheon fasst dies wie folgt zusammen: »Names and identities are not neutral and thus inter-changeable descriptors of items in the natural world. Instead, they are devices that we use and argue over while making a world that suits our differing purposes«.[27]

Und an anderer Stelle im gleichen Aufsatz hält er fest: »Classification, then, is hardly mere jargon. Neither is it simply the passive recognition of already existing values and identities. Instead, it is evidence of both prior interests and upcoming consequences«.[28]

3.2   Diskursive Schaffung von Religion und Säkularität

Wie mit den Tomaten und dem Fundamentalismus verhält es sich auch mit den hier im Zentrum stehenden Kategorien »Religion« und »Säkularität«. Die »Erfindung« von Religion in unserem heutigen Verständnis als ein relativ offener Gattungsbegriff, der einen separierten Bereich menschlicher Erfahrung und menschlichen Handelns – oft verknüpft mit Vorstellungen von etwas Innerlichem und Privatem – bezeichnet, begann während der Frühen Neuzeit in (West-)Europa. In dieser ganz spezifischen historischen und gesellschaftlichen Situation entwickelte sich ein neuartiger Religionsdiskurs, der eng mit der Entstehung des Nationalstaates verbunden ist.[29] Wie an anderer Stelle dargestellt[30], diente (und dient) die Konzeptualisierung von Religion als eigenständiger, innerlicher Bereich der Konfliktregulation, die zur Schaffung einer ganz spezifischen Gesellschaftsformation führte, deren Handlungs- und Organisationsrahmen den modernen Staat ermöglichte.

»Religion« wurde in diesem Diskurs aber nicht alleine erschaffen, sondern zusammen mit anderen Kategorien wie Säkularität (im Sinne von Nichtreligion), Politik und Wirtschaft. »Religion« und »Säkularität« stellen ein zusammengehörendes Begriffspaar dar, wobei der eine Begriff ohne den anderen nicht ge-

---

26 Zudem macht der Verweis auf die botanische Klassifizierung deutlich, dass es gleichzeitig unterschiedliche, zum Teil konkurrierende Klassifikationssysteme geben kann. Welches wann und wie zum Einsatz kommt, ist ebenfalls eine Frage von Macht und Interesse, kann aber hier nicht weiter behandelt werden.

27 McCutcheon 2007, S. 184.

28 McCutcheon 2007, S. 176.

29 Vgl. hierzu Arnal 2000, 2001 und Asad 1993.

30 Vgl. Führding im Erscheinen.

dacht werden kann.[31] Während sich der größere Teil der vorliegenden Untersuchungen[32] in erster Linie mit der Geschichte bzw. Konstruktion der Kategorie
»Religion« auseinandersetzt, untersucht der Religionswissenschaftler Timothy
Fitzgerald »Religion« in einem Beziehungsnetz zu anderen Kategorien, die im
gleichen Diskurs aufkommen.[33]

Er zeigt anhand einer Analyse historischer Dokumente vom Mittelalter bis in
die Neuzeit auf, dass sich ab der Frühen Neuzeit ein grundsätzlicher Wandel im
Religionsdiskurs vollzog, der im 18. und 19. Jahrhundert an Kraft gewann und
an dessen (vorläufigem) Ende »unser« modernes Verständnis von Religion als
Gattungsbegriff steht.[34]

Im Mittelalter habe man es mit einem holistischen Konzept von Religion zu
tun gehabt. Religion habe alle Lebensbereiche umfasst, eine Unterscheidung
eines religiösen von anderen Bereichen sei nicht möglich gewesen. Daher spricht
Fitzgerald von der »Encompassing Religion«, also der allumfassenden Religion.
Hierbei handelt es sich nicht um einen unspezifischen Gattungsbegriff; vielmehr
hatte Religion eine sehr spezifische Bedeutung im Sinne von »christlicher
Wahrheit«. Außerhalb dieser christlichen Wahrheit habe nach dem damaligen
Verständnis nichts existieren können, wie Fitzgerald fortfährt. Die konkreten
Begrifflichkeiten »religiös« und »säkular« hätten daher auch sich stark vom
heutigen Gebrauch unterschiedene Inhalte gehabt. Das Adjektiv »religiös« bezeichnete eine besondere Gruppe von Personen und Einrichtungen innerhalb
der Kirche: vor allem Mönche, Nonnen und Klöster.[35] »Säkular« wurde als At-
tribut für einen anderen Teil des Klerus verwendet, der seinen Tätigkeiten außerhalb dieser Einrichtungen nachging.[36] Die Begriffe bezeichneten also nicht
zwei voneinander wesensmäßig getrennte Bereiche, die ggf. irgendwie miteinander interagieren, sondern unterschiedliche Funktionen innerhalb eines Systems, der encompassing Religion. Hier wird ein zentraler Punkt Fitzgeralds

---

31　Vgl. McCutcheon 2007, S. 178.
32　Zu den einflussreichsten Vertreter(inne)n dieser Debatte zählen vor allem Dubuisson 2003;
　　Masuzawa 2005; McCutcheon 2003b; Smith 1998. Die hier vorgenommene Argumentation
　　und ihre Implikationen werden teilweise stark kritisiert. Einen Eindruck davon gibt der
　　Aufsatz von Kleine in diesem Band. Doch auch »unverdächtige« Autor(inn)en, wie Wilfred
　　Cantwell Smith, der nicht der Tradition der hier angeführten Wissenschaftler/-innen zu-
　　zurechnen ist, haben überzeugend die Entwicklung der Kategorie Religion in diesem Kontext
　　herausgearbeitet (siehe hierzu Smith 1978).
33　Siehe hierzu Fitzgerald 2007a, b und c.
34　Vgl. Fitzgerald 2007b, S. 234 – 235.
35　Dieses Verständnis von »religiös« fußt auf die Rückführung des lateinischen »Religio« auf
　　das Adjektiv »religious«, also sorgfältig / gewissenhaft bedanken und bezieht sich auf die
　　korrekte Durchführung von (kultischen) Handlungen. Siehe hierzu unter anderem Antes
　　1978, S. 186 – 189; Smith 1998, S. 269 – 270.
36　Vgl. Fitzgerald 2007b, S. 220 – 221.

deutlich: Die Kategorien sind für eine Anwendung auf den Kontext nicht sinnvoll, ja sogar unbrauchbar.[37]

Fitzgerald bringt noch weitere Beispiele, um seine Position zu untermauern.
So stellten auch kirchliches und weltliches Recht keinen Widerspruch und getrennte Bereiche dar, sondern übernahmen spezifische Aufgaben innerhalb ein
und desselben durch die christliche Lehre definierten Bereiches. Die Welt der
Menschen sei durch eine Totalität geprägt gewesen, die vom christlichen Erlö-
sungsversprechen her gesehen werden müsse und jedem / jeder seinen / ihren
Platz in der Gesellschaft im Prinzip von Geburt an zuweise. Das Individuum
spielt in diesem Gedankenkosmos keine Rolle. Fitzgerald macht deutlich, dass es
in einer so strukturierten Welt keinen Sinn machte zu fragen, ob ein bestimmter
Akteur nun säkular oder religiös (im heutigen Verständnis) ist, »the distinction
[between church and state] is only intelligible as a division of functions within an
ideological totality«. Und weiter:

> »We can see [...] that the secular was either a status of churchmen (the secular priest) or
> a power invested in institutions and office holders that was subordinated to, and
> encompassed by religion. [...] it was all about religion, because religion meant
> Christian Truth«.[38]

Um die Vorstellungswelt der Menschen zu verstehen, muss berücksichtigt
werden, dass ihnen eine Unterscheidung des Gemeinwesens von Religion fremd
war, wie Fitzgerald heraus stellt. Eine Trennung von Religion und Gesellschaft
gab es nicht. »›Religion‹ and the ›Commonweal‹ are two different ways of talking
about the same thing, which is the divine order of the World«.[39]

Erste Brüche in diesem Verständnis der Welt macht Fitzgerald ab dem
17. Jahrhundert aus, doch habe sich der Diskurs bis ins 18. Jahrhundert gehalten
(und ist auch bis heute noch nicht vollkommen verschwunden).[40]

Der neue Religionsdiskurs brachte ein privatisiertes Konzept von Religion
hervor, in dem Religion von einem nicht religiösen Bereich getrennt ist. Eine
besondere Rolle kam dabei dem Philosophen John Locke zu, der eine prä-
skriptive Unterscheidung von Religion und Gesellschaft traf und Religion im
privaten Bereich verortete.[41]

---

37 Fitzgerald schlägt vor, dass es mehr Sinn machen würde, im Rahmen dieses Kontextes mit
   den Begriffen Sakral und Profan zu arbeiten, die getrennt vom den Begriffen Religion –
   Nichtreligion gesehen werden und ein »Mehr-oder-weniger« Verhältnis beschreiben (Fitzgerald 2007c, S. 71 – 108).
38 Vgl. Fitzgerald 2007b, S. 221 – 225. Zitate Fitzgerald 2007b, S. 222.
39 Vgl. Fitzgerald 2007b, S. 223 – 224. Zitat: Fitzgerald 2007b, S. 224.
40 Vgl. Fitzgerald 2007b, S. 235.
41 Vgl. Führding im Erscheinen.
   Fitzgerald sieht in Locke den wichtigsten und ersten Vertreter, der eine klare Unterscheidung
   des religiösen vom nichtreligiösen Bereich vornahm (Fitzgerald 2007b, S. 214). Angelegt ist

»Obedience, as the willing submission of the individual to the order of the whole, is fundamental. The homilies preach against the individual prioritization of the interests of the individual to those of the state-church had to be turned upside down by Locke and other powerful rhetoricians in order to arrive at the modern liberal dominance of rational self-interest and the rights of individuals«.[42]

Die Privatisierung von Religion führt dazu, dass so etwas wie der öffentliche, säkulare Raum erstmals gedacht werden konnte. Die auf ein aktives Agieren ausgerichteten Felder wie Ökonomie, Politik, etc. wurden diesem öffentlichen Raum zugeordnet, dem auch das alleinige Gewaltmonopol zugesprochen wurde. Im Zuge dessen kam es zur einer »Neudefinition« der Vorstellungen vom Gemeinwohl und Gemeinwesen, die nun von religiösen Vorstellungen losgelöst zu sein schienen.[43]

Die Veränderung des Religionsdiskurses – oder vielleicht besser: das Entstehen des Religionsdiskurses[44] – hatte unterschiedliche Gründe, deren Ursprünge im historischen und geographischen Kontext liegen. In Hinblick auf Locke und andere, die sich gegen den älteren und zu ihrer Zeit immer noch vorherrschenden Diskurs der »allumfassenden Religion« wendeten, nennt Fitzgerald vor allen Dingen den Wunsch nach religiöser Toleranz, also die eigene Religion ohne Einmischung des Staates leben zu können.

»[I]t was […] people engaged in serious struggles of power who, since the late seventeenth century, wished to redefine current usages in order to gain some specific interest, such as toleration of certain limited (although significant) forms of dissents, or to make possible changes in property rights, or to free trade or finance from existing ideological and/or legal controls, all of which accumulated into a combined challenge of the status quo«.[45]

Zum einen spielten die Folgen der Reformation, die zu einer Vervielfältigung christlicher Wahrheitsansprüche geführt haben, eine zentrale Rolle.

Die Konzeptualisierung von »Religion«[46] als unpolitischer, innerlicher Be-

---

diese Überlegung aber auch schon bei früheren Gelehrten, wie dem Philosophen Thomas Hobbes (vgl. Führding im Erscheinen).

42 Fitzgerald 2007b, S. 225.

43 Craig Martin hat allerdings darauf aufmerksam gemacht, dass diese neuen Vorstellungen immer noch, wenn auch nun verdeckt, von christlichen – in erster Linie – protestantischen Vorstellungen geprägt waren. Siehe hierzu Martin 2010.

44 Fitzgerald (wie andere – siehe vor allem Asad 1993, 2003) macht wie gezeigt deutlich, dass man vor der Frühen Neuzeit nicht von Religion im heutigen Verständnis sprechen kann. Im Sinne einer Trennschärfe der Begriffe wäre daher zu überdenken, ob man vor dieser Zeit überhaupt vom Religionsdiskurs sprechen sollte. Den Begriff bzw. die Kategorie »Religion« lehnt Fitzgerald selbst ab.

45 Fitzgerald 2007a, S. 11 – 12.

46 Religion wird hier schon nicht mehr im Sinne des alten Diskurses gebraucht, sondern als Gattungsbegriff. Auch hierbei kommt Locke eine besondere Rolle zu, als einer der ersten, die

reich hatte dabei zwei Funktionen. Zum einen schützte sie abweichende Meinungen, indem sie sie in einem apolitischen Bereich des privaten Glaubens ansiedelte. Zum anderen wurde gleichzeitig der Status Quo aufrechterhalten, durch die Internalisierung der Konflikte bzw. der konfligierenden Wahrheitsansprüche, die so nicht mehr im Öffentlichen ausagiert werden konnten.

Kollektive Ziele, Wünsche und Begierden wurden privatisiert sowie allgemeinverbindliche Werte als Gegenstand der individuellen Wahlfreiheit verortet. Gleichzeitig wurde der Staat unter negativen Vorzeichen allein zum Instrument der Durchsetzung des Individualismus.[47]

Zur Materialisierung des neuen Diskurses kam es, wenn man Fitzgerald, aber auch McCutcheon[48] folgt, im Konstitutionalismus der neuen nordamerikanischen Staaten und der entstehenden USA. Hier fand nach Fitzgerald eine Umkehrung der herrschenden Gemeinwohlvorstellungen statt. Das politische Gemeinwesen wurde nun (verfassungs-)rechtlich vom religiösen Bereich geschieden und ein nichtreligiöser, säkularer Raum geschaffen.[49]

> »Religion, als private Überzeugung aufgefasst, ist allein auf den persönlichen und privaten Bereich festgelegt, eine Umsetzung im politischen Handeln wird abgelehnt, da politische, materielle, empirische und ökonomische Angelegenheiten dem Bereich des Staates zugeordnet sind«.[50]

Religion ist in diesem Prozess zu einem nicht nur rechtlichen Objekt geworden, sondern auch zu einem Objekt, das man von einer vermeintlich neutralen Position aus, die im säkularen Bereich verortet ist, untersuchen kann. Dieser nichtreligiöse Bereich wurde dabei (nach und nach) als neutraler Ort rationaler Weltdeutung konzeptualisiert. Bei Locke war dieses Verständnis von Säkularität im Kern angelegt, aber noch nicht voll entfaltet. Für die Entfaltung waren weitere Entwicklungen, die im Zuge der wissenschaftlichen Revolution des 17. Jahrhunderts mit der Ausbildung eines spezifischen Objektivitätsverständnisses erfolgte, notwendig. In diesem Zuge veränderten sich auch die Vorstellungen von den Kategorien des »Natürlichen« und »Übernatürlichen«, die ebenfalls als nun getrennte Bereiche konstruiert wurden.[51]

Zum anderen macht Fitzgerald auf die Bedeutung des Kolonialismus und die Interessen an einer bestimmten Form von Markt aufmerksam.

---

den Begriff Religion nicht nur für das Christentum verwenden – wenn dieses auch die wahre Religion bleibt – sondern auch außerhalb des Christentums die Möglichkeit für Religion sehen (Vgl. Fitzgerald 2007b, S. 215).

47 Vgl. Führding im Erscheinen. Und vgl. Führding 2006, S. 77 – 78. Zudem siehe hierzu Arnal 2001.

48 Vgl. McCutceon 2003a, S. 150 – 152.

49 Vgl. Fitzgerald 2007b, S. 230 – 231.

50 Führding 2006, S. 77.

51 Vgl. Fitzgrald 2007a, S. 7. Und vgl. Fitzgerald 2007b, S. 216, 218.

»The colonial aspect is crucial because of the idea of a ›secular‹ realm of natural reason, scientific knowledge, civil society and the nation state is inseparable from the development of constitutions, world trade and capitalist markets. These in turn have a symbiotic relationship with the development of a generic concept of ›religion‹ and ›religions‹ based on Protestant Christian origins but projected universally«.[52]

Auf der einen Seite beförderte der Kontakt zu »fremden« Völkern durch die Entdecker und Kolonialmächte das neue Religionsverständnis. Der Wunsch, die Praktiken und Institutionen der kolonialisierten Völker zu »verstehen« und das Wissen über sie zu ordnen, wurde nach gängigen europäischen Klassifikationssystemen der damaligen Zeit vorgenommen, die als höher stehend betrachtet wurden.[53]

Auf der anderen Seite – und im Zusammenhang mit der Absicherung der eigenen Vormachtstellung beziehungsweise der eigenen politischen und ökonomischen Interessen – wurden die neuen Konzepte durch die Kolonialmächte in die Welt gebracht und institutionalisiert.[54]

»The idea of secular (in the sense of non religious) scientific knowledge of a material world that is objective and external to the observer presupposes some idea of the observing subject who can stand back from the world and make factually true propositions about it. This idea of the possibility of objectivity has been fundamental for Enlightenment concepts of the natural and social sciences. Not only does it turn the world into an object, or a system of objects, and us into master observers, it turns all other people and their visions of reality into objects subordinated to our master gaze and method«.[55]

Fazit

»[T]he categories ›religion‹ and ›politics‹, or ›sacred‹ and ›secular‹, [do not] refer to actual qualities in the real world. Instead, they are nothing more or less than codependent, portable discursive markers whose relationship we can date to a specific period in early modern Europe«.[56]

Die Abgrenzung zwischen »Religion« und »Säkularität« ist nicht eindeutig und ist ständigen Veränderungen unterworfen. Bei aller – zum Teil auch berechtigten

---

52 Fitzgerald 2007a, S. 9.
53 Vgl. Fitzgerald 2007b, S. 213 – 124. Wissen und Klassifizierung sind, wie oben dargelegt nicht einfach neutral. Es geht hier nicht nur darum andere Gruppierungen oder Gesellschaften mit ihnen fremden Kategorien zu Beschreiben und besser zu verstehen, sondern Herrschaft über sie auszuüben. Siehe hierzu u. a. Foucault 1976, 1992.
54 Vgl. Fitzgerald 2007a, S. 9. Und vgl. Fitzgerald 2007b, S. 232 – 234.
55 Fitzgerald 2007b, S. 234.
56 McCutcheon 2007, S. 197.

– Kritik an Fitzgerald[57] machen seine Überlegungen diesen Aspekt deutlich. Die jeweilige Verwendung ist von Interessen geleitet. Das Begriffspaar »Religion« und »Säkularität« ist dabei zumindest für Fitzgerald zunächst eng mit der Absicherung kolonialer Interessen und später des liberalen, kapitalistischen Systems verbunden. Zudem spielt es eine zentrale Rolle bei der Etablierung des modernen, liberalen Staates und bei der Aufrechterhaltung dieser spezifischen Gesellschaftsformation.

Wichtig festzuhalten erscheint mir nach dem Gesagten, dass die historische und kulturelle Gebundenheit dieser Kategorien zu reflektieren ist. Damit ist kein Urteil darüber gesprochen, ob man das »Säkulare« wie sein alter ego »Religion« als Kategorie in der (Religions-)Wissenschaft verwerfen soll oder muss. Wenn man die dargestellte Interessengeleitetheit, also den gesellschaftlichen und politischen Charakter des Klassifikationsprozesses zu Grunde legt, kann die Antwort auf diese Frage auch anders als bei Fitzgerald oder McCutcheon ausfallen.

Peter Antes kommt im zitierten Artikel zu dem Urteil, dass es religiösen Fundamentalismus »weder als ein Universalphänomen noch als eine Erscheinung innerhalb einzelner Religionen«[58] gebe. Allerdings könne es durch die andauernde Verwendung der Kategorie langfristig wirklich zu einer Entstehung von Fundamentalismus kommen.[59] Ähnlich könnte die Einschätzung in Bezug auf die hier verhandelten Kategorien ausfallen. Auch wenn das »Säkulare« und »Religion« historische und kontextgebundene Erfindungen sind, hat der Religionsdiskurs im Laufe der Zeit eine Stärke entwickelt, die dazu geführt hat, dass Religion überall auf der Welt als Kategorie verwendet wird und man daher sagen kann, dass sich Religion nun als empirisches Phänomen materialisiert hat.

Andererseits kann man die Frage stellen, ob es aus analytischer Sicht einen Mehrwert hat, an den Kategorien »Religion« und »Säkularität« festzuhalten. Vor allem ihre systemstabilisierende Funktion ist kritisch zu hinterfragen. Gerade aufgrund der Wirkungsmächtigkeit von Klassifizierungsprozessen bleibt es eine zentrale Aufgabe der Religionswissenschaft sich damit auseinanderzusetzen, warum Handlungen, Vorstellungen und Gruppierungen als »religiös« klassifiziert und andere dem »säkularen« Raum zugeordnet werden. Denn wie gezeigt handelt es sich dabei nicht um einen unschuldigen Akt, sondern um einen durch und durch politischen Vorgang, der spezifischen Interessen dient und Machtwirkung hat.

---

57 Auf die Kritik an Fitzgeralds Überlegungen wurde in diesem Kontext nicht eingegangen. Siehe hierzu aber unter anderem Hughes 2008.
58 Antes 1997, S. 206.
59 Antes 1997, S. 205 – 206.

Literatur

ANTES, Peter (1978):»Religion« einmal anders. Temenos. Studies in Comparative Religion, 15, S. 184 – 197.

ANTES, Peter (1997): Gibt es christlichen und islamischen Fundamentalismus? In: KLINKHAMMER, Gritt Maria, RINK, Steffen, FRICK, Tobias (Hg.), Kritik an Religionen. Religionswissenschaft und der kritische Umgang mit Religionen. Marburg: Diagonal-Verlag. S. 199 – 206.

ARNAL, William (2000): Definition. In: BRAUN, Willi, McCUTCHEON, Russell T. (Hg.), Guide to the Study of Religion (S. 21 – 34). London, New York: Cassell.

ARNAL, William (2001): The Segregation of Social Desire: ›Religion‹ and Disney World. Journal of the American Academy of Religion, 69 (1), S. 1 – 19.

ASAD, Talal (1993). Genealogies of Religion: Discipline and Reasons of Power in Christianity and Islam. Baltimore: Johns Hopkins University Press.

ASAD, Talal (2003): Formations of the Secular. Christianity, Islam, Modernity. Stanford: Stanford University Press.

BERGER, Peter L. (1980): Der Zwang zur Häresie. Religion in der pluralistischen Gesellschaft. Frankfurt a. M.: S. Fischer.

BERGER, Peter L. (1999): The Desecularization of the World: A Global Overview. In: BERGER, Peter L. (Hg.), The Desecularization of the World. Resurgent Religion and World Politics. Washington: Ethics and Public Policy Center. S. 1 – 18.

CASANOVA, José (1994): Religion und Öffentlichkeit. Ein Ost-/Westvergleich. Transit. Europäische Revue, 8, S. 21 – 41.

DUBUISSON, Daniel (2003): The Western Construction of Religion: Myths, Knowledge, and Ideology. Baltimore u. a.: John Hopkins University Press.

ELIADE, Mircea (1998): Das Heilige und das Profane. Vom Wesen des Religiösen. Frankfurt a. M. u. a.: Insel Verlag.

FITZGERALD, Timothy (2007a): Introduction. In: FITZGERALD, Timothy (Hg.), Religion and the Secular. Historical and Colonial Formations. London u. a.: Equinox. S. 1 – 24.

FITZGERALD, Timothy (2007b): Encompassing Religion. Privatized Religions and the Invention of Modern Politics. In: Fitzgerald, Timothy (Hg.), Religion and the Secular. Historical and Colonial Formations. London u. a.: Equinox. S. 211 – 240.

FITZGERALD, Timothy (2007c): Discourse on Civility and Barbarity. A Critical History of Religion and Related Categories. New York: Oxford University Press.

FOUCAULT, Michel (1976): Überwachen und Strafen. Die Geburt des Gefängnisses. Frankfurt a. M.: Suhrkamp.

FOUCAULT, Michel (1992): Was ist Kritik? Berlin: Merve.

FÜHRDING, Steffen (2006): Culture Critic oder Caretaker? Religionswissenschaft und ihre Funktion für die Gesellschaft. Eine Auseinandersetzung mit Russell T. McCutcheon. Marburg: Diagonal-Verlag.

FÜHRDING, Steffen (Im Erscheinen): Die Erfindung von Religion im Entstehungskontext des modernen Staates. In: Antes, Peter u. a. (Hg.), N.N. Göttingen: V&R unipress.

HUGHES, Aaron (2008): Timothy Fitzgerald, Discourse on Civility and Barbarity: A Critical History of Religion and Related Categories. Religion, 38 (4), S. 397 – 399.

JÄGER, Siegfried (1996): Die Wirklichkeit ist diskursiv. Vortrag auf dem Workshop des

DISS vom 13.–15. Juni 1996 in Lünen. URL: http://www.diss-duisburg.de/Internetbibliothek/Artikel/Wirklichkeit.htm, [05. 03. 2013].

JÄGER, Siegfried (⁴2004): Kritische Diskursanalyse. Eine Einführung. Münster: Unrast Verlag.

KNOTT, Kim (2010): Theoretical and Methodological Resources for Breaking Open the Secular and Exploring the Boundary between Religion and Non-Religion. Historia Religionum, 2, S. 115 – 133.

LEE, Lois (2012): Research Note. Talking about a Revolution. Terminology for the New Field of Non-Religion Studies. Journal of Contemporary Religion, 27 (1), S. 129 – 139.

MARTIN, Craig (2010): Masking Hegemony. A Genealogy of Liberalism, Religion and the Private Sphere. London u. a.: Equinox.

MASUZAWA, Tomoko (2005): The Invention of World Religions: Or, How European Universalism Was Preserved in the Language of Pluralism. Chicago: University of Chicago Press.

McCUTCHEON, Russell T. (2001): Critics not Caretakers. Redescribing the Public Study of Religion. New York: Sate University of New York Press.

McCUTCHEON, Russell T. (2003a): The Category »Religion« and the Politics of Tolerance. In: GREIL, Arthur L., BROMLEX, David (Hg.), Defining Religion. Investigating the Boundaries between the Sacred and the Secular. Amsterdam: Emerald Group Pub. S. 139 – 162.

McCUTCHEON, Russell T. (2003b): The Discipline of Religion. Structure, Meaning, Rhetoric. New York u. a.: Routledge.

McCUTCHEON, Russell T. (2007): »They Licked the Platter Clean«: On the Co – Dependency of the Religious and the Secular. Method and Theory in the Study of Religion, 19, S. 173 – 199.

NSRN ONLINE (2013): Offizielle Website. URL: http://nsrn.net/, [12. 03. 2013].

PITZER COLLEGE (2013): Secular Studies. URL: www.pitzer.edu/academics/field_groups/secular_studies/index.asp, [12. 03. 2013].

SECULARISM AND NONRELIGION (2013): Offizielle Website. URL: Http://www.secularismandnonreligion.org/index.php/snr, [12. 03. 2013].

SMITH, Jonathan Z. (1998): Religion, Religions, Religious. In: TAYLOR, Marc (Hg.), Critical Terms for Religious Studies. Chicago u. a.: University of Chicago Press. S. 269 – 284.

SMITH, Wilfred Cantwell (1978): The Meaning and End of Religion. A Revolutionary Approach to the Great Religious Traditions. London: SPCK.

Johannes Quack[1]

Was ist »Nichtreligion«? Feldtheoretische Überlegungen zu einem relationalen Verständnis eines eigenständigen Forschungsgebietes

1   Einleitung: Hintergrund der Forschung zu »Nichtreligion«

Die Erforschung der Vielfalt von »Nichtreligion« bzw. verschiedener Arten der Nichtreligiosität ist ein Desiderat. Einige grundsätzliche Anmerkungen über die Heterogenität nichtreligiöser Phänomene sollen den Hintergrund dieser Behauptung beleuchten. Gleichgültigkeit gegenüber Religion auf der einen und militanter, »missionierender« Atheismus auf der anderen Seite veranschaulichen grundsätzlich verschiedene Arten der Nichtreligiosität; ebenso unterscheiden sich Mitglieder dogmatisch atheistischer Organisationen in vielerlei Hinsicht von individuellen Skeptikern. »Agnostizismus« ist eine mehrdeutige Bezeichnung für mehrere, sich wechselseitig ausschließende Haltungen. Darüber hinaus produzieren die religiösen, kulturellen und sozio-politischen Hintergründe verschiedener Gesellschaften – welche z. B. vom Staats-Atheismus bis hin zur Todesstrafe für Blasphemie reichen – nicht nur unterschiedliche religiöse Felder und Arten der Religiosität, sondern eben auch verschiedene Arten der Nichtreligiosität. Ein dezidiert nichtreligiöser Lebensentwurf hat nicht nur in Padang (Indonesien), Peking (China), Peshawar (Pakistan), Petersburg (Russland), Phnom Penh (Kambodscha), Pittsburgh (USA), Pune (Indien) und Putrajaya (Malaysia) ganz verschiedene Bedeutungen und lebenspraktische Konsequenzen, sondern auch in Potsdam (frühere DDR) und Passau (frühere BRD). Dennoch wurde die offensichtliche Tatsache, dass es *verschiedene Arten, Grade, Gründe und Kontexte für Nichtreligiosität* gibt, seitens der Kultur- und Sozialwissenschaften bisher weder systematisch beschrieben noch theoretisiert.

1 Dieser Artikel basiert auf einem Beitrag zur Konferenz des »Nonreligion and Secularity Research Network« (NSRN) am Goldsmith College, London, im Juli 2012. Anregungen der Mitglieder des Netzwerks habe ich gerne aufgenommen. Weiterhin bin ich dankbar für die hilfreichen Kommentare zu vorherigen Versionen dieses Artikels von Eberhard Bolay, Alexander Blechschmidt, Eva Brandl, James Cox, Isabel Laack, Miriam Meuth, Jürgen Quack, Susanne Schenk, Kevin Schilbrack, Cora Schuh, Per Smith und Monika Wohlrab-Sahr, sowie Martin Jägel für die Unterstützung bei Übersetzungsarbeiten.

Eine Ausnahme bilden einige neuerer Forschungsansätze, die sich zumeist unter dem Schlagwort »Nichtreligion« (oder der damit verbundenen Begriffe wie »Irreligion« oder »Areligion«) in einem Etablierungsprozess befinden. Anzeichen hierfür sind neue Institutionen und Forschungsverbünde[2] sowie entsprechende Veröffentlichungen.[3] Neben dem vorliegenden, explizit religionswissenschaftlichen Band und der religionswissenschaftlichen Studie von Sebastian Murken[4] gibt es in Deutschland auch innovative Forschungsarbeiten zum Thema »religiöse Indifferenz« von Manuel Franzmann und Ulrich Oevermann[5], ein Forschungsprojekt über »Multiple Säkularitäten« unter Leitung von Monika Wohlrab-Sahr[6], Arbeiten, die an englischsprachige Debatten anknüpfen[7], und kombinierte Studien über »Neuen Atheismus« und die vermeintliche »Rückkehr der Religion« in Deutschland und Amerika.[8] All diese Beispiele überschneiden sich in ihren Forschungsgegenständen und unterscheiden sich von klassischer Religionsforschung im Allgemeinen sowie von säkularisierungstheoretischen Ansätzen im Besonderen. Sie lassen sich, so das Argument dieses Artikels, unter der Sammelbezeichnung »Nichtreligion« zusammenfassen. Der Begriff »Nichtreligion« wird hierbei als eine deskriptive Bezeichnung für eine Gruppe von Forschungsansätzen gebraucht, deren Untersuchungsgegenstände primär über ihre Beziehungen zu einem religiösen Feld bzw. religiösen Feldern zu bestimmen sind. Er soll nicht als ein analytischer Begriff, mit dem Ziel, klare Grenzen zwischen Religion und »Nichtreligion« zu ziehen, verstanden werden.

Darüber hinaus versucht dieser Artikel *einen konzeptuellen Rahmen* für Forschungsarbeiten zu den entsprechenden Themengebieten anzubieten. Hierzu wird im Folgenden aufgezeigt, dass Forschungen zu »Nichtreligion« Studien zu Säkularisierungsprozessen ergänzen, indem sie den »negativen« Fokus auf das vermeintliche Schrumpfen eines religiösen Feldes bzw. religiöser Felder durch die *»positive«* Erforschung eines religionsbezogenen Feldes erweitern. Ferner wird ausgeführt, warum der Begriff »Nichtreligion« nicht alles umfasst, was nicht religiös ist, sondern als ein relationaler Terminus zu verstehen ist, der forschungspraktische Konsequenzen mit sich bringt. Hierfür wird auf grundlegende Einsichten Talal Asads[9], Argumente von Colin Campbell und

---

2 Vgl. NSRN Online 2013, Institute for the Study of Secularism in Society & Culture 2011, LSE 2012, Pitzer College 2013.
3 Vgl. Zuckerman 2010; Bullivant und Lee 2012.
4 Vgl. Murken 2008.
5 Vgl. Franzmann, Gärtner, Köck 2006; Oevermann, Franzmann 2006.
6 Vgl. Wohlrab-Sahr 2009; Wohlrab-Sahr und Burchardt 2011; vgl. auch Universität Leipzig 2013.
7 Vgl. Bock, Feuchter, Knecht 2009.
8 Vgl. Freie Universität Berlin 2012.
9 Vgl. Asad 2003.

Lois Lee[10] und Pierre Bourdieus methodologischen Relationalismus[11] sowie seine Beiträge zu einer soziologischen »Feldtheorie«[12] zurückgegriffen. Ein solches Vorgehen schließt die »reflexive« Einsicht ein, dass wissenschaftliche Studien von Religion und »Nichtreligion« selbst Teil eines religionsbezogenen Feldes sind. Sie müssen deswegen die kulturelle Gebundenheit und historische Genese ihrer Fragen und Konzepte genauso reflektieren wie die Forderungen nach »Neutralität«, z. B. in Form des methodologischen Atheismus oder Agnostizismus. Vor diesem Hintergrund ist es möglich, mit zwei Herausforderungen konstruktiv umzugehen: zum einen das Spannungsverhältnis zwischen der Abhängigkeit nichtreligiöser Phänomene von einem religiösen Feld, was ihrer Konstituierung als Untersuchungsobjekt der Religionsforschung betrifft, sowie ihre gleichzeitige Eigenständigkeit, was ihre konkrete Erforschung betrifft. Zum anderen das Selbstverständnis der wissenschaftlichen Arbeit als Forschungssubjekt wie auch -objekt.

2   Der komplementäre Charakter der Forschung zu »Nichtreligion«

Forschungen zu den Themenfeldern Säkularisierung, Säkularismus und Säkularität werden durch Studien zur »Nichtreligion« ergänzt. Gleichzeitig gibt es eine Reihe von Problemen innerhalb der säkularisierungstheoretischen Forschungstradition, die es ratsam erscheinen lassen, »Nichtreligion« als einen eigenständigen Forschungsbereich zu etablieren. Erstens hat die Säkularisierungstheorie eine problematische Entstehungsgeschichte, die u. a. in den Evolutions- und Modernisierungstheorien des 19. Jahrhunderts begründet liegt. Zeitgenössische Ansätze müssen sich nach wie vor mit dem evolutionistischen und modernistischen Erbe auseinandersetzen und sich davon abgrenzen. Zweitens lassen sich für die Begriffe säkular, Säkularität und Säkularismus zunehmend politisch-ideologische Konnotationen und Implikationen feststellen. In öffentlichen wie auch wissenschaftlichen Diskursen wird der Gegensatz säkular-religiös mitunter gleichgesetzt mit Dualismen wie modern-rückständig, rational-irrational, liberal-dogmatisch und demokratisch-theokratisch. Während eine Seite Säkularität und Säkularismus mit Freiheit, Demokratie, Aufklärung und Rationalität gleichsetzt, assoziiert die andere Seite damit westlichen Imperialismus und subtilere Arten des Kolonialismus (Ashis Nandy spricht z. B.

---

10 Vgl. Campbell 1971; Lee 2012.
11 Vgl. Bourdieu 1996, S. 34 – 39; Vandenberghe 1999.
12 Vgl. Bourdieu 1996, S. 124 – 147; Martin 2003.

von »mental colonialism«[13]). Drittens hat es die populäre und oftmals erheblich vereinfachte Auseinandersetzung zwischen denjenigen, die meinen, der Einfluss von Religion würde insgesamt abnehmen oder sogar gänzlich verschwinden, und denjenigen, die religiöse Formationen lediglich im Wandel begriffen sehen, differenzierteren Positionen schwierig gemacht, sich dieser Entweder-oder-Logik zu entziehen.[14] Im Gegensatz dazu ist ein *relationaler Zugang* (wie unten ausgeführt) hilfreich, um den vermeintlichen Rückgang sowie die vermeintliche Rückkehr von Religion als zwei miteinander verbundene und voneinander abhängige Phänomene zu verstehen. So widersprechen sich z. B. die zunehmende Präsenz der sogenannten »Neuen Atheisten« sowie religiöser Repräsentanten und Themen in den Medien (insbesondere nach dem Attentat vom 11. September 2001) nicht, sondern bedingen sich vielmehr gegenseitig. Jürgen Habermas und Grace Davie haben in ähnlicher Hinsicht ausgeführt, dass es sich bei dem Verhältnis von Religion und Säkularität bzw. »Nichtreligion« nicht um ein Nullsummenspiel handeln muss, sondern, dass sich solche Prozesse gegenseitig verstärken können.[15] Viertens gibt es so viele verschiedene und sich teilweise widersprechende Begriffsdefinitionen für säkular oder Säkularität, dass Debatten oft aneinander vorbei geführt werden.[16] Am wichtigsten ist jedoch der Punkt, dass der primäre Fokus auf die Frage, ob Religion verschwindet oder zumindest an sozialer Bedeutung verliert, dazu geführt hat, dass die Vielfalt von »Nichtreligion« und verschiedene *Arten der Nichtreligiosität* keine Beachtung gefunden haben. Säkularisierungstheoretische Ansätze, die den Verlust der sozialen Bedeutung von Religion dokumentiert bzw. postuliert haben, lassen i. d. R. eine Auseinandersetzung mit der Frage vermissen, inwiefern der angenommene Schwund von Religion in einer wachsenden Indifferenz gegenüber religiösen Fragen, Handlungsmustern und Vergemeinschaftungen mündet, oder ob die »Leerstelle«, die die Religion hinterlässt, mit anderen Arten der Nichtreligiosität angefüllt wird bzw. sich schon längst gefüllt hat. Während religiöse Vielfalt und die entsprechenden Transformationsprozesse detailreich dokumentiert und analysiert werden, wird »Nichtreligion« oft als eine einheitliche Restkategorie oder als undifferenziertes Überbleibsel einer Subtraktion von Religion angesehen.

---

13 Vgl. Nandy 1988, 2004.

14 Da die Literatur zu diesem Thema sehr umfangreich ist, weise ich nur exemplarisch darauf hin, dass vier einflussreiche deutsche Wissenschaftler die angebliche »Rückkehr der Religion« (Riesebrodt 2000), den »modernen Mythos« der Säkularisation (Pollack 2003), die »Rückkehr der Götter« (Graf 2004) sowie Prozesse der »Wieder-Verzauberung« (Böhme 2006) ausführlich thematisiert haben.

15 Vgl. Davie 2012 und Habermas 2003. Die Analogie weiterführend kann man die Idee einer »postsäkularen« Gesellschaft nach Habermas als Versuch verstehen, das Nullsummenspiel in eine win-win Situation zu überführen.

16 Vgl. Koenig 2011, S. 650.

Auch wenn es Gegenbeispiele für diese generalisierende Darstellung der säkularisierungstheoretischen Forschungstradition gibt[17], kann zusammengefasst werden, dass sich die Säkularisationstheorie mit ihrer problematischen Geschichte, den politischen Implikationen, den widersprüchlichen Begrifflichkeiten und einem impliziten Druck, entweder für oder gegen das Verschwinden von Religion zu argumentieren, in eine Sackgasse manövriert hat. Während Studien der »Nichtreligion« an die wichtigen Erkenntnisse der Säkularisierungstheorien anknüpfen und aus deren Fehlern lernen sollten, ist der »negative« Fokus vieler säkularisierungstheoretischer Ansätze auf das vermeintliche Verschwinden von Religion um einen »*positiven*« Fokus auf nichtreligiöse Phänomene zu ergänzen. Dabei ist es zentral, dass die Vielfalt und Unabhängigkeit von (vermeintlich) nichtreligiösen Glaubensvorstellungen, Lebensentwürfen, Handlungsmustern und Vergemeinschaftungen zum Objekt der Untersuchung gemacht werden. Im nächsten Abschnitt werden diese Gedanken weiter ausgeführt, um zu klären, worauf sich »Nichtreligion« bezieht und was es bedeutet, Nichtreligiosität »positiv« zu erforschen.

3 Was ist »Nichtreligion«?

Zunächst stellt sich die Frage, ob alles, was gemeinhin als nicht religiös bezeichnet werden könnte, gleichermaßen als Untersuchungsgegenstand der Forschungsansätze zum Thema »Nichtreligion« in Frage kommt. Starrett weist zu Recht darauf hin, dass »religiös« mit dem Begriff »säkular« – und, so könnte man annehmen, dem Begriff »nichtreligiös« – ein Gegensatzpaar bildet:

> »Conceptually, the secular is always a term of contrast: it is what is left over when we create and populate the category of religion. Taxonomists call such leftovers ›paraphyletic categories.‹ A paraphylum is a category formed by the objects left over in the construction of another category. The category ›invertebrate,‹ for instance, is constructed by defining the class of vertebrates, animals with backbones, leaving behind a paraphylum of creatures as diverse as earthworms, mosquitoes, crabs, octopuses, and coral, which have nothing in common except their spinelessness«.[18]

Starrett beachtet jedoch nicht, dass es verschiedene Arten von Gegensätzen gibt. So kann z. B. gefragt werden, ob es sich bei dem Gegensatz zwischen »Religion«

---

17 Neben den im Artikel genannten Werken können weitere exemplarisch für die Disziplinen Geschichte (Febvre 1947; Budd 1977; Royle 1980; Weltecke 2010), Philosophie (Habermas 2003; Martin 2007; Taylor 2007; Losonczi 2010), Soziologie (Campbell 1971; Gärtner, Pollack et al. 2003; Faber, Lanwerd 2006; Hunsberger, Altemeyer 2006), Religionswissenschaft (Klimkeit 1971; Berner 1990; Fitzgerald 2007b; Amarasingam 2009) und Ethnologie (Asad 2003; Mahmood 2005; Eller 2007; Luehrmann 2011) angeführt werden.
18 Starrett 2010, S. 645 – 646.

und »Nichtreligion« um einen konträren oder kontradiktorischen Gegensatz handelt. Die Ausdrücke lebendig und leblos sind kontradiktorisch; entweder ist eine Entität am Leben (lebendig) oder nicht am Leben (leblos) – leblos ist also das Paraphylum von lebendig (und nichts ist lebendig und leblos zugleich). Die Ausdrücke lebendig und tot hingegen sind konträr, denn nichts kann lebendig und tot zugleich sein – allerdings gibt es auch Dinge, auf die nichts von beiden zutrifft. Ein Stein beispielsweise ist weder tot noch lebendig, denn »tot« impliziert ein vorangegangenes Leben. »Tot« ist demnach nur ein Unterbegriff von »leblos«, mit ihm wird nur eine bestimmte Gruppe von leblosen Entitäten bezeichnet.

Die Begriffe lebendig, tot und leblos sind hilfreiche Beispiele, um den Unterschied zwischen konträren und kontradiktorischen Gegensätzen deutlich zu machen. Sie können jedoch bei der Unterscheidung von religiösen und nichtreligiösen Phänomenen zu Missverständnissen führen, da sie mehr oder weniger klare Grenzen suggerieren, die beim Thema »Religion« nicht vorhanden sind. Um einer konzeptuellen Klarheit willen soll hier dennoch eine abstrakte Unterscheidung der Begriffe religiös, nichtreligiös, areligiös und irreligiös vorgeschlagen werden, die sich der Unterscheidung von konträren und kontradiktorischen Gegensätzen bedient. Dieser zufolge können die Begriffe »religiös« und »irreligiös« als kontradiktorisch angesehen werden. Entweder ist ein Gegenstand religiös oder irreligiös, eine dritte Möglichkeit ist ausgeschlossen (*tertium non datur*). »Nichtreligiös« und »areligiös« hingegen können als konträre Begriffe zu »religiös« aufgefasst werden. Sie sind sich gegenseitig ausschließende Unterbegriffe zu dem Oberbegriff »irreligiös«.

Im Folgenden wird ausgeführt, dass sich jede Analyse von nichtreligiösen Phänomenen notwendigerweise auf »Religion« bzw. ein religiöses Feld beziehen muss. Phänomene, die hier als areligiös bezeichnet werden, lassen sich hingegen ohne jeden Bezug zu religiösen Phänomenen umfassend beschreiben.[19] Eine ähnliche Position wurde von Lois Lee vertreten, auch wenn sie die Begriffe

---

19 Im Alltagsgebrauch wie auch teilweise in der diesbezüglichen Forschung gehen diese Bezeichnungen wild durcheinander. Die Tatsache, dass sich »Nichtreligion« als terminus technicus durchzusetzen scheint, geht wahrscheinlich auf den Einfluss des »Nonreligion and Secularity Research Network« (NSRN) zurück. Beispielsweise wurde eine ähnliche Unterscheidung der Direktorin des NRSN Lois Lee getroffen (Lee 2012, S. 135). Bis zu einem gewissen Grad lassen sich aber auch etymologische Argumente für diese Begriffswahl anführen. Während das lateinische Präfix »non« (bzw. im Deutschen »nicht«) das nachfolgende Wort verneint (und damit eine Beziehung dazu herstellt, siehe unten) kann das griechische Präfix »a« nicht nur als Negationspräfix (*alpha-negativum*), sondern insbesondere auch als *alpha-privatum* fungieren, welches die schlichte Abwesenheit oder Wirkungslosigkeit des Bezeichneten ausdrückt. Das lateinische »in« (il-, im-, ir-) kann ebenfalls eine Negation wie eine Abwesenheit bezeichnen.

teilweise anders verwendet. Sie fasst die im »Nonreligion and Secularity Rese-arch Network« (NSRN) versammelten Arbeiten wie folgt zusammen:

> »The two concepts of non-religion and secularity are intended to summarise all po-sitions which are necessarily defined in reference to religion but which are considered to be other than religious. [...This encapsulates] a range of perspectives and experi-ences, including the atheistic, agnostic, religiously indifferent or areligious, as well as some forms or aspects of secularism, humanism and, indeed, religion itself«.[20]

Ferner definiert sie im NSRN-Glossar »Nichtreligion« als »etwas, das *primär* dadurch definiert ist, wie es sich von Religion unterscheidet«.[21] Beide Formu-lierungen lösen das von Starret angesprochene Problem: »Nichtreligion« be-zeichnet nicht alles, was schlicht nicht religiös ist. In anderen Worten ausge-drückt besteht auch bei Lee ein Unterschied zwischen »Nichtreligion« und Phänomenen, die vorhergehend (nicht jedoch von Lee) als areligiös bezeichnet wurden. Darauf aufbauend argumentiert Lee zum einen, dass sie für »Nichtre-ligion« eine allgemeine Definition anstrebt, die sich als Sammelbezeichnung für das entsprechende Forschungsfeld eignet. Im Englischen spricht sie von einem »master or defining concept for the field«.[22] Zugleich propagiert sie jedoch ein eingeschränktes Verständnis von »Nichtreligion«, demzufolge Phänomene wie der säkulare Humanismus, Naturalismus oder Rationalismus nicht unter diesen Begriff fallen würden, da sie, so Lee, »ontologisch autonom von Religion« sind.[23] Aus ähnlichen Gründen erkennt sie z. B. Formen von »Spiritualität« nicht als Untersuchungsgegenstand von Studien der »Nichtreligion« an, denn auch diese sind gewöhnlich durch ihre »eigenen Kernprinzipien und Praktiken definiert«, bei der die Art und Weise, wie sie sich von Religion unterscheiden, eher eine sekundäre als eine primäre Position einnimmt.[24] Lees Anliegen, »Nichtreligion« als eine Sammelbezeichnung für das wachsende Forschungsfeld zu etablieren, wird in diesem Artikel unterstützt. Ihre diesbezüglichen Ausführungen werden hier jedoch aus zwei Gründen ergänzt: Erstens wird die definitorische Eng-führung des Untersuchungsgegenstandes und damit des entsprechenden For-schungsfeldes nicht geteilt. Zweitens können ihre Formulierungen ein sub-stantialistisches Verständnis von »Nichtreligion« nahelegen.

Zur Veranschaulichung des ersten Einwands kann die auf eigenen For-schungsarbeiten basierende Frage dienen, welche religionskritischen Gruppen in Indien als Untersuchungsgegenstand von Forschungen zum Thema »Nicht-religion« in Frage kommen sollten. Die »Radical Humanists« setzen sich z. B. für

---

20 Lee 2009.
21 Lee 2011, S. 2, Übersetzung JQ.
22 Lee 2012, S. 131.
23 Lee 2012, S. 131, Übersetzung JQ.
24 Lee 2012, S. 131, Übersetzung JQ.

eine »indische Renaissancebewegung« auf Basis des säkularen und wissen-schaftlichen Humanismus ein,[25] während die rationalistisch-atheistische »Ge-sellschaft zur Ausrottung von Aberglauben« (*Andhashraddha Nirmulan Samiti*) in Maharashtra sich hauptsächlich der Kritik vermeintlich schädlicher religiöser Praktiken widmet.[26] Nur letztere lässt sich primär über ihren Unterschied zu Religion(en) definieren. Die »Radical Humanists« kämen Lee zufolge nicht als Untersuchungsgegenstand in Frage, obwohl es beträchtliche Überschneidungen in den Zielen und Aktivitäten beider Gruppierungen gibt. Um eine solche Engführung zu vermeiden, soll hier ein Verständnis von »Nichtreligion« als Sammelbezeichnung bzw. als »master or defining concept for the field« vorge-stellt werden, welches konzeptuell offener ist, indem »Nichtreligion« konsequent als relationaler Begriff gedacht wird.

Der zweite Einwand bezieht sich auf die Art und Weise, wie Lee die Begriffe »etwas«, »primär« und »definiert« in ihrer oben angeführten Begriffserläute-rung benutzt, da diese ein substantialistisches Verständnis von »Nichtreligion« nahelegen. Die Formulierung »primarily defined« findet sich schon bei Camp-bell[27], dessen Position jedoch dem hier vertretenen Ansatz näher kommt als die Ausführungen von Lee. Campbell definiert »irreligion« als

> »[…] general form of response to religion, the content of the irreligious response itself
> varying as the content of religion varies. The nature of this response is well indicated by
> the meanings given to the word ›irreligion‹, which, according to the ›Oxford English
> Dictionary‹, implies such attitudes as hostility, disregard and indifference toward re-
> ligion«.[28]

Die Arbeit von Campbell führt weiter aus, wie sich verschiedene »Einstellungen« (*attitudes*) und »Reaktionen« (*responses*) unterscheiden lassen, und leistet somit einen wichtigen Beitrag zu dem, was hier noch allgemeiner als »Beziehungen« konzeptualisiert wird. Anstatt eindeutig definierbare Untersuchungsgegen-stände mit primären und sekundären Eigenschaften anzunehmen, sollte also mit dem Eingeständnis begonnen werden, dass es verschiedenste Möglichkeiten gibt, religiöse und nichtreligiöse Felder in Beziehung zueinander zu setzen. Anders formuliert, wird hier vorgeschlagen, nicht mit Begriffsdefinitionen zu beginnen, sondern mit einer heuristischen Annäherung, wie man *mögliche Beziehungen und Abhängigkeiten zwischen religiösen und nichtreligiösen Phä-nomenen beschreiben* kann. Dies ermöglicht zudem eine reflexive Annäherung

---

25 Radical Humanists 1946.
26 Vgl. Quack 2012b.
27 Campbell 1971, S. 4. Hierbei muss angemerkt werden, dass Lees Argumentation mitunter darauf hindeutet, dass auch sie ein relationales Verständnis präferiert, ohne dies jedoch explizit zu machen bzw. es als solches zu benennen. Dies ist z. B. der Fall, wenn sie sich positiv über die ähnliche Argumentationsweise Campbells äußert (vgl. Lee 2012, S. 133).
28 Campbell 1971, S. 21.

an die eigenen Beziehungen und Abhängigkeiten innerhalb eines religionsbezogenen Feldes. Das Eintreten für einen relationalen statt eines substantiellen Ansatzes ist nicht neu; am bekanntesten ist hier wohl Pierre Bourdieus methodischer Relationalismus, der auf die Metapher des Feldes zurückgreift, wie im Folgenden ausgeführt wird.

4   Was ist das »religionsbezogene Feld«?

Zur besseren Veranschaulichung des hier vertretenen Ansatzes ist es ausreichend, unter dem »religiösen Feld« alle Phänomene zu fassen, die gemeinhin als religiös verstanden werden, d. h. Aspekte des Glaubens, Handlungen und Zugehörigkeiten, die ganz allgemein Religion oder Religionen zugeschrieben werden.[29] »Religion« wird dabei als eine historisch und kulturell kontingente Kategorie verstanden, welche einen weitreichenden diskursiven Einfluss ausübt, der sich in verschiedenen Aushandlungs- und Aneignungsprozessen auf der ganzen Welt materialisiert. Alle, die eine bestimmte Definition von »Religion« einer so weiten Charakterisierung des religiösen Felds vorziehen[30], können in der hier vorgestellten Argumentation die Bestimmung des religiösen Feldes auch durch eine spezifische Definition von »Religion« vornehmen. Das Hauptargument dieses Artikels ist unabhängig von der Tatsache, dass verschiedene Definitionen von »Religion« verschiedene Felder abstecken. Gleichgültig, ob das religiöse Feld durch einen generellen Religionsdiskurs oder eine spezifische Definition abgesteckt wird, seine Grenzen sind immer umstritten – dies zeigen beispielsweise die Diskussionen über unsichtbare Religion, Zivilreligion, Spiritualität usw.

Wie auch immer ein gegebenes religiöses Feld begrenzt wird, es lässt sich immer in einem religionsbezogenen Feld verorten, bestehend aus Phänomenen, die gemäß der Bestimmung des religiösen Feldes als nicht religiös zu gelten haben und zugleich jedoch in enger Verbindung mit dem religiösen Feld stehen.[31] Ein so verstandenes »religionsbezogenes Feld« umfasst den Gegen-

---

29 Der Begriff »Nichtreligion« reproduziert somit alle Probleme, die mit dem Begriff »Religion« in Verbindung gebracht werden können. Das Vorhandensein dieser Probleme schließt jedoch eine Erforschung von Beziehungen zwischen Phänomenen, die einem bestimmten Religionsverständnis zufolge als religiös bzw. nichtreligiös angesehen werden, nicht aus. Vielmehr können auf dieser Grundlage neue Blickwinkel auf alte Problemstellungen gewonnen werden.

30 Bergunder argumentiert für die Konzeptualisierung des zeitgenössischen Alltagsverständnisses von »Religion« als Gegenstandsbereich der Religionswissenschaft (vgl. Bergunder 2012).

31 Uta Karstein spricht von einem »religiös-weltanschaulichen Feld« in ihrer kenntnis- und

standsbereich von Studien der »Nichtreligion«.[32] Die Grenzen eines religionsbezogenen Feldes sind noch unklarer als die eines gegebenen religiösen Feldes.
Die darin verortbaren Phänomene sollten jedoch immer in einer bestimmbaren
und relevanten Beziehung zum religiösen Feld stehen. Demzufolge sollte es eine
zentrale Aufgabe der Forschung über »Nichtreligion« sein, *die Reichweite und
Art der Beziehung zwischen dem religiösen und dem nichtreligiösen Feld, die
sogenannten »Feldeffekte«, zu erforschen.*[33]

Die schon angesprochenen Beispiele religionskritischer Gruppierungen in
Indien können helfen, mögliche Beziehungen zu veranschaulichen. Die vielleicht
offensichtlichste Beziehung zum religiösen Feld ist die unmittelbare Kritik an
für das religiöse Feld konstitutiven Glaubensvorstellungen und Praktiken, wie
sie zum Beispiel von atheistischen Individuen und Gruppen in Indien und an-
derswo bekannt sind.[34] Solche Beziehungen sind in der Regel am stärksten, weil
das Selbstverständnis dieser Individuen und Gruppen – in Lees Worten – ontologisch abhängig vom religiösen Feld ist. Im Unterschied dazu kritisieren viele
humanistische Gruppen Religion(en) nicht explizit. Dennoch haben sie das
Anliegen, ihren Mitmenschen säkulare Alternativen zu religiösen Weltanschauungen und Handlungsweisen (wie z. B. lebenszyklischen Ritualen) anzubieten.[35] Die beiden oben kurz vorgestellten religionskritischen Gruppierungen
beziehen sich somit unterschiedlich auf das religiöse Feld in Indien. Eine Gruppe
kritisiert religiöse Überzeugungen, Praktiken und Autoritäten offen und direkt,
die andere versteht sich zumindest als implizit mit Religion(en) konkurrierend.
Beide gehören zum Feld der »Nichtreligion«, aber die Art und Stärke ihrer
Positionierung und Beziehung zum religiösen Feld ist unterschiedlich. Dabei ist
wichtig anzumerken, dass solcherlei Positionierungen und Beziehungen mit der
Zeit stärker oder schwächer werden können. Wenn sich Akteure in dem reli-

---

detailreichen Studie religiöser und religionsbezogener Akteure und Gruppierungen der
DDR (vgl. Karstein 2013).

32 Das Phänomen der »religiösen Indifferenz« ist so vielschichtig (vgl. Gärtner, Pollack, Köck
2003), dass es einer eigenständigen Diskussion bedarf. Seine Verortung in dem hier skizzierten Ansatz ist beispielsweise abhängig von der Entscheidung für (z. B. Oevermann 1995;
Taylor 2007) bzw. gegen (z. B. Wohlrab-Sahr 2003; Bullivant 2012) formal-anthropologische
Setzungen.

33 Das religionsbezogene Feld ist kein eigenständiges »Feld« im Sinne Bourdieus, sondern eine
Art »Umfeld«. Mit Bourdieu könnte auch argumentiert werden, dass ein religionsbezogenes
Feld auf Grund der Feldeffekte Teil eines religiösen Feldes ist. Interessant ist jedoch, dass
dieses »Umfeld« so wenig wissenschaftliche Beachtung gefunden hat. Aufschlussreich ist
auch, dass sich religionswissenschaftliche Forschung dazu einem Legitimationsdruck aus-
gesetzt sah (z. B. Berner 1990, 2011; sowie dazu Quack 2013). Ferner wird unten ausgeführt,
warum die Eigenständigkeit nichtreligiöser Phänomene zu betonen ist.

34 Vgl. Stein 1980, 1987; Faber und Lanwerd 2006; Hunsberger und Altemeyer 2006, Quack
2012a und b.

35 Vgl. McTaggart 1994.

giösen oder nichtreligiösen Feld verändern, verschieben sich in der Regel auch die Positionierungen und Beziehungen anderer Akteure. Hierbei handelt es sich also nicht um irgendeine Art essentieller Unterscheidung zwischen religiösen und nichtreligiösen Phänomenen, vielmehr hängt jede Beurteilung von zahlreichen veränderbaren Faktoren ab, insbesondere von einer impliziten oder expliziten Konzeptualisierung von »Religion«. Die Beschreibung und Analyse von Positionierungen und Beziehungen muss sich ferner auf der Grundlage empirischer Forschung beweisen bzw. durch diese erst generiert und spezifiziert werden.

Auch unter Bezugnahme auf Bourdieu[36] sollten die Grenzen des religiösen wie auch des nichtreligiösen Feldes nicht a priori definiert oder postuliert, sondern auf Grundlage von empirischer Forschung beschrieben und analysiert werden. Am Anfang einer Untersuchung steht nicht die Gegenüberstellung von religiösen und nichtreligiösen Positionen, sondern die Frage, wie die Grenzen des Feldes von den Akteuren gemeinsam gesetzt, ausgehandelt, kritisiert, unterlaufen, etc. werden. Akteure gehören zu einem Feld, insofern sie Feldeffekte produzieren oder erfahren und indem sie um das, was »auf dem Spiel steht« konkurrieren.[37] Durch die Bestimmung spezifischer Feldeffekte und Konkurrenzbeziehungen kann das religionsbezogene Feld in noch weitere Subfelder unterteilt werden. Untersucht man beispielsweise die gesellschaftliche Relevanz verschiedener Religionsdefinitionen in Deutschland, entsteht ein Subfeld, in welchem u. a. religionspolitische Instanzen und religionsbezogene Rechtsprechung, Religionswissenschaft und Religionsforschung, kirchliche Vertreter und Theologen, Vertreter kleiner religiöser Gemeinschaften, sowie religionskritische Individuen und Gruppierungen in einem bestimmten Konkurrenz- und Abhängigkeitsbeziehungen zueinander stehen. In diesem Subfeld lässt sich untersuchen, welche Feldeffekte produzieren oder erfahren werden und was für die einzelnen Akteure jeweils auf dem Spiel steht. Untersucht man hingegen, um nur ein weiteres Beispiel zu nennen, religiöse und nichtreligiöse Positionierungen

---

36 Während dieses Argument von Bourdieus theoretischer Arbeit inspiriert ist, soll seine spezifische Auseinandersetzung mit »Religion« nicht aufgegriffen und weitergeführt werden (vgl. hierzu die einschlägige und detailreiche Studie von Karstein 2013). In vielen Fällen müsste sein Fokus auf das »religiöse Feld« über seinen Fokus auf Institutionen (in seinem Fall die Katholische Kirche) und die Macht ihrer religiösen Experten (Kleriker) hinausgehen. Auch ist es in vielen Fällen schwierig, die Genese eines feld- bzw. positionsspezifischen Habitus zu untersuchen. Ferner ist die Anwendbarkeit von Bourdieus Feldtheorie über verschiedene Kulturen hinweg problematisch. Für eine kritische Diskussion darüber, ob man in Gesellschaften ohne bzw. schwacher institutionalisierter Religion oder gar in säkularen Gesellschaften von einem »religiösen Feld« reden kann, siehe Dianteill 2003. Schließlich gibt es viele Arten von Beziehungen, die man unabhängig von Bourdieus Fokus auf verschiedene Arten von Kapital mit anderen Methoden beobachten kann (für eine Diskussion von »spirituellem« und »sakralem« Kapital vgl. Verter 2003).

37 Bourdieu und Wacquant 1992, S. 232.

zum Thema Sterben und Tod in Deutschland, ergibt sich eine anderes Subfeld mit eigenen Feldeffekten und Beziehungsmustern.

In jedem Fall treten die beiden eingangs erwähnten Herausforderungen zu Tage. Erstens können wissenschaftliche Studien selbst Feldeffekte produzieren, die wiederum beschrieben und analysiert werden können, wie unten noch ausgeführt werden wird. Zweitens muss bei vermeintlich nichtreligiösen Phänomenen sowohl deren Abhängigkeit von einer bestimmten Konzeptualisierung des religiösen Feldes sowie deren inhaltliche Unabhängigkeit untersucht werden. Eine diesbezüglich besonderes umstrittene und folglich relevante Art der Beziehung ist die vermeintliche Transformation eines religiösen Phänomens in ein nichtreligiöses; darstellbar in der Form: B ist säkularisiertes A. Die von Hans Blumenberg und anderen geführte Debatte zur »Legitimität der Neuzeit« bietet hierfür viele Beispiele: das moderne Arbeitsethos sei die verweltlichte mönchische Askese, die Weltrevolution die säkularisierte Endzeiterwartung, das Postulat der politischen Gleichheit aller Bürger soll den vorgängigen Begriff der Gleichheit aller Menschen vor Gott säkularisiert haben, etc. Blumenberg kritisiert an diesen Beispielen eine Identifikation einer »Substanz in ihren Metamorphosen«.[38] Er wendet sich gegen ein Geschichts- und Entwicklungsverständnis, welches von der Kategorie einer feststellbaren Substanz ausgeht, welche immer wieder in verkleideter oder enthüllter Form auftritt. Stattdessen untersucht er exemplarische Rückbindungen nichtreligiöser Phänomene auf einen vermeintlich religiösen Ursprung auf ihre Voraussetzungen und methodischen Erfordernisse und damit auf ihre Zulässigkeit. Eine Prüfung der einzelnen Aussagen muss hier nicht geleistet werden. Wichtig ist für den vorliegenden Zusammenhang lediglich darauf hinzuweisen, dass ein Spannungsverhältnis bestehen kann, wenn nichtreligiöse Phänomene in unterschiedlichen Formen und Graden der Abhängigkeit und Unabhängigkeit von historischen Entwicklungen religiöser Felder untersucht werden.

Ferner können auch Ausdrücke und Konzepte aus gegenwartsbezogenen Untersuchungen zu Religion(en) nicht einfach auf die Forschung zu »Nichtreligion« übertragen werden.[39] Sucht man z. B. bei atheistischen Gruppierungen lediglich nach deren Glaubensvorstellungen, autoritativen Texten, Ritualen oder anderen für Religion(en) als charakteristisch angesehenen Elementen[40], wird man ihrer Eigenständigkeit nicht gerecht, sondern reduziert sie allzu leicht auf »quasi-religiöse« Phänomene, wie dies z. B. der Religionswissenschaftler Hans-Joachim Klimkeit für religionskritische Bewegungen in Indien gemacht hat.[41] In

---

38 Blumenberg 1974, 22.
39 Vgl. Bullivant 2008, S. 364; Knecht, Feuchter 2009, S. 15.
40 Vgl. z. B. die polythetische Religionsdefinition von Saler 2008.
41 Vgl. Klimkeit 1971, S. 32, 149; ausführlicher dazu Quack 2012b, S. 281 – 284.

dieser Hinsicht ist die Unterscheidung Religion/»Nichtreligion« der Unterscheidung Westen/Nicht-Westen ähnlich.[42] In beiden Fällen handelt es sich um eine asymmetrische Beziehung, bei der die eine Seite eine Logik etabliert, nach der die andere Seite oft als defizitär verstanden wird.

Aufgrund der oben dargestellten relationalen Konstitution nichtreligiöser Phänomene produziert die Forschung über »Nichtreligion« auf der anderen Seite jedoch immer auch neue Perspektiven auf das jeweilige religiöse Feld, und zwar sowohl auf der empirischen wie auch der konzeptuellen Ebene. »Critical studies that focus exclusively on the history of ›religion‹ as though the issue of what ›religion is not‹ is *secondary*, miss the importance of the ideological configuration without which we cannot see what ›religion‹ is ›doing‹«.[43] Mit anderen Worten, ein umfangreiches Verständnis der Genealogie von »Religion« und von Religionen in modernen Gesellschaften, muss auch die Vielfalt der Nichtreligiosität in den Blick nehmen.[44]

Diese beiden Herausforderungen können durch einen reflexiv-relationalen Ansatz konstruktiv diskutiert werden, da dieser Abstand nimmt von substantiellen und statischen Entweder-oder Fragen wie: Ist Rationalismus selbst eine Religion – oder auf der Gegenseite – sollen rationalistische Gruppen aus dem Feld der nichtreligiösen Gemeinschaften ausgeschlossen werden? Vielmehr ist zu fragen: In welcher Beziehung steht eine solche Gruppe zu dem religiösen Feld, auf welches sie sich beziehen und welches auf diese reagiert, d. h. welches sich durch solche Bezugnahmen konstituiert? Wie konstituieren sich dabei insbesondere die Grenzen des entsprechenden religiösen Feldes sowie unterschiedliche religionsbezogene Postionen außerhalb dessen?

Relationale Darstellungen betonen nicht nur die Fragen von Grad und Wandel, sondern sie erlauben auch mehrdimensionale Analysen, die Gegensätze ebenso einschließen wie Überschneidungen der jeweiligen Perspektiven.[45] Auf der Grundlage eines relationalen Ansatzes kann theoretisiert und beschrieben werden, wie sich z. B. Arten der Nichtreligiosität in Indien, in England oder auch in Ost- und Westdeutschland aufgrund verschiedener historischer Einflüsse und kultureller Entwicklungen und entsprechend unterschiedlichen Beziehungen unterscheiden. Die Tatsache, dass Manifestationen von »Nichtreligion« kulturell bedingt und durch das jeweilige religiöse Feld geformt sind, wurde beispiels-

---

42 Ich möchte mich bei James Cox bedanken, der meine Aufmerksamkeit auf diese Analogie gelenkt hat.

43 Fitzgerald 2007a, S. 10.

44 Davie argumentiert, dass »Glaube« und »Unglaube« zwei Seiten einer Medaille seien. Diese Metapher wurde auch von Jantzen (1999, S. 8) und Carrette verwendet (vgl. Knott 2005, S. 77, fn 78). Allgemein kann sie aus den Arbeiten von Asad 1993, Knecht und Feuchter 2009 und Fitzgerald 2007b abgeleitet werden.

45 Vgl. Quack 2012b, S. 278 – 284.

weise von Davie unter Berücksichtigung von Entwicklungen in Frankreich, Norwegen und den Vereinigten Staaten[46] und von Pickel in Hinsicht auf West- und Ostdeutschland sowie einige osteuropäische Länder[47] erläutert.

5   Studien der »Nichtreligion« als Teil des religionsbezogenen Feldes

Wie schon mehrfach angeklungen ist, schließt das hier vorgestellte Verständnis von Studien der Nichtreligiosität die Beobachtung mit ein, dass (religions-) wissenschaftliche Positionen immer selbst Teil eines religionsbezogenen Feldes sind. Ganz allgemein formuliert stehen Studien über Religion und »Nichtreligion« mit dem religiösen Feld in mehrfacher Beziehung; u. a. durch ihr implizites oder explizites Selbstverständnis als nicht religiös und dem darauf aufbauenden Anspruch, als »neutraler« Informant in Fragen der »Religion« angesehen zu werden. Eine entsprechende Reflexion über die Rolle der Sozial- und Kulturwissenschaften in der Formierung des gegenwärtigen Religionsdiskurses bzw. als Teil der (europäischen) Religionsgeschichte ist spätestens seit der kulturwissenschaftlichen Wende keine Besonderheit mehr.[48] Der methodologische Relationalismus nach Bourdieu reduziert Reflexivität jedoch nicht auf eine optionale, dem Zeitgeist huldigende Geste, sondern sieht darin ein unumgängliches Analyseprinzip, welches die Grenzen der wissenschaftlichen Objektivierungsmöglichkeiten objektiviert. Religionsbezogene Forschung besteht, nach Bourdieu, immer aus Akteuren, die in dem religionsbezogenen Feld agieren; deren Positionen nicht nur durch die Feldkonstellationen bestimmt werden, sondern die selbst versuchen, die Regeln des Spiels und damit auch die Feldkonstellationen zu beeinflussen. Um Oddbjørn Bukves Interpretation von Bourdieus Arbeit zu zitieren:

> »By participating in the field, the players [...] become captured by the logic and the rules of the game. [...] A part of social games are about the rules themselves, what kind of rules that should be considered as legitimate and binding. A social game is simultaneously a game defined by the rules of the game and a meta game about the framing of the rules«.[49]

Werden verschiedene wissenschaftliche Ansätze mit ihren jeweiligen Zugängen zu »Religion« als aufeinander bezogene Akteure verstanden, die gemeinsam und

---

46 Vgl. Davie 2012, S. 3 – 6.
47 Vgl. Pickel 2003.
48 Vgl. allgemein Gladigow 2005 sowie insbesondere Knott 2005, S. 76, 125.
49 Bukve 2008, S. 3.

gegeneinander auf dem religionsbezogenen Feld in Beziehung stehen, wird deutlich, dass verschiedene Standpunkte in verschiedenen Sichtweisen auf das gleiche Thema resultieren können. Unterschiedliche Positionen setzen sich für die Anerkennung der von ihnen präferierten Grenzen und (Spiel)Regeln ein; die entsprechenden Positionierungskämpfe im Feld basieren primär auf Prozessen der Legitimierung und Delegitimierung. Dabei sind alle Akteure von ihrer jeweiligen Position, ihrem »Spielsinn« sowie den Verschiebungen und Veränderungen im Feld bzw. in den Feldern abhängig.

Darüber hinaus stehen die historischen Begebenheiten, die zur Entwicklung religionsbezogener Fragestellungen und Forschungsansätze beigetragen haben, in engem Zusammenhang mit der Entstehung der entsprechenden religiösen und nichtreligiösen Untersuchungsgegenstände. Disziplingeschichten sind eng verbunden mit der historischen Entwicklung von verschiedenen religiösen Traditionen wie auch von erklärt nichtreligiösen Gruppierungen.[50] Die Genealogie des modernen Religionsbegriffs ist für die interdisziplinäre Religionsforschung und selbsterklärte nichtreligiöse Lebensentwürfe z. B. als atheistisch, skeptisch oder agnostisch gleichermaßen zentral. An anderer Stelle wurde beispielsweise aufgezeigt, wie sich die Position der indischen Rationalisten bezüglich des Verhältnisses von »Ritual« und »Wissenschaft« in beachtlichem Ausmaß mit intellektualistischen Positionen in Ritualtheorien überschneidet, die ihren Ursprung bei James Frazer, Edward B. Tylor und Herbert Spencer haben.[51] Ein weiteres Beispiel ist das gemeinsame Interesse, Religion zu erklären, welches von explizit religionskritischen Versuchen aus dem 19. Jahrhundert hin zu den jüngsten »naturalistischen« Bestrebungen der Kognitionsforschung reicht, deren Position zu »Religion« selbst umstritten ist.[52]

In dieser Hinsicht ist es eine offene Frage, inwiefern das verbreitete (obgleich oft implizite) Selbstverständnis der Kultur- und Sozialwissenschaften als »neutral« gegenüber »Religion« eine tragfähige Ausgangsbasis für die entsprechenden Debatten darstellt. Die Frage, inwiefern eine neutrale Position bezüglich »Religion« überhaupt möglich ist, und wie diese aussehen könnte, wurde im 19. Jhd. von Atheisten und Freidenkern in Großbritannien im selben Rahmen geführt, wie dies heute nicht nur von Befürwortern und Kritikern von Säkularisierungsprozessen in Indien, sondern auch in den Kultur- und Sozialwissenschaften im Allgemeinen getan wird.[53] Gängige Neutralitätsvorstellungen – d. h. methodischer Agnostizismus, Atheismus und Naturalismus[54] – lassen sich in einem relationalen Ansatz nicht einfach als eine von religiösen Feldern und

---

50 Vgl. Quack 2012b, S. 305 – 308.
51 Vgl. Quack 2011b.
52 Vgl. Schlieter 2012.
53 Vgl. Quack 2011a.
54 Vgl. z. B. Berger 1967; Ewing 1994.

deren Feldeffekten unabhängige Größe verstehen. Stattdessen wird hier vorgeschlagen, dichotome Alternativen von Innen und Außen zu überwinden. Ein
methodologischer Relationalismus, der nach Bourdieu die eigenen Beziehungen
zu den Feldern, zu welchen auch die jeweiligen Untersuchungsobjekte zuzurechnen sind, immer mitdenkt, verankert einen Ansatz zur Objektivierung der
Grenzen der eigenen Objektivierungsmöglichkeiten in seinem Selbstverständnis. Dieser Ansatz setzt eine Beschreibung und Analyse aller möglicher Rela-
tionen, aller Formen der Teilnahme, aller objektiven und subjektiven Zugehörigkeit voraus, d. h. einschließlich der kritischen und negativen Form der Zugehörigkeit.[55]

6   Zusammenfassung: Die Erforschung der Vielfalt der
         Nichtreligiosität als Desiderat

Dieser Artikel spricht sich für die Sammelbezeichnung »Nichtreligion« für ein
wachsendes Forschungsfeld aus, welches zu religionsbezogener Forschung im
Allgemeinen und säkularisierungstheoretischen Ansätzen im Besonderen in
einem komplementären Verhältnis steht. Die Sammelbezeichnung »Nichtreligion« ist dabei kein Überbegriff für alle Phänomene, die als nicht religiös bezeichnet werden können. Vielmehr ist offensichtlich, dass der entsprechende
Untersuchungsbereich prinzipiell einzuschränken ist. Hierzu wurde vorgeschlagen, dass Studien zur Vielfalt der »Nichtreligion« die verschiedenen Beziehungen zwischen einem religiösen Feld (bzw. Feldern) und Phänomenen
untersuchen, die der entsprechenden Konstitution des religiösen Felds zufolge
nicht als religiös erachtet werden, jedoch nur mit Bezug auf das entsprechende
religiöse Feld adäquat beschrieben und verstanden werden können. Es geht also
nicht darum, »Religion« und »Nichtreligion« definitorisch und kategorisch
gegenüberzustellen, sondern zu untersuchen, warum und wie sich Menschen als
nichtreligiös verstehen oder von anderen so bezeichnet werden bzw. wie
nichtreligiöse Phänomene anderweitig konstituiert werden. Zentral ist dabei
immer die Frage, welches Verständnis von »Religion« solchen Erklärungen und
Beschreibungen auf der Objekt- wie auch auf der Analyseebene zugrundeliegt.
Auf der Grundlage eines solchen Ansatzes kann konstruktiv mit zwei Herausforderungen umgegangen werden. Zum einen kann die eigene Position als
Subjekt, aber auch als Objekt der Forschung konzeptualisiert werden. Religionsforschung ist i. d. R. selbst ein Beispiel von erklärter und zugeschriebener
Nichtreligiosität, mit spezifischen Verbindungen zu einem entsprechenden re-

---

55 Vgl. Bourdieu 2010, S. 5.

ligiösen Feld. Zweitens sind nichtreligiöse Phänomene in ihrer Konzeptualisierung abhängig von einem religiösen Feld, ohne dass ihre Erforschung auf religionsbezogene Fragestellungen und Forschungsansätze reduziert werden darf. Ein Ziel der Erforschung der Vielfalt der »Nichtreligion« und verschiedener Arten der Nichtreligiosität sollte es vielmehr sein, Beschreibungs- und Analyseansätze zu entwickeln, die quer zu den etablierten Terminologien und Klassifikationsmustern der Religionsforschung liegen.

Literatur

AMARASINGAM, Amarnath (Hg.) (2010): Religion and the New Atheism. A Critical Appraisal. Studies in Critical Social Sciences. Leiden: Brill.

ASAD, Talal (1993): Genealogies of Religion. Discipline and Reasons of Power in Christianity and Islam. Baltimore: John Hopkins University Press.

ASAD, Talal (2003): Formations of the Secular. Christianity, Islam, Modernity. Stanford, CA: Stanford University Press.

BERGER, Peter L. (1967): The Sacred Canopy. Elements of a Sociological Theory of Religion. Garden City: Doubleday.

BERGUNDER, Michael (2012): Was ist Religion? Kulturwissenschaftliche Überlegungen zum Gegenstand der Religionswissenschaft. Zeitschrift für Religionswissenschaft, 19 (1/2), S. 3 – 55.

BERNER, Ulrich (1990): Religion und Atheismus. In: BIANCHI, Ugo (Hg.), The Notion of »Religion« in Comparative Research. Selected Proceedings of the XVI IAHR Congress held in Rome, 3rd -8th September, 1990. Rom: »L'Erma« di Bretschneider. S. 769 – 776.

BERNER, Ulrich (2011): Der Neue Atheismus als Gegenstand der Religionswissenschaft. In: HÖDL, Hans Gerald, FUTTERKNECHT, Veronica (Hg.), Religionen nach der Säkularisierung. Festschrift für Johann Figl zum 65. Geburtstag. Wien: LIT Verlag. S. 378 – 390.

BLUMENBERG, Hans (1974): Säkularisierung und Selbstbehauptung. Erweiterte und überarbeitete Neuausgabe von ›Die Legitimität der Neuzeit‹. Frankfurt am Main: Suhrkamp.

BOCK, Heike, FEUCHTER, Jörg, KNECHT, Michi (Hg.) (2009): Religion and Its Other. Secular and Sacral Concepts and Practices in Interaction. Frankfurt a. M.: Campus Verlag.

BÖHME, Hartmut (2006): Fetischismus und Kultur. Eine andere Theorie der Moderne. Hamburg: Rowohlt.

BOURDIEU, Pierre (1996): The Rules of Art. Genesis and Structure of the Literary Field. Cambridge: Polity Press.

BOURDIEU, Pierre, WACQUANT, Loic J. D. (1992): An invitation to Reflexive Sociology. Chicago: University of Chicago Press.

BOURDIEU, Pierre (2010): Sociology of Belief and Beliefs of Sociologists. Nordic Journal of Religion and Society, 23 (1), S. 1 – 7.

BUDD, Susan (1977): Varieties of Unbelief. Atheists and Agnostics in English Society, 1850 – 1960. London: Heinemann.

BUKVE, Oddbjørn (2008): The Governance Field – A Conceptual Tool for Regional Studies. RSA International Conference. Prague May 27 – 29.

BULLIVANT, Stephen (2008): Research Note. Sociology and the Study of Atheism. Journal of Contemporary Religion, 23 (3), S. 363 – 368.

BULLIVANT, Stephen, LEE, Lois (2012): Interdisciplinary Studies of Non-religion and Secularity. The State of the Union. Journal of Contemporary Religion, 27 (1), S. 19 – 27.

BULLIVANT, Stephen (2012): Not so Indifferent After All? Self-Conscious Atheism and the Secularisation Thesis. Approaching Religion, 2 (1), S. 100 – 106.

CAMPBELL, Colin (1971): Toward a Sociology of Irreligion. London: Macmillan Press.

DAVIE, Grace (2012): Belief and Unbelief. Two Sides of a Coin. Approaching Religion, 2 (1), S. 3 – 7.

DIANTEILL, Erwan (2003): Pierre Bourdieu and the Sociology of Religion. A Central and Peripheral Concern. Theory and Society, 32 (5/6), S. 529 – 549.

ELLER, Jack David (2007): Introducing Anthropology of Religion. Culture to the Ultimate. New York: Routledge.

EWING, Katherine P. (1994): Dreams from a Saint. Anthropological Atheism and the Temptation to Believe. American Anthropologist, 96 (3), S. 571 – 583.

FABER, Richar, LANWERD, Susanne (Hg.) (2006): Atheismus. Ideologie, Philosophie oder Mentalität? Würzburg: Königshausen & Neumann.

FEBVRE, Lucien (1947): Le problème de l'incroyance au XVIe siècle. La religion de Rabelais. Paris: Michel.

FITZGERALD, Timothy (2007a): Introduction. In: FITZGERALD, Timothy (Hg.), Religion and the Secular. Historical and Colonial Formations. London: Equinox, S. 1 – 24.

FITZGERALD, Timothy (Hg.) (2007b): Religion and the Secular. Historical and Colonial Formations. London u. a.: Equinox.

FRANZMANN, Manuel, GÄRTNER, Christel, KÖCK, Nicole (2006): Religiosität in der säkularisierten Welt. Theoretische und empirische Beiträge zur säkularisierungsdebatte in der Religionssoziologie. Wiesbaden: VS Verlag für Sozialwissenschaften.

FREIE UNIVERSITÄT BERLIN (2012): Forschung am Institut für Religionswissenschaft. Zuletzt aktualisiert 14. 12. 2012. URL: www.geschkult.fu-berlin.de/e/relwiss/forschung, [28. 02. 2013].

GÄRTNER, Christel, POLLACK Detlef, WOHLRAB-SAHR, Monika (Hg.) (2003): Atheismus und religiöse Indifferenz. Opladen: Leske und Budrich.

GLADIGOW, Burkhard (2005): Religionswissenschaft als Kulturwissenschaft. Stuttgart: Kohlhammer.

GRAF, Friedrich Wilhelm (2004): Die Wiederkehr der Götter. Religion in der modernen Kultur. München: C. H. Beck.

HABERMAS, Jürgen (2003): Glauben und Wissen. Friedenspreisrede 2001. In: HABERMAS, Jürgen (Hg.), Zeitdiagnosen. Zwölf Essays 1980 – 2001. Frankfurt a. M.: Suhrkamp. S. 249 – 262.

HUNSBERGER, Bruce, ALTEMEYER, Bob (2006): Atheists. A Groundbreaking Study of America's Nonbelievers. Amherst: Prometheus Books.

INSTITUTE FOR THE STUDY OF SECULARISM IN SOCIETY & CULTURE (2011): Understanding Secularism. URL: http://understandingsecularism.wp.trincoll.edu/, [28. 02. 2013].

JANTZEN, Grace M. (1999): Becoming Divine. Towards a Feminist Philosophy of Religion. Bloomington, Ind.: Indiana University Press.

KARSTEIN, Uta (2013, im Druck): Konflikt um die symbolische Ordnung. Genese, Struktur und Eigensinn des religiös-weltanschaulichen Feldes in der DDR. Würzburg: Ergon.

KLIMKEIT, Hans-Joachim (1971): Anti-religiöse Bewegungen im modernen Südindien. Bonn: Ludwig Röhrscheid Verlag.

KNECHT, Michi, FEUCHTER, Jörg. (2009): Introduction. Reconfiguring Religion and Its Other. In: BOCK, Heike, FEUCHTER, Jörg, KNECHT, Michi (Hg.), Religion and Its Other. Secular and Sacral Concepts and Practices in Interaction. Frankfurt a. M.: Campus Verlag. S. 9 – 20.

KNOTT, Kim (2005): The Location of Religion. A Spatial Analysis. London: Equinox.

KOENIG, Matthias (2011): Jenseits des Säkularisierungsparadigmas? Eine Auseinandersetzung mit Charles Taylor. Kölner Zeitschrift für Soziologie und Sozialpsychologie 63 (4), S. 649 – 673.

LEE, Lois (2009): About Us. Nonreligion and Secularity Research Network Online. URL: http://nsrn.net/about, [16. 08. 2012].

LEE, Lois (2011): Glossary. Virtual Conference. Non-Religion and Secularity Research Network (May 27), S. 1 – 4.

LEE, Lois (2012): Research Note. Talking about a Revolution. Terminology for the New Field of Non-Religion Studies. Journal of Contemporary Religion, 27 (1), S. 129 – 139.

LOSONCZI, Péter, SINGH, Aakash (Hg.) (2010): Discoursing the Post-Secular. Essays on the Habermasian Post-Secular Turn. Intersections. Münster: LIT.

LSE (2012): Programme for the Study of Religion and Non-Religion. Zuletzt aktualisiert 13. 11. 2012. URL: www2.lse.ac.uk/anthropology/research/PRNR/Home.aspx, [28. 02. 2013].

LUEHRMANN, Sonja (2011): Secularism Soviet Style. Teaching Atheism and Religion in a Volga Republic. Bloomington: Indiana University Press.

MAHMOOD, Saba (2005): Politics of Piety. The Islamic Revival and the Feminist Subject. Princeton: Princeton University Press.

MARTIN, John Levi (2003): What is Field Theory? American Journal of Sociology, 109, S. 1 – 49.

MARTIN, Martin (Hg.) (2007): The Cambridge Companion to Atheism. Cambridge: Cambridge University Press.

MCTAGGART, John Mitchell (1994): Comparison of Humanist Organizations in Canada and Netherlands. Dissertation an der McMaster University, Hamilton, Ontario.

MURKEN, Sebastian (Hg.) (2008): Ohne Gott leben. Religionspsychologische Aspekte des »Unglaubens«. Marburg: Diagonal.

NANDY, Ashis (Hg.) (1988): Science, Hegemony and Violence. A Requiem for Modernity. Tokyo; Delhi: United Nations University; Oxford University Press.

NANDY, Ashis (2004): The Politics of Secularism and the Recovery of Religious Tolerance. In: BHARGAVA, Rajeev (Hg.), Secularism and Its Critics. New Delhi: Oxford University Press, S. 321 – 344.

NSRN ONLINE (2013): Offizielle Website. URL: http://nsrn.net/, [28. 02. 2013].

OEVERMANN, Ulrich (1995): Ein Modell der Struktur von Religiosität. Zugleich ein Strukturmodell von Lebenspraxis und von sozialer Zeit. In: WOHLRAB-SAHR, Monika

(Hg.), Biographie und Religion. Zwischen Ritual und Selbstsuche. Frankfurt a. M.: Campus. S. 27 – 102.

OEVERMANN, Ulrich, FRANZMANN, Manuel (2006): Strukturelle Religiosität auf dem Wege zur religiösen Indifferenz. In: FRANZMANN, Manuel, GÄRTNER, Christel, KÖCK, Nicole (Hg.), Religiosität in der säkularisierten Welt. Theoretische und empirische Beiträge zur Säkularisierungsdebatte in der Religionssoziologie. Wiesbaden: VS Verlag für Sozialwissenschaften. S. 49 – 82.

PICKEL, Gert (2003): Areligiosität, Antireligiosität, Religiosität: Ostdeutschland als Sonderfall niedriger Religiosität im osteuropäischem Rahmen? In: WOHLRAB-SAHR, Monika, POLLACK, Detlef (Hg.), Atheismus und religiöse Differenz. Opladen: Leske und Budrich. S. 247 – 270.

PITZER COLLEGE (2013): Secular Studies. URL: www.pitzer.edu/academics/field_groups/ secular_studies/index.asp, [28. 02. 2013].

POLLACK, Detlef (2003). Säkularisierung: Ein moderner Mythos? Tübingen: Mohr Siebeck.

QUACK, Johannes (2011a): Is to ignore to deny? Säkularisierung, Säkularität und Säkularismus in Indien. In: BAUMAN, Martin, NEUBERT, Frank (Hg.), Religionspolitik – Öffentlichkeit – Wisenschaft. Studien zur Neuformierung von Religion in der Gegenwart.. Zürich: Pano-Verlag. S. 291 – 317.

QUACK, Johannes (2011b): Reflexive Remarks on Science, Ritual, and Neutrality in the Social Sciences. In: SIMON, Udo (Hg.), Reflexivity, Media and Visuality. Wiesbaden: Harrassowitz. IV. S. 201 – 218.

QUACK, Johannes (2012a): Arten des Unglaubens als »Mentalität«. Religionskritische Traditionen in Indien. In: BERNER, Ulrich, QUACK, Johannes (Hg.), Religion und Kritik in der Moderne. Berlin: LIT-Verlag. S. 113 – 138.

QUACK, Johannes (2012b): Disenchanting India. Organized Rationalism and Criticism of Religion in India. New York: Oxford University Press.

QUACK, Johannes (2013): Aufgabe und Gegenstand der Religionswissenschaft. Von Religion zum religiösen Feld und Arten der Religiositäten. In: FREIBERGER, Oliver, ECHTLER, Magnus, ADOGAME, Afe (Hg.), Alternative Voices. A Plurality Approach for Religious Studies. Essays in Honor of Ulrich Berner. Göttingen: Vandenhoeck & Ruprecht. Im Druck.

RADICAL HUMANISTS (1946): Purpose & Programme. Indian Renaissance Institute. URL: http://theradicalhumanist.com/index.php?option=com_content&view=article&id=47&Itemid=62, [16. 08. 2012].

RIESEBRODT, Martin (2000): Die Rückkehr der Religionen. Fundamentalismus und der »Kampf der Kulturen«. München: C. H. Beck.

ROYLE, Edward (1980): Radicals, Secularists and Republicans. Popular Freethought in Britain, 1866 – 1915. Manchester: Rowman and Littlefield.

SALER, Benson (2008): Conceptualizing Religion. Some Recent Reflections. Religion, 38 (3), 2008, S. 219 – 225.

SCHLIETER, Jens (2012): Der Rationalitätsbegriff der naturalistischen Religionskritik. In: BERNER, Ulrich, QUACK, Johannes (Hg.), Religion und Kritik in der Moderne. Berlin: LIT-Verlag. S. 195 – 218.

STARRETT, Gregory (2010): The Varieties of Secular Experience. Comparative Studies in Society and History, 52 (3), S. 626 – 651.

STEIN, Gordon (Hg.) (1980): An Anthology of Atheism and Rationalism. The Meaning of Atheism and Agnosticism; The Existence of God; Revealed Religion; The Problem of the Historical Jesus; The Devil, Evil, and Morality; The History of Freethought. The Skeptic's Bookshelf. Buffalo, NY: Prometheus Books.

STEIN, Gordon (Hg.) (1987): A Second Anthology of Atheism and Rationalism. The Skeptic's bookshelf. Buffalo, NY: Prometheus Books.

TAYLOR, Charles (2007): A Secular Age. Cambridge, MA: The Belknap Press of Harvard University Press.

UNIVERSITÄT LEIPZIG (2013): Multiple Secularities. URL: http://www.multiple-secularities.de/index.html, [28. 02. 2013].

VANDENBERGHE, Frédéric. (1999): »The Real is Relational«. An Epistemological Analysis of Pierre Bourdieu's Generative Structuralism. Sociological Theory, 17(1), S. 32 – 67.

VERTER, Bradford (2003): Spiritual Capital. Theorizing Religion with Bourdieu against Bourdieu. Sociological Theory, 21 (2), S. 150 – 174.

WELTECKE, Dorothea (2010): »Der Narr spricht: Es ist kein Gott«. Atheismus, Unglauben und Glaubenszweifel vom 12. Jahrhundert bis zur Neuzeit. Frankfurt a. M.: Campus-Verlag.

WOHLRAB-SAHR, Monika (2003): Religiöse Indifferenz und die Entmythologisierung des Lebens. Eine Auseinandersetzung mit Ulrich Oevermanns »Strukturmodell von Religiosität«. In: GÄRTNER, Christel, POLLACK, Detlef, WOHLRAB-SAHR, Monika (Hg.), Atheismus und religiöse Indifferenz. Opladen: Leske und Budrich. S. 389 – 399.

WOHLRAB-SAHR, Monika (2009): Das stabile Drittel. Religionslosigkeit in Deutschland. In: BERTELSMANN STIFTUNG. (Hg.), Woran glaubt die Welt? Analysen und Kommentare zum Religionsmonitor 2008. Gütersloh: Verlag Bertelsmann-Stiftung. S. 151 – 168.

WOHLRAB-SAHR, Monika, BURCHARDT, Marian (2011): Vielfältige Säkularitäten. Vorschlag zu einer vergleichenden Analyse religiös-säkularer Grenzziehungen. Denkströme, 7, S. 9 – 27.

ZUCKERMAN, Phil (2009): Atheism and Secularity. Volume 1 & 2. Santa Barbara, CA: Praeger.

Christoph Kleine

Säkulare Identitäten im »Zaubergarten« des vormodernen Japan? Theoretische Überlegungen auf historischer Basis

1   Vorrede

Mein Beitrag fällt in zweierlei Hinsicht aus dem Rahmen dieses Bandes, nämlich in räumlicher wie in zeitlicher. Mein Forschungsgebiet in der speziellen Religionswissenschaft ist die Religionsgeschichte des vormodernen Japan. Dass die Herausgeber mich trotzdem gebeten haben, einen Beitrag zu ihrem Band zu liefern, verdankt sich wohl der Erwartung an mich, gleichsam von einer anderen Perspektive her einen Blick auf das Thema »religiöse und säkulare Identität« zu werfen und damit die theoretische Diskussion um diesen Themenkomplex zu bereichern. Ich hoffe, diese Erwartung nicht zu enttäuschen.

Was habe ich als »Experte für das vormoderne Ostasien« zum Thema beizutragen?[1] Zunächst einmal verstehe ich meine Aufgabe als die eines Korrektivs zur Vermeidung eurozentrischer Fehlschlüsse. Zu welch weitreichenden Fehleinschätzungen man kommen kann, wenn man aus einer zu engen, eurozentrischen Perspektive Religionsforschung betreibt, zeigt in dramatischer Weise die inzwischen weithin als widerlegt oder zumindest modifizierungsbedürftig geltende »Säkularisierungsthese«, die sich aus einer Mischung von Beschreibungen moderner westeuropäischer Entwicklungen und normativen Erwartungen an Modernisierungsprozesse gespeist hat. Vieles, was als charakteristisch für das moderne Europa betrachtet wird, findet sich jedoch - teilweise sogar früher - auch außerhalb Europas. Selbst dort wo europäischer Einfluss deutlich sichtbar ist, laufen gesellschaftliche Entwicklungen in anderen Regionen doch nicht einfach mit Verspätung nach »westlichem« Muster ab. Vielmehr sind überall historisch bedingte Pfadabhängigkeiten zu konstatieren, die zumindest die spezifische Form der Aneignung »westlicher« Modelle von Staat-

---

1 Das ursprüngliche Thema lautete »Religiöse und säkulare Identität in der europäischen Gesellschaft im 21. Jahrhundert«. Erst später, als ich die Vorarbeiten zu meinem Beitrag bereits abgeschlossen hatte, wurde es allgemeiner gefasst zu »Säkularität in religionswissenschaftlicher Perspektive«. Dementsprechend fokussiert mein Beitrag auf säkulare Identitäten.

lichkeit, Nation, ökonomischer, kultureller, rechtlicher, wissenschaftlicher, allgemein gesellschaftlicher Entwicklung oder eben »Säkularisierung« bestimmen. Das gilt ohne Frage auch für den Bereich von Religion und Säkularisierung. So wie S. Eisenstadt zu Recht von »multiple modernities« ausgeht, gehe ich von »multiple secularities« (Wohlrab-Sahr) aus. Japan bildet hier ein besonders interessantes Beispiel, da sich hier – so meine These – bestimmte Formen von »Säkularität« viel früher ausgebildet haben als in Europa. Wenn wir also als Religionswissenschaftler über das Thema religiöse und säkulare Identität sprechen, kann es nicht schaden, einen Blick auf frühere Zeiten und andere Regionen zu wagen. Schließlich, so meine ich, war es von Anfang an eine der Aufgaben der Religionswissenschaft, nicht nur »fremde Kulturen«, sondern ebenso, durch den Vergleich mit diesen Kulturen, die »eigene Kultur« besser zu verstehen. Insbesondere bewahrt uns ein Zeiten und Regionen überschreitender Blick vor Kurzschlüssen bei der Formulierung weitreichender Theorien über vermeintliche Besonderheiten europäischer Entwicklungen.

2   Begriffsklärung: »Entzauberung« und »Säkularität« – was ist damit gemeint?

Wenn von »Säkularität« oder »säkularen« Identitäten in Abgrenzung gegen »Religiosität« oder »religiösen« Identitäten gesprochen wird, geschieht dies gewöhnlich mit Blick auf moderne »westliche« oder »westlich beeinflusste« moderne Gesellschaften. Säkulare Identität von Individuen und die Säkularität von Gesellschaften werden als ein typisches Signum der Moderne bzw. als ein Ergebnis eines mit der Moderne einhergehenden Prozesses der Säkularisierung gedeutet. Gegenüber der »entzauberten« Moderne erscheint das vormoderne Ostasien – mit Max Weber gesprochen – als ein »ungeheurer Zaubergarten«, dem eine Unterscheidung von »Religiösem« und »Säkularem« völlig fremd gewesen sei.[2] Diese Einschätzung sagt viel über das Selbstverständnis »moderner« Wissenschaftler, zeugt aber nicht eben von einer reflektierten Sicht auf die Religionsgeschichte. Und sie basiert auf terminologischen Unschärfen, indem »Entzauberung« und »Säkularisierung« weitgehend gleichgesetzt werden. Folgen wir jedoch dem Sprachgebrauch Webers, dann bedeutet »Entzauberung« schlicht »die Ausschaltung der *Magie* als Heilsmittel«.[3] In diesem Sinne kann das vormoderne Asien wohl in der Tat kaum als »entzaubert« gelten. Andererseits bedeutet »[d]ie gänzliche Entzauberung der Welt [...] nicht etwa die Freiheit von

---

2 Vgl. Fitzgerald 2003.
3 Weber [9]1988, S. 114.

dem, was wir heute als ›Aberglauben‹ zu werten pflegen«.[4] Umso weniger bedeutet »Entzauberung« einen Rückgang religiöser Überzeugungen und Praktiken oder die Verdrängung von Religion in die Privatsphäre.[5] Daraus folgt, dass
Entzauberung und Säkularisierung nicht zwingend Hand in Hand gehen, auch
wenn Max Weber die Tendenz zur radikalen Entzauberung im asketischen
Protestantismus als einen wesentlichen Faktor im Prozess der »westlichen«
Modernisierung betrachtet hat. Es gilt also zunächst einmal die Begriffe fein
säuberlich auseinanderzuhalten und die Möglichkeit in Betracht zu ziehen, dass
»Säkularität« auch im »Zaubergarten« vormoderner und außereuropäischer
Kulturen möglich ist. Um diese These zu verstehen und gegebenenfalls zu akzeptieren, muss man allerdings eine weitere begriffliche Unterscheidung vornehmen, nämlich die zwischen »Säkularisierung« und »Säkularität«. Dabei geht
es nicht nur um die Differenz zwischen Prozess und Zustand. Wie ich im Folgenden deutlich zu machen versuche, impliziert »Säkularität« nur einen Aspekt
dessen, was üblicherweise als »Säkularisierung« beschrieben wird: gesellschaftliche Differenzierung.

Meine These lautet, dass auch z. B. im mittelalterlichen Japan durchaus
zwischen religiösen und säkularen Kommunikationen bzw. Handlungen unterschieden wurde. Darin stimme ich mit Niklas Luhmann überein, der nach-
drücklich betont, dass es nie »einen gesellschaftlichen Zustand gegeben haben«
könne, »in dem jede Kommunikation religiöse Kommunikation gewesen ist«.[6]
Wenn aber nicht alle Kommunikation religiös gewesen ist, muss es auch »säkulare« Kommunikation gegeben haben. Wir müssen also vom Vorhandensein
säkularer Subsysteme (Luhmann), Wertsphären oder »Lebensordnungen«
(Weber) und Handlungsräumen (Münch), [Praxis]feldern (Bourdieu) oder
Sinnprovinzen (Schütz) auch in *vormodernen* Gesellschaften ausgehen. Ehe ich
diese These am historischen Material begründe, möchte ich einige zentrale
Begriffe klären.

Was heißt »säkular«? Unter »säkular« – ein »christlicher Ausdruck«, wie

---

4 Weber 1988, S. 513.
5 Casanova unterscheidet bekanntermaßen drei gängige Annahmen bezüglich dessen, was
   »Säkularisierung« bedeutet: »secularization as differentiation of the secular spheres from
   religious institutions and norms, secularization as decline of religious beliefs and practices,
   and secularization as marginalization of religion to a privatized sphere« (Casanova 1994,
   S. 211).
6 Luhmann und Kieserling 2000, S. 187. B. Gladigow hält dem entgegen, »dass es erst von einer
   gewissen Komplexität der Kultur an möglich ist, von ›Religion‹ und schließlich gar von
   Religion ›in‹ der Kultur zu reden. Unterhalb einer hinreichenden Komplexität gehen kulturelle
   Kommunikationsformen, Organisationsmuster und mitlaufende Normativitäten ununterscheidbar ineinander über, so dass ›Kultur‹ und ›Religion‹ nicht wie distinkte Größen angesprochen werden können« (Gladigow 2011, S. 21). Gladigow versäumt es allerdings, eine
   empirisch vorfindliche Gesellschaft zu nennen, in der religiöse Kommunikation von anderen
   Formen der Kommunikation ununterscheidbar gewesen wäre.

immer wieder betont wird[7] – versteht man gemeinhin das Antonym zu »religiös«. Das Adjektiv »säkular« leitet sich vom lateinischen Nomen *saeculum* ab, was so viel bedeutet wie »Zeitalter« oder »Jahrhundert«, im christlichen Verständnis aber speziell die »profane, weltliche Zeit« meinte, also »die historische Zeit, in der das Menschengeschlecht zwischen dem Sündenfall und der Wiederkunft Christi lebt«.[8] Das *saeculum* denotiert damit »eine Kategorie weltlicher Zeit, die ihren Sinn aus der Kontrastierung mit der sakralen Zeitdimension der Heilsgeschichte gewinnt«.[9] Entkleidet man den Begriff seiner spezifischen Bezüge zur christlichen Zeit- und Heilsauffassung, bedeutet »säkular« im allgemeinsten Sinne schlicht »weltlich« und steht damit im Gegensatz zu etwas »Nicht-Weltlichem«. Dieses Nicht-Weltliche kann unterschiedlich bestimmt werden als »religiös«, »außerweltlich«, »transzendent«, »geistlich«, »spirituell« usw. Wir wollen hier zunächst beim Dual *religiös : säkular* bleiben, wie es auch von den Herausgebern dieses Bandes ursprünglich vorgegeben wurde.

Der Begriff »säkular« ist nur sinnvoll in Relation zur anderen Seite des Duals zu gebrauchen. Mehr noch: man kann das Adjektiv nicht ohne sein Antonym »religiös« denken. Historisch und Konzeptuell kommt – so behaupte ich – zuerst die Religion, dann das Säkulare. Was ist damit gemeint? Mit Luhmann gehe ich davon aus, dass religiöse Kommunikation menschheitsgeschichtlich sehr früh durch Themen-, Orts- und Rollendifferenzierung eine Sonderstellung in der sozialen Praxis einnimmt – für religiöse Kommunikation ist daher eine gewisse »Außeralltäglichkeit« kennzeichnend. Systemtheoretisch gesehen ist Religion das erste soziale System, das sich aus der Gesellschaft ausdifferenziert. Sobald sich das Religionssystem ausdifferenziert hat, sieht es seine Systemumwelt als »säkular« an. Die Ausdifferenzierung des Religionssystems ist also die Voraussetzung für die Charakterisierung anderer sozialer Kommunikationssysteme, Handlungsräume, Wertsphären usw. als »säkular«. Wenn dem aber so ist, können wir nicht weiter behaupten, dass eine Unterscheidung von »religiös« und »säkular« in vormodernen außereuropäischen Kulturen nicht vorgenommen worden sei und diese Dichotomie für die betreffenden Kulturen gar keinen Sinn ergeben habe. Das von mir gewählte und unten erörterte Beispiel macht besonders augenfällig, dass nicht nur von einer etischen Perspektive aus betrachtet die Systembildung der Religion als eine Abgrenzung gegen eine säkulare Systemumwelt beschrieben werden kann, sondern dass die Säkularität der Systemumwelt vielmehr sogar in emischen buddhistischen Diskursen explizit behauptet wird.[10] Wir haben es hier also mit einer weitreichenden Kongruenz der

---

7 Taylor 1996, S. 218.
8 Taylor 1996, S. 218.
9 Joas 2007, S. 19.
10 Vgl. Kleine 2012. Damit ist nicht gesagt, dass eine etische Unterscheidung illegitim wäre, nur
    weil sie in emischen Diskursen nicht repräsentiert ist.

emischen (buddhistischen) und der etischen (religionswissenschaftlichen) Konzeptualisierung zu tun, auch wenn die Grenzverläufe zwischen religiösen und säkularen Handlungsräumen bzw. Kommunikationssystemen jeweils leicht unterschiedlich bestimmt werden mögen.

Ein zentrales Argument für die Behauptung, die Anwendung des begrifflichen Duals stelle eine unzulässige Projektion moderner westlicher Ordnungsprinzipien auf ganz anders geartete kulturelle Kontexte dar, liegt im vermeintlichen oder tatsächlichen Fehlen exakter semantischer Äquivalente zu »religiös« und »säkular« in den jeweiligen Objektsprachen – hier im vormodernen Japanisch. Dagegen ist einzuwenden, dass es nach der gleichen Logik etwa im vormodernen Japan auch keine Wirtschaft, keine Politik und kein Recht gegeben habe. Wie »Religion« sind aus systemtheoretischer Sicht »Wirtschaft«, »Politik« und »Recht« autopoietische, operativ geschlossene, aber strukturell aneinander gekoppelte, kognitiv offene soziale Systeme mit ihren jeweils spezifischen Bezugsproblemen und Leitunterscheidungen, ihren spezifischen Semantiken, Rationalitäten und Handlungslogiken, egal ob es in einer gegebenen Kultur Begriffe zu deren Bezeichnung gab, die in Inhalt und Umfang ihrer Bedeutung unseren Begriffen genau entsprechen. Natürlich haben mittelalterliche Japaner anhand der Leitunterscheidungen *haben : nicht haben, Macht haben : keine Macht haben, Recht : Unrecht* usw. kommuniziert, auch wenn die Begriffe »*keizai* 経済« (Wirtschaft), »*seiji* 政治« (Politik) und »*kenri* 権利« (Recht) in ihrer heutigen Gebrauchsweise – genau wie »*shūkyō* 宗教« (Religion) – Allgemeinbegriffe sind, die erst im 19. Jahrhundert zur Übersetzung der entsprechenden europäischen Termini eingeführt wurden. Was für das Begriffspaar »religiös« und »säkular« gilt, gilt also für nahezu alle metasprachlichen Begriffe.[11]

3 Was ist Säkularität?

Zur gängigen Selbstwahrnehmung der meisten europäischen Gesellschaften des 21. Jahrhunderts gehört es, sich die Eigenschaft der »Säkularität« zuzuschreiben. Im außerwissenschaftlichen Sprachgebrauch versteht man unter »Säkularität« vornehmlich die Eigenschaft, nicht religiös zu sein. Das Merkmal der »Säkularität« wird demnach etwa solchen Staaten zugeschrieben, die sich mit keiner bestimmten Religion unmittelbar identifizieren und ihre Legitimation nicht unmittelbar aus religiösen Quellen ableiten. Staatliche »Säkularität« wird gewöhnlich im Anschluss an modernisierungstheoretische Säkularisierungsdiskurse als Folge eines weitreichenden Säkularisierungs*prozesses* beschrieben, wie er sich zuerst in Europa und Nordamerika entwickelt und von dort ausge-

---

11 Fukuzawa 1988.

hend auch andere Weltregionen erfasst habe. Dabei wird bereits unter »Säkularisierung« recht Unterschiedliches verstanden.

Nach Casanova verweist der Begriff in der Regel auf drei Sachverhalte: (1) Differenzierung der säkularen Sphären von religiösen Institutionen und Normen; (2) Rückgang religiöser Überzeugungen und Praktiken; (3) Zurückdrängen von Religion in die Privatsphäre.[12] Genau genommen ist keinem dieser drei Aspekte von Säkularisierung zwingend das Merkmal »Modernität« als Bedingung inhärent – genauso wenig wie sie notwendigerweise in »modernen« Gesellschaften anzutreffen sein müssen. Es scheint mir daher geboten, die Begriffe »Säkularität« und »Modernität« zu entkoppeln. »Säkularität« kann und muss außerhalb modernisierungstheoretischer Säkularisierungsdiskurse verhandelt werden!

Mein Verständnis des bislang noch weithin unbestimmten Nomens »Säkularität« schließt unmittelbar an meine oben dargelegten Überlegungen zur Unterscheidung von »säkular« und »religiös« an. Nach meinem Dafürhalten kann man zwei Ebenen des Begriffs »Säkularität« differenzieren. Auf der ersten, weniger komplexen Ebene kann man »Säkularität« als eine Eigenschaft definieren, die dadurch charakterisiert ist, nicht »religiös« zu sein. »Säkularität« wäre dann lediglich die Nominalisierung des Attributs »säkular«. Um den Begriff auf größere soziale und staatliche Zusammenhänge anzuwenden, kommt man um eine komplexere Bestimmung jedoch nicht herum, denn sonst müsste man etwa behaupten, dass eine Gesellschaft völlig frei von »Religiösem« sein müsste, um »säkular« genannt zu werden.

Bezogen auf soziale und kulturelle Konfigurationen ist »Säkularität« jedenfalls nicht einfach eine Seite eines Duals, dessen andere »Religion« wäre. Vielmehr konstituiert sich »Säkularität« erst auf der Basis einer konzeptuell und lebenspraktisch relevanten Differenzierung zwischen religiösen und säkularen Handlungsräumen bzw. Wertsphären. Monika Wohlrab-Sahr und Marian Burchardt[13] definieren »Säkularität« in diesem Zusammenhang als die »institutionell und kulturell-symbolisch verankerten Formen und Arrangements der Unterscheidung zwischen Religion und anderen gesellschaftlichen Bereichen«. An diese Definition anschließend, weist eine Gesellschaft nach meinem Verständnis das Merkmal der »Säkularität« dann auf, wenn sie eine bewusste Unterscheidung religiöser und nicht-religiöser Sphären sozialer Handlungen und Kommunikationen vornimmt und diese Unterscheidung in irgendeiner Weise kulturell-symbolisch sowie institutionell verankert. Entscheidend ist dabei, dass das entsprechende Arrangement der Unterscheidung Handlungs- und Kommunikationsräume anerkennt, die außerhalb unmittelbarer Geltungsansprüche und

---

12 Vgl. Casanova 1994, S. 211.
13 Vgl. Wohlrab-Sahr, Burchardt 2011.

Zugriffsmöglichkeiten der Religion stehen. Das schließt nicht aus, dass die Handlungen und Kommunikationen auch auf religiöse Symbole, Rituale und Legitimationen zurückgreifen und religiöse Virtuosen an ihnen beteiligt sein können. Ansonsten dürfte man mit der Existenz säkularer Kulturbereiche in vormodernen Gesellschaften wohl in der Tat kaum rechnen. Man müsste dann allerdings auch fragen, ob etwa das soziale System Politik in modernen westlichen Staaten säkular ist, wenn der Amtseid einer Kanzlerin mit den Worten »So wahr mir Gott helfe« endet oder amerikanische Präsidenten ihre Reden mit »God bless America« abschließen. Spekulationen an der Börse sind wohl kaum nicht-säkulare Unterfangen, nur weil der eine oder andere Börsenmakler angesichts abstürzender Indizes ein Stoßgebet gen Himmel richtet. Und ein Fußballspiel werden die meisten von uns wohl nicht als eine religiöse Angelegenheit betrachten, nur weil der Torschütze sich bekreuzigt.

Ich behaupte also, dass es (soweit erkennbar) in allen vormodernen Kulturen Handlungsräume und Wertsphären gegeben hat, in denen sich die Menschen primär innerweltlicher Mittel zur Erlangung innerweltlicher Ziele bedient haben – unbeschadet der Tatsache, dass man stets mit der Intervention transzendenter oder überempirischer Mächte zu rechnen hatte und zusätzlich oft auf religiöse Dienstleistungen bzw. außerweltliche Mittel und Legitimationsmuster zurückgriff, um sich gegen unbestimmbare Kontingenzen abzusichern. Der Bau eines Hauses, das Führen eines Krieges oder das Ausheben eines Kanals wurden dessen ungeachtet als »säkulare« Tätigkeiten unzweifelhaft von »religiösen« Aktivitäten wie der Durchführung von Ritualen, der Rezitation heiliger Texte, der Verehrung von Gottheiten usw. unterschieden. Ein Beispiel: Erst als die Japaner im 13. Jahrhundert einsehen mussten, dass sie einen militärischen Angriff der Mongolen mit militärischen Mitteln nicht würden abwehren können, wurden auf der Basis der Shinkoku-Ideologie (s. u.) »transzendente Wirkmächte« beschworen.[14]

4   Die zwei Ebenen von Identität – personale und kollektive Identität

Ebenso wie der Begriff »Säkularität« ist der Begriff »Identität« erklärungsbedürftig. Lutz Niethammer beklagt in diesem Zusammenhang zu Recht die »glitschige Semantik« dieses »Plastikwortes, in der sich unterschiedliche, aber wortidentische akademische Metaphern überlagern und durch Veralltäglichung und Medialisierung austauschbar geworden sind«.[15] Auch ich werde das Pro-

---

14 Vgl. Rambelli 1996, S. 407.
15 Niethammer 1994, S. 396

blem der »glitschigen Semantik«[16] dieses »konnotativen Stereotyps« hier nicht lösen können, möchte aber doch wenigstens andeuten, was ich meine, wenn ich von »Identität« spreche.

Man muss zunächst grob zwei Ebenen unterscheiden, auf denen Identitätsbildung stattfinden kann: (1) die Ebene der personalen Identität und (2) die Ebene der kollektiven Identität. Zwischen beiden Formen von Identität kann ein hohes Maß an Kongruenz bestehen, das muss aber nicht der Fall sein. Ich werde darauf später zurückkommen. Aufgrund der Quellenlage und meiner eigenen Forschungsinteressen werde ich mich im Folgenden ganz auf kollektive Identitäten konzentrieren.

Ich verstehe unter Identität hier einen konstruktiven und reflexiven Prozess von Zuschreibung und Aneignung diskursiv erzeugter distinguierender »Merkmals-Cluster«, die unter einem bestimmten Label als etwas gleichsam natürlich Gegebenes reifiziert und zu einem durchaus handlungsrelevanten Element der Selbstwahrnehmung und -beschreibung sowie der Abgrenzung von Individuen und Kollektiven werden. Dabei gilt: je abstrakter die Identität, desto variabler die Zusammenstellung der Merkmals-Cluster. Gerade religiöse, ethnische oder nationale Identitäten, die zu »imagined communities«[17] naturalisiert werden, gleichen mitunter einer Art »Black Box«, in die situativ und pragmatisch alles Mögliche hineingelesen werden kann, was kognitive Dissonanzen und Konflikte zwischen verschiedenen Identitäten (z. B. Buddhist und Japaner) vermeiden hilft. Je eindeutiger und expliziter Identitäten inhaltlich bestimmt und normativ verabsolutiert werden, desto größer ist die Neigung zum »Fundamentalismus«.

Auf der kollektiven Ebene wird sowohl von dominierenden als auch von dominierten Gruppen häufig »Identitätspolitik« betrieben,[18] die dem Einzelnen vorgibt, wie er / sie zu sein, zu denken und zu handeln hat, um als vollwertiges Mitglied des Kollektivs zu gelten. Durch diskursive Formationen, kulturelle Symbole und rituelle Handlungen wird Identität auf der kognitiven, emotionalen und performativen Ebene »instituiert und reproduziert«[19] und nicht selten auch »sakralisiert«.[20] Zugehörigkeit zu bzw. Identifikation mit einer »imaginierten Gemeinschaft« (Deutsch-Sein, Christ-Sein ...) kann ihrerseits zentrales Element der Ich-Identität eines Individuums sein. Zur Identität von Kollektiven

---

16 Niethammer 2000, S. 33
17 Vgl. Anderson 1983.
18 Vgl. Niethammer 2000, S. 12 – 13; Straub 2011, S. 294 – 295.
19 Assmann 1991, S. 22; zit. nach Rill 1995, S. 180.
20 Eine »sakralisierte Identität« muss keine religiöse im engeren Sinne sein. Man denke etwa an die Konstruktionen nationaler Identität, die die Nation als etwas »Heiliges«, Primordiales, Unhintergeh- und Unhinterfragbares inszenieren, beispielsweise Konzepte von Nation, die mitunter als »Zivilreligion« oder als »politische Religion« bezeichnet werden.

und Individuen können auch die Merkmale »Religiosität« oder »Säkularität« gehören. Gehört Religiosität oder Säkularität zum unverzichtbaren Selbstverständnis eines Individuums oder eines sozialen Verbandes, kann man von »religiöser« oder »säkularer Identität« sprechen. In vielen modernen Gesellschaften erleben wir seit längerem intensive Aushandlungsprozesse genau zu dieser Identitätsfrage.

Sozial konstruierte bzw. diskursiv erzeugte kollektive Identitäten werden bewusst als politische Instrumente der Kontrolle und der Machtausübung bzw. -gewinnung benutzt. Kollektive Identitäten sind häufig das einzig wirklich Verbindende größerer, in der Regel sehr heterogener sozialer Verbände, deren Zusammenhalt nicht durch unmittelbare Interaktion und Kommunikation gesichert werden kann. Insbesondere verschleiern kollektive Identitäten soziale Ungleichheit und suggerieren eine Gemeinschaft aller Angehörigen des Kollektivs, unabhängig von deren sozialem Status, Geschlecht, Alter und individuellen Eigenschaften. So schaffen kollektive Identitäten »imagined communities« und helfen, die zentrifugalen Kräfte einer Gesellschaft zu bändigen – zugleich erzeugen sie durch Ausgrenzung, Marginalisierung und Unterdrückung kollektiver »Sub-Identitäten« ein erhebliches Konfliktpotenzial, das sich nicht selten in Bürgerkriegen und Rebellionen entlädt. In der Regel identifiziert sich ein Individuum mit verschiedenen tatsächlichen und imaginierten Gemeinschaften (Christ, Staatsbürger, CDU-Mitglied, Hertha-Fan, Mann, BMW-Fahrer etc.), was zu Wert- und Loyalitätskonflikten und zur Bildung »multipler Identitäten« und »Hybridität« führen kann.[21] Gerade staatsbürgerliche und religiöse Identität können miteinander in Konflikt geraten, umso weniger staatliche und religiöse Identität zusammenfallen (vgl. Kopftuch-Streit im Fall Ludin). Die religiöse Identität von Individuen wie Kollektiven kann wegen der hohen Verbindlichkeitsansprüche aller Religionen an die Gläubigen staatlichen Loyalitätserwartungen zuwiderlaufen und damit zum sozialen Sprengstoff werden.

Deshalb lässt sich als historisches Grundmuster ein stetes Bemühen erkennen, religiöse und staatliche Identität miteinander zu verknüpfen, im Extremfall in Form von Staatsreligionen und Hierokratien. Ein anderes Modell, das geeignet ist, das Konfliktpotenzial zwischen religiösen und staatlichen / politischen Geltungsansprüchen zu minimieren, besteht darin, »Säkularität« als staatliches Prinzip durchzusetzen, indem alle Seiten die systemische Verschiedenheit religiöser und staatlicher Ordnung anerkennen. Auf der Grundlage der Luther'schen »Zwei-Reiche-Lehre« hat sich dieser Ansatz in den meisten europäischen Staaten seit dem 20. Jahrhundert weitgehend durchgesetzt. Dieses Modell staatlicher »Säkularität« gelingt wohl besonders leicht dann, wenn die staatlich geregelten »Ordnungsformen« des menschlichen Zusammenlebens (v.

---

21 Vgl. Osterhammel 2011, S. 62.

a. Politik und Recht) kaum mit den traditionellen »Deutungsformen« (v. a. Religion) konfligieren, was meist dann der Fall ist, wenn Ordnungsformen und Deutungsformen der gleichen Tradition entstammen. Religiöse Pluralisierung stellt dementsprechend latent eine Herausforderung für säkulare Staaten dar, wenn z. B. die Normen der neu hinzugekommenen Religionen mit den staatlichen Normen inkompatibel sind (Bsp.: Zivilrecht vs. Scharia; Kölner Beschneidungsurteil). Das gleiche gilt umgekehrt, wenn z. B. Rechtsordnungen, die sich auf der Grundlage einer bestimmten (auch religiösen) Tradition entwickelt haben, auf andere Kulturen übertragen werden, was häufig im Kontext von Kolonisierung und Adaption westlicher Staatsmodelle und Rechtssysteme in außereuropäischen Kulturen der Fall war und ist. Grundsätzlich konfliktträchtig sind naturgemäß Konstellationen, in denen entweder die Religion oder der Staat – oder beide – die Autonomie der jeweils anderen Wertsphäre nicht akzeptieren. Zu den gängigen Narrativen moderner westlicher Selbstvergewisserungs- und Identitätsdiskurse gehört die Behauptung, »Säkularität« im Sinne einer rechtlich verankerten wechselseitigen Anerkennung der Autonomie der religiösen und nicht-religiösen Subsysteme habe sich nur auf der Basis christlicher Kulturen – oder gar »als positive Wirkungen des Evangeliums«[22] entwickeln und im Rahmen funktionaler Differenzierungsprozesse in der Moderne realisieren können. Das »jüdisch-christliche Erbe«, staatliche »Säkularität« und »Modernität«, werden so miteinander in eine unauflösliche Beziehung gebracht und zu einem wesentlichen Bestandteil des Merkmals-Clusters der kollektiven Identität vieler »westlicher« Gesellschaften erhoben. Ich werde allerdings weiter unten zu zeigen versuchen, dass weder das »jüdisch-christliche« Erbe noch »Modernität« Voraussetzungen »säkularer Identität« sind.

Das Thema »religiöse Identität« hat in den letzten Jahrzehnten zumindest in der medialen Aufbereitung – die ihrerseits zweifellos die Wirklichkeit beeinflusst – Hochkonjunktur. Dafür gibt es eine ganze Reihe von Gründen, die hier nur stichwortartig und in Bezug auf Europa angesprochen werden können:

Wie Gesundheit tritt auch »Identität« »erst im Zuge ihres Verlusts ins Bewußtsein«.[23] Grundsätzlich kann wohl davon ausgegangen werden, dass religiöse Pluralität bzw. die Vielfalt von »unterschiedlichen Sinn-, Symbol- oder Deutungssystemen«, die B. Gladigow m. E. zu Unrecht als Spezifikum der europäischen Religionsgeschichte betrachtet,[24] die Frage nach religiöser Identität

---

22 Hamm 1987, S. 196.
23 Niethammer 2000, S. 16.
24 Gladigow 1995, S. 28. Gladigow geht hier m. E. selbst in die Falle des von ihm kritisierten, an einer monotheistischen Sichtweise gefesselten Eurozentrismus, der die religiöse Pluralität, Komplexität, Produktivität und Dynamik außereuropäischer Kulturen dramatisch unterschätzt. Das spiegelt sich auch in seiner – wie ich mit Blick auf Ostasien behaupten möchte:

dringlicher macht. Zugleich gilt die religiöse Pluralisierung infolge der Reformation als Anstoß für die Säkularisierung der Staaten in Europa. Demnach scheint religiöse Pluralität sowohl die Herausbildung oder Bewusstmachung religiöser Identitäten als auch die Säkularisierung von Staaten zu fördern – andererseits scheint Säkularisierung ihrerseits eine Pluralisierung von Orientierungssystemen wie Religion zu fördern, was für die Menschen P. L. Berger[25] zufolge einen »Zwang zur Häresie« schafft.[26] Religiöse Pluralität kann verschiedene unterschiedliche Entstehungsursachen haben, etwa religiöse Binnendifferenzierung, Mission oder Migration.

5   Fallbeispiel japanische Geschichte: Identitätsdiskurse im modernen Japan

Auch in Japan haben Diskurse über kulturelle Identität und die vermeintliche »nationale Andersartigkeit«[27] unter dem Stichwort »*nihonjinron* 日本人論« (»Japaner—Theorien«) seit Jahrzehnten Hochkonjunktur. Die Wurzeln dieser »Japaner-Theorien«[28] reichen historisch weit zurück und haben eine wirkmächtige Blaupause in der Intellektuellen-Strömung der »nationalen Gelehrsamkeit« (*kokugaku* 国学) des 18. und frühen 19. Jahrhunderts.[29] In dieser Zeit weitgehender (aber durchaus nicht totaler!) Isolation Japans (*sakoku* 鎖国) versuchten japanische Intellektuelle die Besonderheiten der japanischen Kultur und das »Wesen der japanischen Gemeinschaft«[30] gegenüber Europa, aber v. a. gegenüber China anhand philologischer Analysen altjapanischer Schriftquellen zu ergründen. Der Nativismus der *Kokugaku* übte großen Einfluss auf die Meiji-Reformer in der zweiten Hälfte des 19. Jahrhunderts aus, die Japan einerseits in die Moderne führten, zugleich aber einen extremen, tennōzentrischen Nationalismus und Kulturchauvinismus propagierten, der auf eine Restitution der Kaiserherrschaft unter dem Motto der »Einheit von Kultus und Regierung« (*saisei icchi* 祭政一致) abzielte, und die Besonderheit des japanischen »Nationalwesens« (*kokutai* 国体) hervorhob.[31] Zwar erscheint das ultranationalisti-

---

unrichtigen – Aussage, Europa sei »in der Tat der kulturelle Raum, der mehr und systematischer als andere ›fremde‹ und ›alte‹ Kulturen rezipiert hat« (Gladigow 2011, S. 28).

25 Vgl. Berger 1980.

26 Gladigow weist allerdings zu Recht darauf hin, dass die Auffassung, Pluralisierung sei [allein] auf Säkularisierung zurückzuführen, bestenfalls für monotheistische Kulturen haltbar sei (Gladigow 2011, S. 25).

27 Najita 1987, S. 181.

28 Prohl 2003, S. 202.

29 Vgl. Burns 2003; Hammitzsch 1939.

30 Najita 1987, S. 181.

31 Vgl. Antoni 1991, 1998.

sche Projekt der kulturellen Identitätskonstruktion des frühmodernen Japan eine starke »religiöse Identität« zu postulieren – immerhin wurde der Shintō zeitweilig zur Staatsreligion mit dem Tennō an der Spitze erhoben und schon der Nativismus des 18. Jahrhunderts wird auch als »Restaurations-Shintō« (*fukko shintō* 復古神道) bezeichnet –, bei genauem Hinsehen ist die Sache jedoch viel komplizierter. Immerhin befand die Meiji-Regierung wie ihre Nachfolgerregierungen, der Staats-Shintō sei gar keine Religion (*hi-shūkyō* 非宗教).[32] Das könnte man als ein durchsichtiges politisches Manöver abtun, erdacht, um den Tennō-Kult zur Staatsbürgerpflicht zu machen, ohne das von den Westmächten geforderte Recht auf freie Religionsausübung zu verletzen. Allerdings hatten bereits die buddhistischen Denker des Mittelalters auf den »säkularen« Charakter der Verehrung der Kami, der vermeintlich »einheimischen« Götter, hingewiesen.[33] Um all das zu verstehen, muss man die japanische Religionsgeschichte etwas genauer betrachten.

6   Die Differenzierung säkularer und religiöser Handlungsräume und Wertsphären im vormodernen Japan

Wenn es stimmt, dass eine Pluralität religiöser Sinnangebote die Säkularisierung von Staaten fördert, dann waren die Voraussetzungen für die Bildung eines säkularen Staates in Japan wesentlich günstiger als in Europa. Auch wenn etwa Gladigow betont, dass die europäische Religionsgeschichte erheblich pluraler war als gemeinhin angenommen, so war Europa im Vergleich zu Asien doch religiös relativ homogen. In Japan etablierte sich »Säkularität« im Sinne einer Schaffung und Anerkennung »*institutionell und kulturell-symbolisch verankerte[r] Formen und Arrangements der Unterscheidung zwischen Religion und anderen gesellschaftlichen Bereichen*« wesentlich früher als in Europa: Die staatlich anerkannte Pluralität buddhistischer »Konfessionen« seit dem 8. Jahrhundert, wie sie sich etwa in der Festlegung jährlich zu ordinierender Mönche und Nonnen nach einem »Sektenproporz« (*nenbun dosha* 年分度者) bei gleichzeitiger staatlicher Aufsicht über die buddhistischen Institutionen niederschlug, erforderte vom Staat eine gewisse Neutralität in Religionsfragen. Eine solche Neutralität war möglich, weil der Staat der Legitimation seiner Herrschaft durch den Buddhismus oder bestimmte buddhistische Schulen nicht bedurfte – hierfür hatte er in den im *Nihon shoki* 日本書紀 (Chroniken Japans; fertiggestellt im kaiserlichen Auftrag im Jahr 720) niedergeschriebenen Reichsmythen die Idee

---

32 Fischer 2001, S. 230–231.
33 Vgl. Kleine 2012.

der göttlichen Abstammung der ewig herrschenden Dynastie des »Sonnengeschlechts« (*tenson* 天孫) entwickelt.

Seit der offiziellen Einführung des Buddhismus aus dem koreanischen Teil-
staat Paekche im 6. Jahrhundert gehörten Überlegungen zum Verhältnis Religion / Politik bzw. religiösen und säkularen Handlungsräumen oder Wertsphären zum festen Repertoire nationaler Identitätsdiskurse. Insgesamt kann
man unter den uns hier interessierenden Gesichtspunkten folgende Phasen der
Konfiguration des Verhältnisses zwischen religiösen und nicht-religiösen, d. h.
vom »säkularen« Staat zu kontrollierenden Handlungsräumen in der japanischen Geschichte unterscheiden, wobei zu beachten ist, dass die jeweiligen,
zunächst diskursiv erzeugten Konfigurationen nicht wechselseitig ausschlie-
ßend waren, sondern sich überlappten oder je nach Kontext als Alternativen
wählbar waren.

7   Konfigurationen von »Säkularität« in der Geschichte Japans

Der Staat der göttlichen Regierung (*Shinsei kokka* 神政国家): Im vorklassischen
Japan, d. h. vor dem 6. Jahrhundert, waren religiöse und politische Macht
mutmaßlich kaum voneinander zu unterscheiden. Die Sippen-Ältesten der
großen Familienverbände galten als direkte Nachkommen der jeweiligen Sip-
pen-Gottheit und fungierten sowohl als patriarchalisches Oberhaupt wie als
oberster Priester bei der rituellen Verehrung der Gottheit.[34] Das Oberhaupt des
sich auf die Sonnengöttin Amaterasu zurückführenden »Sonnengeschlechts«
war zunächst eine Art *primus inter pares*, bevor diese Sippe den Staat Yamato 倭
unter ihre Herrschaft brachte und damit den Wandel von einer segmentär differenzierten archaischen Gesellschaft in eine stratifikatorisch differenzierte
Hochkultur nach chinesischem Vorbild einleitete. Bis zur offiziellen Einführung
des Buddhismus in der Mitte des 6. Jahrhunderts galt also gewissermaßen das im
19. Jahrhundert wieder angestrebte Prinzip der »Einheit von Regierung und
Kultus« (*saisei icchi* 祭政一致). Besonders augenfällig wird dies in einem Bericht
über das Land »Yamatai« in der *Geschichte der Wei* (*Wei zhi* 魏志),[35] in dem die
Königin Himiko 卑彌呼 (2. / 3. Jh.), als »schamanische Herrscherin« porträtiert
wird, die »Magie« (*guidào* 鬼道) einsetzte, um das Volk zu verwirren, unver-
heiratet blieb und ihren Bruder als Medium einsetzte.[36] Man kann hier wohl von
einer schamanistisch geprägten Hierokratie sprechen, in der religiöse Kom-

---

34 Vgl. Hall 2000, S. 34.
35 *Siku quanshu/Shibu/Zhengshilei/Sanguozhi/Weizhi; juan sanshi* 四庫全書/史部/正史類/三
     國志/魏志/卷三十;.
36 Vgl. Goodrich, Tsunoda 1951, S. 13.

munikationen lediglich durch Themen-, Orts- und Rollendifferenzierung einen
außeralltäglichen Charakter erhielten und von profanen Tätigkeiten daher unterscheidbar waren. Wir können für diese Zeit nicht von der Existenz religiöser
Organisationssysteme ausgehen, die religiöse Kommunikation verstetigt und
organisiert hätten. Vor allem aber war politisches und religiöses Handeln im
Falle der Herrschaftsausübung durch die Königin oder den König kaum voneinander zu trennen. Einem solchen Staat ist wohl kaum eine säkulare Identität
zuzusprechen.

Der Buddhismus als Schützer des Staates (*Chingo kokka bukkyō* 鎮護国家仏教):
Die Situation änderte sich dramatisch mit der Einführung des Buddhismus aus
Korea im Jahr *538. Man kann wohl sagen, dass der Buddhismus bewusst als
kulturproduktives Element eingeführt wurde und einen verbindlichen und
einheitlichen »semantischen Apparat«, d. h. Kultur im Sinne eines »Vorrat[s] an
bereitgehaltenen Verarbeitungsregeln«[37] bereitstellte. Der Buddhismus bot
erstmals in der japanischen Geschichte eine kollektive Wissensordnung an und
war damit ein wesentlicher Faktor bei der Formierung dessen, was man als
»japanische Kultur« im Sinne eines »symbolisch-semantischen Komplexes«[38]
bezeichnen kann. Als kulturelles Symbolsystem bestand eine wichtige Rolle des
Buddhismus »in der Strukturierung […] des Weltverständnisses« der Japaner
sowie »in der Stiftung von (individueller wie allgemeiner) Identität«.[39] Die sich
langsam herausbildende stratifikatorisch differenzierte Hochkultur des »klassischen Japan« unter Führung des Sonnengeschlechts wies dem Buddhismus die
Funktion des Staatschutzes zu. Politisches und religiöses Handeln (wenngleich
im Dienste des Politischen) fielen auseinander. Es bildeten sich politische und
religiöse Organisationssysteme aus, die eigenen Rationalitäten und Handlungslogiken folgten und sich um spezifische Bezugsprobleme kümmerten,
wodurch in Ansätzen auch eine funktionale Differenzierung erfolgte. Durch die
monopolisierte Verstetigung religiöser Kommunikation im Rahmen des Orga-
nisationssystems des buddhistischen Ordens nahm der Handlungsraum des
Politischen einen zunehmend »säkularen« Charakter an. Wenngleich Relikte der
hierokratischen Ordnung des vorklassischen Japan durch die Geschichte hin-
durch erhalten blieben, wurden doch selbst die an die Götter (*kami*) gerichteten
Rituale an den Staatsschreinen und das Hofritual zunehmend »säkularisiert« –
ähnlich wie dies in China zu beobachten ist.[40]

---

37 Luhmann 1980, Bd. 1, S. 19.
38 Jamme 2011, S. 212.
39 Jamme 2011, S. 214.
40 Die »Säkularität« des vormodernen chinesischen Staates wurden bereits im 17. Jahrhundert
   von europäischen Beobachtern beschrieben: »Their Religion at this time is Idolatrous and
   Pagan, wherin the common people are somwhat superstitious, but the King himselfe and the

Die Interdependenz von Herrschergesetz und Buddha-Dharma (*Ōbō buppō sō'i* 王法仏法相依): Einen entscheidenden Anteil an der zunehmenden »Säkularisierung« des Staates hatten buddhistische Diskurse über das Verhältnis von Politik und Religion im spätantiken und frühmittelalterlichen Japan. Die bereits institutionelle Trennung zwischen politischen und religiösen Institutionen wurde nun konzeptuell untermauert, indem man auf alte buddhistische Modelle zurückgriff: gelehrte Vertreter des buddhistischen Klerus wiesen nun verstärkt darauf hin, dass Wohl und Wehe der Nation auf der wechselseitigen Unterstützung zweier Lebensordnungen und Wertsphären basiere: (1) der Ordnung des Herrschers (*ōbō* 王法; zu Skt. *rāja-dharma*) und (2) der Ordnung des Buddha (*buppō* 仏法; zu Skt. *buddha-dharma*). Die Ordnung des Herrschers – auch »weltliche Ordnung« (*sehō* 世法) oder »menschliche Ordnung« (*ninpō* 人法) – wird in buddhistischen Texten für »innerweltliche« (*seken* 世間; Skt. *laukika*) Angelegenheiten verantwortlich gemacht, während die Aufgabe der »Ordnung des Buddha« in der Verfügbarmachung dessen bestehe, was als vollkommen »außerweltlich« (*shusseken* 出世間; Skt. *lokottara*) zu qualifizieren ist, insofern es die Wirksphäre karmischer Bedingtheit transzendiert.[41] Das Verhältnis zwischen beiden Lebensordnungen oder Wertsphären wird als eines der Komplementarität und Interdependenz beschrieben, wobei ideologisch eine Tendenz zur Unterordnung der religiösen unter die säkulare Macht innerhalb der Immanenz erkennbar bleibt. Das Ideologem der ›Interdependenz der Ordnung des Herrschers und der Ordnung des Buddha‹ (*ōbō buppō sō'i*) korreliert nicht nur mit dem Dual *innerweltlich : außerweltlich,* sondern unter anderem auch mit der alten buddhistischen Unterscheidung von »weltlicher Wahrheit« und »wirklicher Wahrheit«. Das von Repräsentanten des Staates offenbar weithin akzeptierte Konzept der Interdependenz und Komplementarität einer politischen und einer religiösen Lebensordnung förderte das säkulare Selbstverständnis eines Staates, der zwar *de jure* stets Hoheit über alle Subsysteme der Gesellschaft beanspruchte, dem Religionssystem jedoch zunehmende Autonomie zugestand. Im Falle innerreligiöser Konflikte wurde der »säkulare« Staat quasi als neutrale Instanz angerufen. Diese Notwendigkeit ergab sich v. a. im 13. Jahrhundert, als »heterodoxe« buddhistische Reformbewegungen das religiöse Establishment herausforderten. Ein Hauptvorwurf der »orthodoxen« Institutionen gegen die Nonkonformisten bestand darin, dass diese ihrer Aufgabe als Repräsentanten der »Ordnung des Buddha« nicht gerecht würden. Ein Problem bestand darin, dass die Reformer den pluralistischen Konsens in Frage stellten, der die friedliche Koexistenz diverser Heilswege sicherte, die sich

---

Mandarins or Magistrates, as seeing the vanitie thereof, and not able to see the truth, are in manner irreligious and profane« (Purchas 2010, S. 522).
41 Vgl. Kleine 2012.

wechselseitig nach dem Muster eines »hierarchischen Inklusivismus« aufeinander bezogen. Vor allem aber die Weigerung einiger radikaler Strömungen, die für den Schutz der Nation wichtigen Gottheiten gebührend zu verehren, galt als systemgefährdend.

Die Nation der Götter (Shinkoku 神国): Folgt man dem berühmten Historiker Kuroda Toshio (1926 – 1993), provozierten die Reformbewegungen des 13. Jahrhunderts auf Seiten des buddhistischen Establishments neue Diskursformationen, die zumindest vordergründig eine »Resakralisierung« der politischen Herrschaft intendierten und daher für unser Thema von höchster Relevanz sind.[42] Kuroda sieht die »Götterland-Ideologie«, die Japan zum »Land der Götter« erklärte, als direkte Reaktion des buddhistischen Establishments auf die Reformbewegungen der Kamakura-Zeit (1185 – 1333). Mit ihrer Verweigerung der Götterverehrung (*jingi fuhai* 神祇不拝) im Sinne der *honjisuijaku*-Doktrin 本地垂迹法門, der zufolge die wichtigeren Gottheiten in Japan »herabgelassene Spuren«, d. h. lokale Manifestationen, der Buddhas, Bodhisattvas etc. (d.i. ihre »Urstände«) seien, bedrohten die Nonkonformisten die Kultzentren des etablierten Buddhismus und das gesamte feudalistische Machtgefüge, innerhalb dessen die buddhistischen Institutionen als Großgrundbesitzer einen von drei großen Machtblöcken bildeten. Nach Kuroda[43] löst die Shinkoku-Ideologie gleichsam ab dem 14. Jahrhundert das *ōbō-buppō*-Konzept der Heian- und Kamakura-Zeit ab und war unmittelbar politisch motiviert, was möglicherweise von den ausgebeuteten Massen verstanden wurde, wenn sie sich zu den heterodoxen buddhistischen Bewegungen bekannten, die dem *kami*-Kult und insbesondere der *shinkoku*-Ideologie zumindest skeptisch gegenüber standen.[44] Auffallend ist jedenfalls, dass die Angriffe des buddhistischen Establishments gegen die besonders aktive Nenbutsu-Bewegung im Anschluss an den Mönch Hōnen (1133 – 1212) v. a. mit deren staatsgefährdenden Ablehnung des Götterglaubens begründet werden.[45] Kuroda sieht auch die Ikkō-Ikki-Aufstände des 15. und 16. Jahrhunderts als direkte Revolten gegen den auf der Ideologie des Shinkoku basierenden Feudalismus.[46] Die Götterland- oder *shinkoku*-Ideologie ist allerdings durchaus nicht ganz konsistent und einheitlich.[47] Teile des Shinkoku-Diskurses sakralisieren die Herrschaft des Kaisers, indem sie ihn als Abkömmling der *Kami* oder des Buddha Mahāvairocana erklären. Das Shinkoku-Konzept »enabled the systematization and religious justification of the

---

42 Vgl. Kuroda 1996, S. 377 – 378.
43 Vgl. Kuroda 1996, S. 382 – 383.
44 Vgl. Rambelli 1996, S. 400 – 401.
45 Vgl. Kleine 1996, 2009.
46 Vgl. Rambelli 1996, S. 401.
47 Vgl. Kuroda 1996; Rambelli 1996.

secular order and the ethical code«.[48] Mit der politisch beabsichtigten, aber im Rahmen des religiösen Symbolsystems formulierten Götterland-Ideologie versuchten die klerikalen Großgrundbesitzer auch, gegen den Trend der Bildung autonomer kommunaler Identitäten (diese waren wiederum nicht selten religiös markiert) eine umfassende kollektive Identität zu setzen, gemäß derer z. B. die Gottheiten Sannō oder Tenshō Daijin (Amaterasu) zum »overlord« avancierten.[49] Für uns erhebt sich in diesem Zusammenhang die Frage: wird damit die »Säkularität« der Herrschaft aufgehoben? Oder ist die Bereitstellung einer religiösen Legitimation für die Herrschaft eine Leistung des Religionssystems für die Politik, die andernfalls Probleme bei der Herrschaftssicherung bekommt, zu deren Lösung auf Hilfen von außerhalb des Systems zurückgegriffen wird? Grundsätzlich gilt: Religiöse Legitimation von Herrschaft allein macht Herrschaft nicht zu einem religiösen Unterfangen. Dass von religiöser Seite verschiedentlich und auf unterschiedliche Weise versucht wurde, Japan und sein politisches System zu sakralisieren bedeutet nicht die Aufhebung der Distinktion von Religiösem und Säkularem, sondern markiert bestenfalls den Versuch, eine universelle religiöse Weltdeutung durchzusetzen bzw. dem Diktat des buddhistischen Non-Dualismus folgend, die ultimative Einheit der – zunächst klar erkannten – Zweiheit zu postulieren. Man könnte mit Gladigow von einem »anachronistische[n] Anspruch des Teilbereichs ›Religion‹ auf Systemintegration«[50] sprechen, d. h. mit einem für Religion wohl typischen Versuch, seine Deutungsmacht auf alle Teilsysteme auszudehnen und die Gesellschaft damit zu »entdifferenzieren«. Am weitesten ging dabei interessanterweise ein Mönch, der gewöhnlich den Reformern und Nonkonformisten zugerechnet wird: Nichiren (1222 – 1282), der eine mystische Verschmelzung der Ordnung des Herrschers mit der Ordnung des Buddha (ōbutsu myōgō 王仏冥合) anstrebte.[51] Demgegenüber betonten Anhänger des Reine-Land-Buddhismus in der Nachfolge Shinrans (1173 – 1263) die strikte Trennung beider Ordnungen bei Unterordnung der Religion unter die weltliche Herrschaft (ōbō ihon 王法為本) innerhalb der Immanenz.[52] Konsequenterweise empfiehlt Rennyo 蓮如 (1415 – 1499)

---

48 Kuroda 1996, S. 375.
49 Vgl. Rambelli 1996, S. 403.
50 Gladigow 2011, S. 21.
51 In seinem *Traktat über die Drei Großen Geheimen Gesetze* (*Sandai hihō shō* 三大秘法抄) beschreibt Nichiren seine buddhokratische Vision von der Errichtung einer »Weihebühne des Ursprungstores« (*honmon no kaidan*) folgendermaßen: »Bei der Weihebühne handelt es sich darum, dass die Ordnung des Herrschers und die Ordnung des Buddha auf geheimnisvolle Weise zur Ordnung des Buddha und Ordnung des Herrschers verschmelzen und der Herrscher und seine Minister einmütig die Drei Geheimnisse des Ursprungstores annehmen …« (Hori Nikkō 堀日亨 1984, S. 1022).
52 Berühmt ist diesbezüglich aber vor allem die Aussage des berühmten und politisch äußerst einflussreichen Führers der Gefolgschaft Honganji-Tempels, der späteren Jōdo Shinshū,

daher auch die Verehrung der Gottheiten für den Fall, dass sie sich im Rahmen der »innerweltlichen Ordnung« abspielt und mit der »Ordnung des Herrschers« zusammenhängt. In der späten Edo- und Meiji-Zeit betrifft dies dann v. a. die Verehrung des vergöttlichten Kaisers und seiner Ahnen, v. a. Amaterasu.[53]

Der Primat der Ordnung des Herrschers (*Ōbō ihon* 王法為本): In der Edo-Zeit (1603 – 1868) versuchten die Herrscher des Tokugawa-Shōgunats ihre Lehren aus der kriegerischen und chaotischen Vergangenheit zu ziehen, indem sie die mächtigen religiösen Institutionen entmachteten und unter strenge staatliche Kontrolle stellten. Damit wurde die Idee von einer horizontal konfigurierten dualen Ordnung durch Religion und Staat aufgegeben und durch das chinesisch-konfuzianische Modell absoluter staatlicher Souveränität ersetzt. Der staatliche Anspruch, alle Teilbereiche der Gesellschaft zu kontrollieren, ging so weit, dass das Shōgunat »Tempel-und-Schrein-Regularien« (*jiin hatto* 寺院法度) erließ, in denen Lehrinhalte, Organisationsstruktur, Ausbildung, klerikale Ränge und vieles mehr für jede Lehrtradition des Buddhismus genau festgelegt wurden.[54] Diese Maßnahmen trugen dazu bei, die unverwechselbare denominationale Identität der buddhistischen Traditionen zu erzeugen, die bis heute ein Kennzeichen des japanischen Buddhismus ist. Und sie waren ein Element in der Konfiguration eines vertikalen Herrschaftsprinzips, das die unbedingte Unterordnung der Religion unter die staatliche Macht festschrieb.

Die Einheit von Regierung und Kultus (*saisei itchi* 祭政一致): Im Zuge der nationalen Neubesinnung im Kontext der Öffnung und Modernisierung Japans im Zuge der »Meiji-Restauration« ab 1868 propagierten die neuen Herrscher zeitweise die Einheit von Regierung und Kultus. Dem lag die von Nativisten seit dem 18. Jahrhundert entwickelte Vorstellung eines genuin japanischen Idealstaates vor der Einführung des Buddhismus und der Adaption chinesischer Kultur zugrunde, in dem der Tennō die Einheit weltlicher und geistlicher Macht verkörpert und damit gleichzeitig als Kaiser und als Oberpriester figuriert habe. Aus Platzgründen kann ich auf den denkwürdigen Versuch, einen vorgeblich a-

---

Rennyo (1415 – 1499: »Trage auf der Stirn das Gesetz des Herrschers und tief im Herzen das Gesetz des Buddha« (王法ハ額ニアテヨ。佛法ハ内心ニ深ク蓄ヨトノ仰ニ候; in: *Rennyo Shōnin go-ichidaiki kikigaki* 蓮如上人御一代記聞書; T83, Nr. 2669, S. 819b5 – 6). In einem anderen Brief betont er, man solle unbedingt in seinem äußeren Verhalten der Ordnung des Herrschers folgen, tief in seinem Herzen aber an die Andere Kraft des Buddha Amida glauben, wobei die weltliche Moral Vorrang habe (Shinshū seiten hensan iinkai 真宗聖典編纂委員会 1992, S. 784).

53 Vgl. Fujii 2002, S. 110 – 111.
54 Vgl. Kasahara 2001, S. 335 – 338.

religiösen, tennōzentrischen Shintō zum verpflichtenden Staatskult zu erheben, hier nicht näher eingehen.

Die strikte Trennung von Staat und Religion: Nach der Niederlage der Japaner im »Großen Pazifischen Krieg« 1945 erließen die Alliierten die sogenannte Shintō-Direktive, in der der Staats-Shintō abgeschafft wurde, ließen den Kaiser erklären, er sei nur ein Mensch, und diktierten den Japanern eine neue Verfassung, die vollständige Religionsfreiheit und vor allem eine strikte Trennung von Staat und Religion vorschreibt. Trotz hartnäckiger Versuche religiöser wie politischer Akteure, die Grenzen zwischen Staat und Religion wieder zu verwischen, kann man die »kollektive Identität« Japans wohl mit gutem Recht als weit überdurchschnittlich säkular betrachten.[55] Das zeigt sich nicht nur in der nach wie vor weitgehend funktionierenden strikten Enthaltung des Staates und seiner Organe von religiösen Aktivitäten oder der Unterstützung religiöser Organisationen, sondern auch in einem stark ausgeprägten Misstrauen vieler Japaner gegenüber öffentlicher Religion – eine Ausnahme bilden traditionelle Ritualhandlungen an Schreinen und Tempeln, die oftmals nicht als religiöse Handlungen, sondern als Brauchtum und traditionelle Kultur eingestuft werden.

8　　Fazit

Es sollte deutlich geworden sein, dass sich verschiedene Konfigurationen von Säkularität und damit gewissermaßen eine »säkulare Identität« im »Zaubergarten« des vormodernen Japan entwickeln konnten. Ohne dass die Existenz und Wirkmächtigkeit übermenschlicher Wesen in Frage gestellt oder auf die Inanspruchnahme »magischer Heilsmittel« verzichtet worden wäre, wurde symbolisch und institutionell klar zwischen den Praxisfeldern des Religiösen und des Politischen unterschieden. Von wenigen, in der Praxis nicht erfolgreich verwirklichten Versuchen einer Entdifferenzierung von Religion und säkularen Handlungsräumen bzw. Wertsphären abgesehen, ist die japanische Geschichte also geprägt von diversen Konfigurationen von Säkularität. Ob diese jeweils diskursiv erzeugten Konfigurationen die tatsächlichen gesellschaftlichen Verhältnisse widerspiegeln, ist für das Thema der kollektiven Identität unerheblich, denn Identität ist seinerseits ein diskursives Konstrukt. Jedenfalls war mit der Zentralisierung der Macht in Yamato, der Einführung des Buddhismus und der Entwicklung einer Hochkultur die Unterscheidung von religiösen und säkularen Handlungsräumen bzw. Wertsphären für das Selbstverständnis Japans konstitutiv. Damit muss die These als widerlegt gelten, im »Zaubergarten« vormo-

---

55　Vgl. Reader 2012.

derner außereuropäischer Gesellschaften sei eine klare, symbolisch-kulturell und institutionell verankerte Unterscheidung von Religiösem und Säkularem nicht möglich gewesen.

Literatur

ANDERSON, Benedict (1983): Imagined Communities. Reflections on the Origin and Spread of Nationalism. London: Verso.

ANTONI, Klaus (1991): Kokutai – Das ›Nationalwesen‹ als japanische Utopie. In: ANTONI, Klaus (Hg.), Der himmlische Herrscher und sein Staat. Essays zur Stellung des Tenno im modernen Japan. München: Iudicum. S. 31 – 59.

ANTONI, Klaus (1998): Shintō und die Konzeption des japanischen Nationalwesens (kokutai). Der religiöse Traditionalismus in Neuzeit und Moderne. In: Handbuch der Orientalistik, Bd. 5. Abt.: Japan, Bd. 8. Leiden u. a.: Brill.

ASSMANN, Jan (Hg.) (1991): Das Fest und das Heilige. Religiöse Kontrapunkte zur Alltagswelt. Gütersloh: Gütersloher Verl.-Haus Mohn.

BERGER, Peter L. (1980): Der Zwang zur Häresie. Frankfurt: Fischer.

BURNS, Susan L. (2003): Before the Nation: Kokugaku and the Imagining of Community in Early Modern Japan. Durham, N.C.: Duke University Press.

CASANOVA, Jose Vicente (1994): Public Religions in the Modern World. Chicago, London: The University of Chicago Press.

FISCHER, Peter (2001): Versuche einer Wiederbelebung von Staatsreligion im heutigen Japan unter besonderer Berücksichtigung der Entwicklungsgeschichte des Staats-Shintō. In: SCHALK, Peter (Hg.), Zwischen Säkularismus und Hierokratie: Studien zum Verhältnis von Religion und Staat in Süd- und Ostasien. Uppsala: Uppsala University Library. S. 209 – 247.

FITZGERALD, Timothy (2003): Religion and the Secular in Japan. Problems in History, Social Anthropology and the Study of Religion. Electronic Journal of Contemporary Japanese Studies. URL: http://www.japanesestudies.org.uk/discussionpapers/Fitzgerald.html, [12. 05. 2010].

FUJII, Takeshi (2002): Nationalism and Japanese Buddhism in the Late Tokugawa Period and Early Meiji. In: ANTONI, Klaus, KUBOTA, Hiroshi, NAWROCKI, Johann, WACHUTKA, Michael (Hg.), Religion and National Identity in the Japanese Context. Münster: Lit. S. 107 – 117.

FUKUZAWA, Hiroomi (1988): Zur Rezeption des europäischen Wissenschaftsvokabulars in der Meiji-Zeit. NOAG, 143, S. 9 – 18.

GLADIGOW, Burkhard (1995): Europäische Religionsgeschichte. In: KIPPENBERG, Hans G., LUCHESI, Brigitte (Hg.), Lokale Religionsgeschichte. Marburg: Diagonal-Verlag. S. 21 – 42.

GLADIGOW, Burkhard (2011): Religion in der Kultur – Kultur in der Religion. In: JAEGER, Friedrich, RÜSEN, Jörn (Hg.), Handbuch der Kulturwissenschaften, Bd. 3. Themen und Tendenzen. Sonderausg. Stuttgart u. a.: Metzler. S. 21 – 33.

GOODRICH, Luther Carrington (Hg), RYÛSAKU, Tsunoda (Übers.) (1951): Japan in the

Chinese Dynastic Histories. Later Han Through Ming Dynasties. South Pasadena: Perkins.

HALL, John Whitney (2000): Das japanische Kaiserreich. Unter Mitarbeit von Ingrid SCHUSTER. Augsburg: Weltbild.

HAMM, Heinz T. (1987): Das japanische Kaiserhaus und die Legitimation von Herrschaft. In: BARLOEWEN, Constantin von, WERHAHN-MEES, Kai (Hg.), Japan und der Westen. Bd. 3. Politik, Kultur, Gesellschaft. Frankfurt a. M.: Fischer. S. 193 – 200.

HAMMITZSCH, Horst (1939): Kangaku und Kokugaku. Ein Beitrag zur Geistesgeschichte der Tokugawazeit. Monumenta Nipponica, 2 (1), S. 1 – 23.

HORI, Nikkō 堀日亨 (Hg.) (1984): Nichiren Daishōnin gosho zenshū 日蓮大聖人御書全集. Tokyo: Sōka Gakkai.

JAMME, Christoph (2011): Symbolische Bedeutungsansprüche der Kulturen. In: JAEGER, Friedrich, LIEBSCH, Burkhard (Hg.), Handbuch der Kulturwissenschaften, Bd. 1. Grundlagen und Schlüsselbegriffe. Sonderausg. Stuttgart u. a.: Metzler. S. 207 – 218.

JOAS, Hans (Hg.) (2007): Säkularisierung und die Weltreligionen. Forum für Verantwortung. 2. Aufl. Frankfurt a. M.: Fischer.

KASAHARA, Kazuo (Hg.) (2001): A History of Japanese Religion. Tokyo: Kosei.

KIPPENBERG, Hans G., RÜPKE, Jörg, STUCKRAD, Kocku von (Hg.) (2009): Europäische Religionsgeschichte. Ein mehrfacher Pluralismus. Göttingen: Vandenhoeck & Ruprecht.

KLEINE, Christoph (1996): Hōnens Buddhismus des Reinen Landes. Reform, Reformation oder Häresie. Frankfurt a. M. u. a.: Peter Lang.

KLEINE, Christoph (2009): Pluralismus und Pluralität in der japanischen Religionsgeschichte. Am Beispiel nonkonformer buddhistischer Bewegungen des 13. Jahrhunderts. In: HASE, Thomas, GRAUL, Johannes, NEEF, Katharina, ZIMMERMANN, Judith, MÜRMEL, Heinz (Hg.), Mauss, Buddhismus, Devianz. Festschrift für Heinz Mürmel zum 65. Geburtstag. Marburg: Diagonal-Verlag. S. 189 – 216.

KLEINE, Christoph (2012): Zur Universalität der Unterscheidung religiös / säkular. Eine systemtheoretische Betrachtung. In: STAUSBERG, Michael (Hg.), Religionswissenschaft. Ein Studienbuch. Berlin: de Gruyter. S. 65 – 80.

KURODA, Toshio (1996): The Discourse on the »Land of Kami« (Shinkoku) in Medieval Japan: National Consciousness and International Awareness. Japanese Journal of Religious Studies, 23 (3 – 4), S. 353 – 385.

LUHMANN, Niklas (1980): Gesellschaftsstruktur und Semantik. Studien zur Wissenssoziologie der modernen Gesellschaft. Frankfurt a. M.: Suhrkamp.

LUHMANN, Niklas, KIESERLING, André (2000): Die Religion der Gesellschaft. Frankfurt a. M.: Suhrkamp.

NAJITA, Tetsuo (1987): Die historische Entwicklung der kulturellen Identität im modernen Japan und die humanistische Herausforderung der Gegenwart. In: BARLOEWEN, Constantin von, WERHAHN-MEES, Kai (Hg.), Japan und der Westen, Bd. 3. Politik, Kultur, Gesellschaft. Frankfurt a. M.: Fischer. S. 176 – 192.

NIETHAMMER, Lutz (1994): Konunkturen und Konkurrenzen kollektiver Identität. Ideologie, Infrastruktur und Gedächtnis in der Zeitgeschichte. PROKLA – Zeitschrift für kritische Sozialwissenschaft, 24 (3), S. 378 – 399.

NIETHAMMER, Lutz (2000): Kollektive Identität. Heimliche Quellen einer unheimlichen Konjunktur. Reinbek bei Hamburg: Rowohlt.

OSTERHAMMEL, Jürgen (2011): Die Vielfalt der Kulturen und die Methoden des Kulturvergleichs. In: JAEGER, Friedrich, STRAUB, Jürgen (Hg.), Handbuch der Kulturwissenschaften, Bd. 2. Paradigmen und Disziplinen. Sonderausgabe. Stuttgart u. a.: Metzler. S. 50 – 65.

PROHL, Inken (2003): ›Die Rache des Orientalismus‹. Selbstbehauptungsdiskurse im gegenwärtigen Japan. In: SCHALK, Peter, DEEG, Max, FREIBERGER, Oliver, KLEINE, Christoph (Hg.), Religion im Spiegelkabinett. Asiatische Religionsgeschichte im Spannungsfeld zwischen Orientalismus und Okzidentalismus. Uppsala: Uppsala Universitet. S. 195 – 218.

PURCHAS, Samuel (2010): Pvrchas his Pilgrimage, or, Relations of the World and the Religions Obserued in all Ages and Places Discouered, from the Creation vnto this Present, Part 1. Whitefish, Mont.: Kessinger.

RAMBELLI, Fabio (1996): Religion, Ideology of Domination, and Nationalism. Kuroda Toshio on the Discourse of Shinkoku. Japanese Journal of Religious Studies, 23 (3 – 4), S. 387 – 425.

READER, Ian (2012): Secularisation, R.I.P.? Nonsense! The Rush Hour Away from the Gods and the Decline of Religion in Contemporary Japan. Journal of Religion in Japan, 1 (1), S. 7 – 36.

RILL, Ingo (1995): Symbolische Identität. Dynamik und Stabilität bei Ernst Cassirer und Niklas Luhmann. Teilw. zugl.: Düsseldorf, Univ., Diss., 1991 u.d.T.: RILL, Ingo: Dynamik und Stabilität. Würzburg: Königshausen und Neumann.

Shinshū seiten hensan iinkai 真宗聖典編纂委員会 (Hg.) ([11]1992): Shinshū seiten 真宗聖典. Kyoto: Honganji shuppanbu.

STRAUB, Jürgen (2011): Identität. In: JAEGER, Friedrich, LIEBSCH, Burkhard (Hg.), Handbuch der Kulturwissenschaften, Bd. 1. Grundlagen und Schlüsselbegriffe. Sonderausgabe. Stuttgart u. a.: Metzler. S. 277 – 303.

TAYLOR, Charles (1996): Drei Formen des Säkularismus. In: KALLSCHEUER, Otto (Hg.), Das Europa der Religionen. Ein Kontinent zwischen Säkularisierung und Fundamentalismus. Frankfurt a. M.: Fischer. S. 217 – 246.

WEBER, Max ([9]1988): Gesammelte Aufsätze zur Religionssoziologie I. Tübingen: J.C.B. Mohr.

WOHLRAB-SAHR, Monika, BURCHARDT, Marian (2011): Vielfältige Säkularitäten. Vorschlag zu einer vergleichenden Analyse religiös-säkularer Grenzziehungen. Denkströme. Journal der Sächsischen Akademie der Wissenschaften, 7, S. 9 – 27.

Teil II

Sebastian Murken

Was glaubt, wer nicht glaubt? Religionspsychologische Überlegungen zum »Unglauben«

1   Das Projekt

»Ohne Gott leben. Wie geht das?« Diese Frage begründet 2002, angestoßen durch die Theologen Werner Höbsch, Bernhard Riedl und Evamaria Wernze, eine Initiative des Bistums Köln. Mitarbeiterinnen und Mitarbeitern der Abteilung Interreligiöser Dialog des Bistums war deutlich geworden, dass es vielfältige Initiativen zum interreligiösen Dialog mit Mitgliedern anderer Religionen, mit Muslimen, Juden, Buddhisten usw. gibt, dass es jedoch von Seiten der (katholischen) Kirche, kaum Bemühungen gibt, mit jenen ins Gespräch zu kommen, denen »keine Religion Gott nahe bringen konnte, die einfach nie mit ihm konfrontiert worden sind oder einen bestehenden Kontakt wieder verloren haben«.[1]

Wohl wissend, sowohl aus persönlichen Beratungsgesprächen, also auch aus der Situation der schwindenden kirchlichen Partizipation, dass die Zahl derer, die mit Gott und Kirche hadern, ringen oder diese Bereiche gleichgültig erleben, wächst, ergaben sich folgende Fragen:

Wo suchen, wo finden diese Menschen Sinn und Orientierung? Was lässt sie hoffen? Woran halten sie sich auf der Suche nach sinnerfülltem, glücklichem Leben? Dabei verweisen die Initiatoren auf die fehlende Aufmerksamkeit der Kirchen für eine »eventuelle neue religiöse Offenheit der Menschen«, die, angesichts des dramatischen Rückgangs kirchlicher Neuzugänge und einem, die großen Kirchen aussparenden, religiösen Aufbruch, jedoch notwendig ist.

Vor diesem Hintergrund haben die Initiatoren die zentrale »Frage nach Gott« in den Mittelpunkt eines Dialogprojektes gestellt, welches sich Nachfolgendes zum Ziel gesetzt hat:
1. Kennen lernen jener Menschen, die keinen Kontakt zum »Gott der Bibel« haben und dahingehend auch ohne jede Ambition sind.
2. Ergründen der unterschiedlichen »gottfernen« Lebensweisen und dazu führende Entwicklungen.

---

1 Höbsch, Riedl 2008, S. 15.

3. Testlauf eines »interreligiösen Dialogs« zwischen Gottgläubigen und Gott-
ungläubigen.

Dabei haben sich die Initiatoren der Möglichkeiten des Internets bedient und
von Juni 2002 bis Juni 2007 die Internetseite www.ohne-gott.de geschaltet. An-
geleitet durch Satzanfänge, aber auch explizit eingeladen zur freien Textgestal-
tung, konnten Interessierte und Motivierte über ihr Leben »ohne Gott« be-
richten.[2] Folgende Instruktionen waren vorgegeben und haben die Antworten
damit vorstrukturiert.

Instruktionen auf www.ohne-gott.de

»Schreiben Sie, was Ihnen zu den Satzanfängen auf der Zunge liegt, in den Sinn
kommt. Unter ›PS‹ können Sie einen eigenen Text (Gedicht, Gedanken, Tage-
bucheintrag, Notizen…) eintragen. […]

> Gott ist mir nicht begegnet…
> Gott existiert für mich nicht…
> Ich kann nicht an Gott glauben…
> Ich bedaure Menschen, die an Gott glauben…
> Meinem Leben gibt Halt…
> PS – Post Scriptum«

Fasziniert von der religionspsychologischen Relevanz des Projektes bat ich (SM)
die Initiatoren, mir das Material zur Auswertung zu überlassen, was sie bereit-
willig taten.

Insgesamt 1750 Einträge wurden bis April 2006 auf der Internetseite verzeichnet und in einem zweisemestrigen Forschungsseminar mit Studentinnen
und Studenten der Religionswissenschaft an der Universität Leipzig (2006/7)
ausgewertet und systematisiert.

Dieses Kapitel ist die kondensierte Form des daraus entstandenen Buchpro-
jektes.[3]

»Was glaubt, wer nicht glaubt?« Dieser Frage nachzugehen war Ziel der
Auswertung, mit der Hoffnung, damit Einblicke in Argumente, Erfahrungen und
Denkweisen derjenigen zu bekommen, die sich selbst als nicht an Gott glaubend
verstehen. Ziel ist es, anhand dieses Materials zu untersuchen, welche Argumente und Motivstrukturen sich für ein Leben ohne Gott aufzeigen lassen und
welche Alternativen die Auskunftspersonen für sich entwickelt haben. Material

---

2 Eine ausführliche Darstellung zur Entstehung des Projektes findet sich bei Höbsch, Riedl
  2008.
3 Murken 2008.

dazu waren 1750 Einträge auf der Internetseite des Projektes. Personen, die sich durch diese Thematik angesprochen fühlten, konnten die Internetseite nutzen und zu Fragen wie: »Wie fühlt sich ein Leben ohne Gott an?«, »Woraus schöpfen diese Menschen Kraft?« und »Gibt es Gründe, die sie vom Glauben abgebracht haben?«, Auskunft geben und Stellung beziehen.

2   Der Kontext

Seit einigen Jahren boomt das Thema Religion in der Öffentlichkeit. Hintergrund dieser Entwicklung ist auf der einen Seite die seit dem 11. September 2001 verstärkt wahrgenommene Bedeutung der Religionen für politisches und gesellschaftliches Handeln. Islam und auch das Christentum, insbesondere in seiner fundamentalistischen Ausprägung, werden als politik- und gesellschaftsgestaltende Kräfte erkannt und anerkannt. Das Bedürfnis nach faktischem Wissen und nach dem Verständnis zugrunde liegender Zusammenhänge wächst. Auf der anderen Seite drängt sich vor dem Hintergrund von Globalisierung, Individualisierung und dem Bewusstsein der Grenzen ökonomischen Wachstums die Frage auf, wo und wie der Einzelne in seinem Leben Sinn finden bzw. generieren kann. Die rapide Zunahme psychischer Erkrankungen in den Industriegesellschaften zeigt, dass die steigenden Anforderungen an den Einzelnen ihren Preis haben und viele Menschen dabei auf der Strecke bleiben. Die damit verbundenen sozialen Probleme und der öffentlich wahrgenommene Verfall von Sinn und Werten wird – wissenschaftlich und populär – beantwortet mit einem verblüffenden Spiritualitätsoptimismus, der besagt, dass »richtig« gelebte Spiritualität zu Glück, Gesundheit und Gelassenheit führen könne.

Im Schatten dieses neuen Interesses an Religion und Spiritualität findet sich, in der Öffentlichkeit bisher deutlich weniger kommentiert, eine ausgeprägte Gleichgültigkeit gegenüber Spiritualität und transzendenten Bezügen: Die Zahl der religiös Desinteressierten steigt.

Der Anteil der Konfessionslosen in ganz Deutschland hat sich von 22,4 % im Jahre 1990 auf 37,6 % im Jahre 2011 vergrößert. Schätzungen gehen davon aus, dass bis 2025 die Mehrheit der Deutschen keiner der beiden großen Kirchen mehr angehören wird.

Doch sowohl die Konfessionslosigkeit als auch die Kirchlichkeit einer Person sagen nicht viel über deren Glauben aus. Die meisten Deutschen werden in ihrer Kindheit durch die Taufe ungefragt Mitglied der evangelischen oder römisch-katholischen Kirche. Diese »Mitgliedschaft« fordert – mit Ausnahme der Bereitschaft zuzulassen, dass der Staat die Kirchensteuer einzieht – vom einzelnen Gläubigen nichts. So bleiben nach wie vor die meisten Deutschen Mitglieder ihrer Kirche, ohne dass klar ist, was dies in Bezug auf ihre individuelle Religiosität wirklich bedeutet. Untersuchungen zeigen, dass sich unter den Kirchenmitgliedern ein ebenso buntes Spektrum verschiedenster Glaubensvorstellungen findet wie außerhalb der Kirchen.

Während Vertreter eines erweiterten, funktionalen Religionsverständnisses davon ausgehen, dass sich die Sinnkonstruktionen lediglich wandeln und familiärer Rückzug, Fußballbegeisterung oder hedonistische Selbstverwirklichung gleichermaßen als moderne Form von Religion angesehen werden können, darf dies nicht darüber hinweg täuschen, dass das *christliche* (Selbst-) Verständnis, das unsere Gesellschaft über viele Jahrhunderte geprägt hat, tatsächlich zurückgeht. Verloren gehen nicht nur die Kenntnisse biblischer Geschichte und Gestalten oder das Wissen über die Bedeutung kirchlicher Feiertage und Feste, sondern auch das Verständnis grundlegender theologischer Aussagen. Hinzu kommt das Schwinden eines Gottes als persönliches Gegenüber. Gott, sofern er überhaupt noch eine Rolle spielt, wird zunehmend entpersonalisiert. Der Wandel der Glaubensinhalte in unserer Gesellschaft und der damit verbundene Abschied von christlichen Vorstellungen und Überlieferungen ist ein nicht immer einfach nachzuvollziehender Prozess. »Glaube« und »Unglaube« sind keine einfachen, dichotomen Kategorien, sondern weisen einen verblüffenden Überlappungsbereich auf. Gläubige und Ungläubige gleichermaßen ringen um Konzepte darüber, »was die Welt im Innersten zusammenhält«, und zweifeln zugleich daran. Buchstäblich erfahrbar wurde dies in der viel besuchten Ausstellung »Glaubenssache. Eine Ausstellung für Gläubige und Ungläubige« im Stapferhaus, die vom 18. 10. 2006 bis 28. 10. 2007 in Lenzburg, Schweiz, gezeigt wurde. Jeder Besucher musste sich beim Eintritt in die Ausstellung zwischen zwei Türen entscheiden, die mit »Gläubige« und »Ungläubige« überschrieben waren. – Durch welche Tür würden Sie eintreten? – Die vielfach spürbare Ambivalenz der Besucher hat augenscheinlich gemacht, dass »Glauben« und »Unglauben« für viele Menschen im Innersten eben keine kategorialen Bereiche sind, sondern ein Kontinuum, in dem sich jeder immer wieder neu verorten muss.[4] Um diesen Prozess des Zweifelns und Ringens zu verstehen, ist ein individueller Zugang notwendig. Religion, Glaube oder Unglaube erschließt sich individualpsychologisch vom Einzelnen her auf ganz andere Weise als über theologische Dogmen oder institutionelle Strukturen. Die Literatur dazu, was Menschen in unserer Gesellschaft glauben oder was sie vom Glauben abhält, ist

---

4 Interessanterweise und sehr symbolträchtig fanden sich alle Besucher nach Durchschreiten der jeweiligen Tür im selben Raum wieder. Die Auswertung am Ende der Ausstellung ergab, dass von den 33.213 Besuchern 63,5 % (67,4 % der Frauen und 57,6 % der Männer) durch die Tür der »Gläubigen« eingetreten sind und 36,5 % durch die Tür der »Ungläubigen«. Die weitere Detailauswertung eines in der Ausstellung durchgeführten Religiositätstests zeigt jedoch, dass auch »Ungläubige« glauben bzw. »Gläubige« sich keineswegs an traditionsgemäße Glaubensvorgaben halten. Vgl. Stapferhaus 2012.

spärlich, und zu den Themen »Unglaube«, Glaubenszweifel oder Glaubensab-kehr liegen aus individuumszentrierter Perspektive kaum Arbeiten vor.

Zudem besitzen die Begriffe »Unglaube« und »Atheismus« eine Problematik, derer man sich bei ihrer Verwendung unbedingt bewusst sein sollte. Zum einen suggerieren sie Einheitlichkeit der damit bezeichneten Phänomene, obwohl die Menschen, die Atheisten oder Ungläubige genannt werden, sich sehr stark in ihren Motiven und ihrer Lebensführung unterscheiden können. Zum anderen sind die Begriffe problematisch, da sie einen Mangel, das Fehlen von etwas und damit in gewisser Weise Unvollständigkeit ausdrücken. Atheismus und Un-glaube sind Negativbegriffe, sie besagen nur, dass Menschen nicht an (den richtigen) Gott glauben. Aber sie zeigen darüber hinaus nicht, woran die Men-schen glauben und wie sie ihr Leben gestalten. Es fehlt bei dieser Perspektive in der Regel das Verständnis für die jeweils als Atheisten oder Ungläubige be-zeichneten Personen und der Schritt zum Verstehen wird oft nicht gegangen.

Für die Auswertung des Materials der oben genannten Studie wurden in-haltlich relevante Kategorien entwickelt, die sich thematisch drei Oberthemen zuordnen lassen.

1.) Zweifel und Enttäuschung

Für viele Menschen ist die Ablehnung von Gott und Religion keineswegs eindeutig. Negative Erfahrungen, Enttäuschungen, Zweifel und bedrohliche theologische Konzepte haben dazu geführt, dass sie nicht (mehr) glauben können oder wollen. Welche Erklärungsmuster führen die Auskunftspersonen in diesem Sinne an, um sich selbst und anderen ihre Abkehr von Gott ver-ständlich zu machen? Die jeweiligen Begründungsstrukturen verraten viel über implizite Grundannahmen und Erwartungen.

2.) Ablehnung

Betrifft jene Konzepte, die eine klare ablehnende Haltung gegenüber Gott und Kirche zum Ausdruck bringen. Innerhalb dieser Gruppe haben sich die Krite-rien »religiöse Indifferenz«, »Atheismus« und »Agnostizismus« als hilfreiche differenzierende Kriterien erwiesen.

3.) Alternativen

Von nicht wenigen Auskunftspersonen wurde die Internetseite genutzt, ihre Ablehnung des christlichen Gottes (oft aber auch der Kirche) durch bessere Alternativen zu begründen. Unter diesen Abschnitt fallen jene Aussagen von Menschen, die das Christentum auch auf kognitiver Ebene nicht mehr befriedigt und die alternative Weltbilder als kongruenter und plausibler erleben.

In der Auswertung des Materials wird deutlich, dass die Abkehr oder Dis-tanzierung vom Glauben ein oft schmerzlicher Prozess ist, dessen Verständnis – quasi von der Rückseite her – einen wichtigen Beitrag zur Psychologie indivi-dueller Religiosität leistet. Der religionspsychologische, individuumsbezogene

Ansatz erzeugt durch die daraus abgeleitete Klassifizierung des Materials ein eindrucksvolles Gesamtbild der individuellen Beweggründe.

3   Zweifel und Enttäuschung

Längst nicht alle, die sich auf der Homepage www.ohne-gott.de geäußert haben, lehnen Religion und Gott entschieden ab. Viele haben jedoch in ihrem Leben Erfahrungen machen müssen, die sie an ihrem Glauben oder generell an Religion zweifeln lassen. Eben diese Menschen, die sich in einem Zustand voller Zweifel und Enttäuschung befinden, bei denen aber noch eine Bindung zu Religion besteht, werden im folgenden Abschnitt betrachtet.

Der in diesem Rahmen gewählte Ansatz, die individuellen Gründe für Zweifel und den häufig daraus resultierenden Unglauben zu untersuchen, ermöglicht es, den zweifelnden Menschen sehr nahe zu kommen und sie in ihrer Haltung besser zu verstehen: Wie begründen sie ihre Enttäuschung und ihre Skepsis?

Der Zustand, in dem sich die Personen befinden, kann vereinfacht als Zwischenstufe oder Vorstufe zum Atheismus verstanden werden. Die Menschen hadern noch mit Gott und Religion, ihre Ablehnung ist nicht radikal. Doch es könnte sein, dass die letzte Konsequenz aus ihren Zweifeln und ihrer Enttäuschung die Abkehr von Gott, der Atheismus, ist.

In den Zitaten, die den Ausführungen des Abschnitts »Zweifel und Enttäuschung« zugrunde liegen, zeigt sich oftmals eine große Emotionalität. Wie so oft wird auch in der Diskussion auf der Internetseite deutlich, dass Glaube und Gott keine Themen sind, die sich nüchtern erörtern lassen, weder aus einer ablehnenden noch aus einer zustimmenden Haltung heraus. Menschen fühlen sich bei dem Thema »Glauben oder Nicht-glauben« schnell verletzt und provoziert, gehen in eine Abwehrhaltung und greifen andere zum Teil aggressiv an, um sich selbst zu verteidigen.

Durch die Analyse der Beiträge wird deutlich, dass es sehr unterschiedliche Gründe gibt, Gott abzulehnen. Es zeigt sich aber auch, dass die Menschen meist auf ähnliche Argumentationslinien zurückgreifen, um ihre Enttäuschung zu begründen. Diese erweisen sich damit als grundlegend für eine atheistische Position und sollen im Folgenden aufgegriffen und veranschaulicht werden.

Die Theodizee als unlösbares Problem gilt als eines der Hauptargumente des theoretischen Atheismus. Die Frage nach Gottes Gerechtigkeit (Theodizee) ist auch Gegenstand der Beiträge auf der Internetseite und wird als Argument gegen Gott ins Feld geführt. Differenziert wird dabei die Relevanz des persönlich erlebten Leids von der eher allgemeinen Betroffenheit über das Leid in der Welt.

Beispiel 1: Die Theodizee – Problematik resultiert aus der Wahrnehmung allgemeiner Leidenssituationen in der Welt.

Fall 295, weiblich, 17 Jahre

»Sie sagen, der Gott der Juden und Christen würde retten[d] in die Geschichte eingreifen. Wann hat er das getan? Als die so genannten Hexen verfolgt, gefoltert und grausam getötet wurden? Als die Kreuzzüge geführt wurden? Als auf Hitlers Befehl hin tausende von Juden in den KZs gelandet sind? Wenn so Gottes Hilfe aussieht, wären wir ohne ihn wohl besser dran«.

Beispiel 2: Theodizee – Problematik entsteht aufgrund der Erfahrung persönlichen Leids

Fall 29, weiblich, 49 Jahre

»Ich möchte mich eigentlich kurz fassen aber das wird sicher nicht möglich sein. Mein Vater starb als ich 8 Monate alt war. Als Kind hat man mir erzählt er wäre ein Engel bei Gott (was wollte Gott von ihm, meine zwei Geschwister und ich brauchten doch ein[en] Papa, meine Mutter ihren geliebten Mann, der in ihren Armen gestorben ist). In die Kirche gehen, als Kind fand ich [das] schön, es wurde immer viel gesungen, das gefiel mir, aber mehr auch nicht. Als ich 11 war starb meine Mutter (an einem Herzinfarkt oder gebrochenen Herzen, wer weiß). Gott kann sie doch nicht zu sich geholt haben, er kann doch nicht so grausam sein oder? Sollte ich diesen Gott in mein Leben lassen, zu ihm beten, hatte ich denn etwas getan wofür ich um Vergebung bitten sollte? Meine ältere Schwester nahm mich auf, eine liebevolle Frau, die immer für andere Menschen da ist, aber nie von einem Gott in ihrem Leben spricht«.

Ein nicht unerheblicher Anteil der Beiträge ist gekennzeichnet durch die oft verblüffend vereinfachte Gleichsetzung von Gott und Kirche. Negatives Handeln der Kirche als Institution und ihrer Vertreter in der Vergangenheit und Gegenwart dienen oft als Begründung für die Abwendung von Gott und Religion generell, ohne dass eine Differenzierung von Kirche, Gott und Religion vorgenommen wird.

Beispiel 3: Das negative Kirchenbild führt auch zur Infragestellung der Existenz Gottes.

Fall 188, männlich, 58 Jahre

»Inquisition, Hexenverbrennung, Völkermord, Judenverfolgung, Reichskonkordat 1933, Kinderschänder, Zölibat, Bettelbriefe, Geschichte der Päpste [...], darum kann ich [nicht] an einen ›Gott‹ und schon gar nicht an einen christlichen glauben«.

»Ich wünschte, ich wäre gläubig, glaub' ich«.[5] So oder ähnlich beschreiben viele der Beiträger ihre Distanz zu Gott, die häufig mit dem Gefühl eines Mangels verbunden ist. Diejenigen Personen, deren unbefriedigte Sehnsucht nach Gott

---

5 So der Titel einer religionssoziologischen Untersuchung zu Religion und Religiosität in der Lebensführung der späten Moderne von Judith Könemann (vgl. Könemann 2002).

sie veranlasst hat, das Internetportal zu nutzen, erleben sich von Gott getrennt und entfernt, bedauern diesen Zustand aber und würden ihn gerne ändern. Hier zeigt sich eine große innere Zerrissenheit der Personen, sie wünschen sich glauben zu können und sehnen sich nach Halt und Orientierung durch den Glauben. Warum ist es diesen Menschen nicht möglich, an Gott zu glauben, was hindert sie daran? Und worin liegen die Gründe für ihre Sehnsucht, glauben zu wollen?

Beispiel 4: Verdeutlicht ambivalentes Verhältnis zwischen Gott und Gläubigem auch in Form der wechselnden Sehnsuchts-, und Glaubensphasen.

Fall 404, weiblich, 15 Jahre

»Es fällt mir [...] manchmal schwer an Gott zu glauben! Dennoch kann ich auch nicht ohne ihn leben, Gott kann man alles anvertrauen und er ist da wenn man ihn braucht. Dennoch wird einem durch Gott eher indirekt als direkt geholfen, denn wenn ich mit Gott kommuniziere, also in Form von Gebeten, bekomme ich ja auch nicht direkt die Lösung für mein Problem. Dennoch fühle ich mich nach Gebeten immer besser und ich habe zumindest das Gefühl, dass er mir irgendwie geholfen hat, auch wenn ich es nicht sofort verstehe. Ich kann nicht ohne Gott leben, aber dennoch kann ich manchmal auch nicht recht an ihn glauben«.

Beispiel 5: Veranschaulicht die einschneidenden Konsequenzen, wenn sich Glaube als Lebensfundament nicht mehr bewährt.

Fall 412, weiblich, 45 Jahre

»Darf Gott all seine Versprechen brechen? Wie lange schaut Gott zu, wie ein Mensch der immer fest an ihn geglaubt hat, zerbricht? Den gütigen Gott gibt es nicht, das ist mir zur Gewissheit geworden. Dadurch ist mein Leben restlos durcheinander gekommen, hat eigentlich seinen tieferen Sinn verloren. [...] Der Gott, an den ich geglaubt habe, würde mir zur Hilfe kommen, würde sich wieder spüren lassen, aber trotz meiner Gebete hat er kein Erbarmen. Ich bin unendlich traurig«.

Die Analyse erlebter Enttäuschungen und Kränkungen ehemals Gläubiger verdeutlicht, wie tief gehend und weit reichend derartige oft von kirchlichen Repräsentanten zugefügte Erfahrungen sind. Im religiösen Kontext erlebte Kränkungen und Enttäuschungen erschüttern das Selbstwertgefühl einer Person in einem Ausmaß, das kaum rückgängig gemacht werden kann. Für kirchliche Vertreter oder Mitarbeiter mag es dabei überraschend sein, wie konsequent im Erleben negative Erfahrungen mit einzelnen kirchlichen Vertretern auf die Kirche als Ganzes und sogar auf Gott übertragen werden.

Beispiel 6: Ein durch Enttäuschung entstandener emotionaler Konflikt,
resultiert in Selbstwertminderung des Gläubigen und dessen Abkehr von Gott.

Fall 92, weiblich, o. A.

»Ich habe immer an den gütigen Gott geglaubt, aber jetzt spüre ich ihn nicht mehr. Wo
ist der gute Hirte, der Vater? Da hilft es mir auch nicht mehr, dass ich mal Theologie
studiert habe. Sollte es ihn doch geben und ich ihm wichtig sein, findet er mich ja
vielleicht einmal wieder. Ich habe ihn verloren, weil er da, wo ich ihn besonders gebraucht hätte, nicht da war, obwohl ich fest geglaubt habe, ich hätte sein Versprechen.
Diese Enttäuschung tut sehr weh, denn mein Leben war immer ein Leben mit Gott«.

Schließlich wird deutlich, dass eine Abkehr von Gott das Resultat der Gott
zugeschriebenen Eigenschaften und Handlungen sein kann, formvollendet in
kritischen Gottesbildern. Wer das Bild eines strafenden, verfolgenden oder
rachsüchtigen Gottes in sich trägt, hat allen Grund zu der Annahme, dass ein
Leben ohne einen solchen Gott angenehmer sein könnte.

Beispiel 7: (Ehemals) Gläubige, die ein negatives Gottesbild vermittelt
bekommen haben.

Fall 142, männlich, 27 Jahre

»Auf einer Gemeindefreizeit mit sehr frommen Betreuern wurde keine Gelegenheit
ausgelassen, mit uns Kindern zu beten. Ertappte ich mich, wie meine Gedanken wo-
anders waren, fühlte ich mich schuldig. Verweigerte ich wem meine Hilfe, aus welchem
guten Grund auch immer, ließ es mich tagelang nicht los. Lieber stopfte ich das Mit-
tagessen ganz in mich rein, auch wenn ich nicht mehr konnte, als etwas wegzu-
schmeißen (die armen Kinder in Äthiopien): Ein Gewichtsproblem durch falsch trai-
niertes Essverhalten ist mir als Andenken geblieben...«

4   Ablehnung

Während in der Öffentlichkeit in letzter Zeit vor allem die sogenannten »Neuen
Atheisten« wahrgenommen werden, also diejenigen, die sich in ihrer Ablehnung
von Religion und Gott radikal zeigen und zum Teil sehr stark gegen Gläubige
polemisieren, dominiert im untersuchten Material nicht unbedingt die nach-
drückliche Abkehr von Religion. In einem großen Teil der Beiträge zeigt sich
vielmehr eine bemerkenswerte Gleichgültigkeit gegenüber Religion und religiösen Fragen. Und auch diejenigen, die bewusst Religion ablehnen, nennen
zum Teil sehr unterschiedliche Gründe und vollziehen ihre Abkehr von Glaube
und Gott mehr oder weniger konsequent.

In den Beiträgen auf der Homepage www.ohne-gott.de wurde klar erkennbar,
dass der Begriff Atheismus eigentlich im Plural stehen müsste, weil sehr unterschiedliche Haltungen darunter subsumiert werden. Daher haben sich in-

nerhalb dieses Abschnitts die Begriffe religiöse Indifferenz, Atheismus und Agnostizismus als unterscheidende Kriterien als hilfreich erwiesen.

Die Analyse des empirischen Materials trug dazu bei, diese unterschiedlichen Haltungen in ihren Ursprüngen, Motiven und Konsequenzen zu erörtern. Wie sich die Positionen der Atheisten, Agnostiker und religiös Indifferenten auf die Lebensgestaltung der Menschen auswirken, kann dabei anhand des Materials nicht immer beantwortet werden. Jedoch explizieren einige Personen deutlich, woran sie sich in ihrem Leben orientieren und was ihnen Halt gibt.

Religiöse Indifferenz ist eine Form von Ablehnung Gottes, die sich gleichermaßen aus Gleichgültigkeit und Unkenntnis speist und in der Regel das Resultat einer nichtreligiösen Sozialisation ist. Wer kein Bild, keine Erfahrung und kein Konzept von Gott und Religion hat, wird diese auch nicht vermissen, sondern allenfalls mit Erstaunen feststellen, dass andere Menschen hier auf einen Lebensbereich zurückgreifen, der ihnen gänzlich unvertraut ist. Anhand der Beiträge wird deutlich, dass bei religiös indifferenten Personen keine Spannung zwischen Glaube und Unglaube besteht, da für sie die Frage nach Gott einfach nicht relevant ist. Es wird erkennbar, dass religiöse Indifferenz eine weit verbreitete Haltung in Deutschland ist, die in bisherigen empirischen Untersuchungen vernachlässigt wurde.

Beispiel 8: Religiöse Gleichgültigkeit aufgrund der Ansicht, dass die Existenz Gottes für das persönliche Leben irrelevant sei
Fall 1016, männlich, 26 Jahre
»Gott existiert für mich nicht, da er/sie/es keinen Einfluss auf mich noch auf die mich umgebende Welt hat«.

Beispiel 9: Religiöse Indifferenz aufgrund fehlender religiöser Sozialisation
Fall 189, männlich, 30 Jahre
»Ich wurde nicht religiös erzogen. Meine Eltern sind aus mir unbekannten Gründen aus der Kirche ausgetreten und mein beschränktes Wissen zu diesem Thema erhielt ich aus dem (damals?) bis zu einer gewissen Stufe obligatorischen Religionsunterricht (Zwang?), den Filmen und Sendungen im TV, den Ritualen der Gesellschaft (Weihnachten, Ostern usw.), Zeitungsberichten und und und... Ich habe von mir aus nie das Bedürfnis verspürt, mich mit diesem Thema zu beschäftigen, aber selbst wenn man das nicht will, wird man damit immer und immer wieder konfrontiert«.

Klarer in ihrer ablehnenden Haltung sind die Atheisten, die davon ausgehen, dass es keinen Gott gibt und dieser nur eine Hilfskonstruktion schwacher und bedürftiger Menschen sei. Die Begründung für die Nichtexistenz eines göttlichen Wesens wird aus verschiedenen Quellen gespeist:

Beispiel 10: Atheistische Position gründet in Opposition zu einem christlich geprägten Gottesbild

Fall 85, männlich, 27 Jahre

»Aber wenn es an die entscheidenden Fragen geht: Glaubst du, dass da jemand ist, der das Universum und alles Leben erschaffen hat, der jeden Menschen mit Namen kennt und liebt, dass es einen Teufel gibt und ein Jenseits, dass eine Jungfrau schwanger werden und ein Mensch von den Toten auferstehen kann? Dann kann ich nur mit einem klaren Nein antworten, ich glaub ja auch nicht an den Osterhasen«.

Beispiel 11: Atheistische Position baut auf die Unmöglichkeit der Beweisbarkeit der Existenz eines göttlichen Wesens und bestimmter religiöser Glaubensinhalte

Fall 712, männlich, 41 Jahre

»Es gibt kein Phänomen mehr, für das als Erklärung Gott hinzugezogen werden muss. Wissenschaftliche Erklärungen beweisen nichts endgültig und jede wissenschaftliche Theorie wirft neue Fragen auf. Aber immerhin sind wissenschaftliche Theorien überprüfbar. Das unterscheidet sie von theologischen Aussagen, die oft nur Hoffnungen oder Wunschdenken widerspiegeln«.

Beispiel 12: Atheistische Position aufgrund der Annahme, dass Gott ein menschliches Konstrukt sei.

Fall 1192, männlich, 18 Jahre

»Gott existiert für mich nicht, weil ich denke, dass es eine von uns (den Menschen) erfundene Instanz ist, die uns zum moralischen Leben verleiten soll. Im Mittelalter wurde dieser Irrglaube durch die Kirche ausgenutzt! Die Menschen wurden mithilfe ihres Glaubens und ihrer Unwissenheit unterdrückt und missbraucht«.

»Ich kann mich auf keinen Gott verlassen, von dem ich nicht sicher sein kann, ob es ihn gibt«, ist eine typische agnostische Grundhaltung. Die Ablehnung Gottes wird mit der prinzipiellen Unmöglichkeit begründet, sicheres Wissen über transzendente Sachverhalte zu erlangen. Innerhalb der Beiträge finden sich »bewusste«, selbstbezeichnende Agnostiker und jene, die ihren Standpunkt mit der Nicht-Beweisbarkeit Gottes anführten und auf diesem Weg die Kriterien für Agnostizismus erfüllten. Es kann im Einzelfall natürlich nur anhand der vorliegenden Informationen gemutmaßt werden, ob eine Person nach intensiven Überlegungen zu ihrer agnostischen Haltung kommt oder ob sie es sich leicht macht, die Frage nach Gott für nicht beantwortbar erklärt und es unterlässt, weiter darüber nachzudenken.

Beispiel 13: Beitrag einer Person, die sich explizit als Agnostiker bezeichnet.
Fall 544, männlich, 67 Jahre
»Zur Klarstellung, ich bin nicht unbedingt Atheist, sondern Agnostiker. Ich glaube, dass die letzten Wahrheiten für Menschen nicht erkennbar sind, auch wenn die Kirchen dieses meiner Meinung nach in unzulässiger Weise für sich in Anspruch nehmen«.

Beispiel 14: Konsequenzen, die sich aus agnostischem Denken ergeben
Fall 216, männlich, 26 Jahre
»Als Agnostiker (und Atheist gegenüber dem christlichen Gottesbild, das ich für logisch widerlegt halte z. B. Theodizee) habe ich eine andere Weltwahrnehmung. Ich kann über mich, mein Leben, die Welt nachdenken, ohne den Fremdkörper eines personalen Gottes, der entweder Vorannahme oder Ergebnis meiner Gedanken sein muss. Ich lebe im Frieden damit, dass es für uns Menschen nicht beantwortbare Fragen gibt«.

5 Alternativen

Wie in den vorherigen Abschnitten deutlich wurde, muss zwischen prinzipiellem Atheismus, der jede Form von Religion und Vorstellung des Göttlichen ablehnt, und einem Atheismus, der vor allem in der Zurückweisung eines personalen Gottes besteht, differenziert werden. Der zweite Atheismusbegriff ist nicht zwingend mit Areligiosität gleichzusetzen, was im Folgenden zu sehen sein wird.

Die christliche Religion bietet den Verfassern keine befriedigenden Antworten. Allerdings besteht bei ihnen ein großes Bedürfnis nach Sinn, Orientierung und Spiritualität. Die Ablehnung des Christentums eröffnet ihnen die Freiheit zu wählen und für sich Alternativen zu suchen, die ihre Bedürfnisse erfüllen und ihrer Lebenswirklichkeit eher entsprechen. Wie zu sehen sein wird, fällt ihre Wahl dabei auf andere Religionen oder Spiritualitäten oder sie richten sich an weltlichen Alternativen wie Humanismus oder Wissenschaft aus.

In den Beiträgen des empirischen Materials fanden sich diverse Argumente, die Auskunftspersonen zur Begründung ihrer Alternativen anführen. In ihrer Ablehnung des Christentums und der Bevorzugung einer Alternative wird deutlich, welche Erwartungen sie implizit oder auch ganz offen an Religion richten und warum diese Erwartungen nicht mehr von christlicher Religion erfüllt werden können.

Es fanden sich jene, deren Ablehnung sich in erster Linie gegen das Christentum, weniger aber gegen Gott richtet, und die infolgedessen eine bessere religiöse Alternative gewählt haben. Was den Buddhismus, Islam oder Satanismus attraktiver macht als die Religion der eigenen Kultur wird sehr unter-

schiedlich begründet und verdeutlicht die jeweiligen inneren Bedürfnis- und
Verarbeitungsstrukturen.

Beispiel 15: Eine negative Sicht auf die christliche Religion resultiert in der Abkehr und Zuwendung hin zum Buddhismus.

Fall 969, männlich, 27 Jahre
»Ich bin seit ca. 3 Jahren glücklicher Buddhist. Ich habe mich längere Zeit in christlichen Kreisen bewegt und mich dann bewusst abgewandt. Buddha ist kein Gott so wie
allgemein Gott verstanden wird. Er ist vielmehr ein Vorbild, ein großer Bruder, ein
Trainer der dich weiterbringen möchte. Eine Religion ohne Verbote, ohne göttliche
Strafe, ohne spießige Moral, ohne Buckeln vor Gott. [...] Wer glaubt, dass es mehr
zwischen Himmel und Erde gibt, als man sehen kann, aber mit den christlichen Un-
gereimtheiten nicht zurechtkommt, für den ist Buddhismus einfach perfekt«.

Beispiel 16: Person, die sich offen zum Islam bekennt.

Fall 1036, o. A., o. A.
»Gott ist mir nicht begegnet: Jeden Tag, jede Stunde, jede Minute unseres Lebens. Gott
spricht nicht mit uns, weil wir so betrügerisch geworden sind. Er vertraut keinem. Ich
selber gehöre dem islamischen Glauben an, aber Gott ist für uns alle [da]. Mohammed
sagte bevor er starb, man solle das Beten nicht vergessen. Er hört alles was wir uns
wünschen, aber wir müssen was tun.
Gott existiert für mich nicht...: Doch er existiert, sonst wären wir nicht hier. Er hat so
viel Kraft.
Ich kann nicht an Gott glauben...: Ich glaube an ihn und ich werde es tun so lange ich
lebe.
Ich bedaure Menschen, die an Gott glauben...: nein das tue ich nicht. Glaube an Gott
wird dir den Weg zeigen«.

Beispiel 17: Der Satanismus ist für diese Person eine rational nachvollziehbare Religion.

Fall 319, weiblich, o. A.
»Mein Interesse für LaVey beruht im Wesentlichen darauf, dass ich den Satanismus
logisch nachvollziehen kann. Seine Erklärungen über den Menschen und das Wesen
des Menschen an sich sind stimmig und glaubhaft, wenn man sich in der Welt umsieht.
LaVey stellt den Menschen als ein Tier dar, ein weiterentwickeltes Tier zwar, aber
trotzdem nichts anderes. Der Satanismus hält die Menschen dazu an, nach all ihren
tierischen Instinkten zu leben, statt sie zu unterdrücken...«

Eine andere »religiöse« Form der Ablehnung Gottes richtet sich gegen ein personales Gottesbild. Die hier dargestellte Argumentation zur Ablehnung Gottes
lautet: Ich kann nicht mit Gott leben, weil es Gott als Person oder personales
Wesen nicht gibt. Der christliche Gott ist für diese Personen unattraktiv und
nicht zeitgemäß, Gott wird von ihnen unpersönlich als Energie oder Kraft
konzeptualisiert.

Beispiel 18: Für diese Person ist das biblische Gottesbild nicht haltbar.

Fall 479, weiblich, 23 Jahre

»Natürlich gibt es Gott - oder etwas, das man als Gott bezeichnen kann - es gibt reale Hinweise darauf in dieser Welt. Nur die Annahme der biblischen Wesenheit Gott, die den Lauf der Welt planend vorherbestimmt, verstrickt einen in unüberwindbare Widersprüche. Gott ist der Wille zu sein. Reicht das nicht? Ist das nicht wunderbar genug? Alles ist aus dem Nichts entstanden, nur weil der Drang dazu da war. Der übermächtige Wille zu sein schafft Energie und aus Energie wurde Materie. Teile der Materie schafften es sogar, ein Bewusstsein zu entwickeln. Ist das nicht ein Wunder? Warum brauchen wir heute noch den Glauben an einen großen Erschaffer, der uns Aufgaben gibt und Prüfungen unterzieht? Haben wir vielleicht so eine Angst davor, selbst die Verantwortung zu übernehmen?«

Beispiel 19: Vorstellung des Menschen als Gott.

Fall 1151, männlich, 34 Jahre

»Ich bedaure Menschen, die an Gott glauben…: weil es sich dabei allenfalls um einen Energiestrom im eigenen Körper handelt, der von Religiösen zu ›Gott‹ stilisiert wird… auch Liebe hat ihre Biochemie und mehr als Liebe ist da nicht. Man kann den Energiestrom loslassen, frei sein und damit sehr beglückende Erfahrungen machen, ohne ihn deshalb einer ›fremden‹ Wesenheit zuschreiben zu müssen. […] Und Gott brauche ich nicht zuletzt deshalb nicht, weil ich letztlich selbst ›Gott‹ bin. Und jeder Mensch, der mir begegnet, ist ebenfalls ›Gott‹«.

Als klare innerweltliche Alternative zu Gott und Religion werden von einigen der Auskunftspersonen der Humanismus oder ein wissenschaftliches Weltbild angesehen. Aus der Sicht des Humanismus ist eine religiöse Begründung für einen ethischen Umgang der Menschen untereinander nicht entscheidend, ja unter Umständen sogar hinderlich. Religion wird teilweise als schädlich empfunden, da aufgrund von religiösen Dogmen und Glaubensfanatismus ein friedliches Zusammenleben als unmöglich erachtet wird. Infolgedessen kann die Zuwendung hin zu einer humanistischen Weltanschauung auch als Argument gegen Gott und Religion angeführt werden.

Beispiel 20: Person, die sich ausdrücklich zum Humanismus bekennt und die Existenz Gottes verneint.

Fall 460, männlich, o. A.

»Ich vertrete einen atheistischen Humanismus für den der Mensch und sein Wohlergehen im Vordergrund stehen«.

Die als Gegenargument zur Religion und Gott herangezogenen naturwissenschaftlichen Weltbilder bilden oft keine wirkliche Alternative. Bemerkenswert im Hinblick auf diese Themenstellung ist, dass laut der britischen Fachzeitschrift *Nature* (1998) 93 % der amerikanischen Spitzenwissenschaftler der National Academy of Sciences als »Religionsfreie« gelten – und das, obwohl die

Menschen in den USA weitaus religiöser sind als in Europa. Diese Zahl lässt vermuten, dass – trotz bemühter Ausnahmen – wissenschaftliches Denken und eine religionskritische Einstellung sehr nah beieinander liegen.

Beispiel 21: Konflikt zwischen wissenschaftlichem Weltbild und dem Glauben an Gott.

Fall 1040, männlich, 38 Jahre
»Leute, tretet aus der Kirche aus, es ist doch alles schon wissenschaftlich erklärbar, das Göttliche hingegen weder greifbar, noch nutzbar, irgendwie nachweisbar!«

Beispiel 22: Für diese Person besteht zwischen Wissenschaft und Religion kein Widerspruch.

Fall 108, männlich, 49 Jahre
»Trotz aller genialen wissenschaftlichen Erklärungen der Funktionsweisen von Natur durch den Menschen, sind diese für mich doch letztendlich immer wieder ein Beweis dafür, dass es Gott geben muss«.

6   Fazit

Wie kann man nun die Ausgangsfrage »Was glaubt, wer nicht glaubt?« beantworten?

In dem analysierten Material hat sich deutlich gezeigt, dass die Positionen derer, die ihre Meinungen und Erfahrungen auf www.ohne-gott.de zur Verfügung gestellt haben, vielfältig sind und sie keine einheitliche Haltung vertreten. Ebenso wenig wie es »den« religiösen Menschen gibt, gibt es »den« Gottesfernen oder Atheisten. Menschen, die sich als solche bezeichnen oder von anderen zu diesen gezählt werden, bilden eine sehr heterogene Gruppe. Ihre Motive dafür, dass sie sich von Gott bzw. von Religion abgewandt haben, sind ebenso unterschiedlich wie die Konsequenzen ihrer Einstellung auf ihre Lebensführung. Auch in dem, was sie ablehnen, unterscheiden sie sich: Einige lehnen die Institution Kirche ab, andere ein personales Gottesbild, die christliche Religion oder Religionen generell. Menschen zeigen sich als reflektierte Atheisten, als zufällige Atheisten (durch Sozialisation oder weil die Frage Gott für sie gleichgültig ist) oder als »gezwungene« Atheisten (sie wollen glauben, können es aber nicht, ein einschneidendes Ereignis hat ihren Glauben in Frage gestellt).

Die Auswertung der Einträge hat auch gezeigt, dass für viele Menschen die Ablehnung Gottes mit einem inneren Ringen verbunden ist. Gott und seine irdische Vertretung werden an den erlebten und vermittelten Gefühlen, Weltbildern und nicht zuletzt am Verhalten derer, die sich als Christen bezeichnen, gemessen. Deutlich wurde, welche tiefen und überdauernden Wirkungen

Kränkungen und Enttäuschungen entfalten, die mit kirchlichen Vertretern und Institutionen gemacht wurden. Die oft verblüffend einfache Gleichung von Kirchenvertreter = Kirche = Religion = Gott verdeutlicht aus psychologischer Sicht, wie sehr im religiösen Kontext erlebte Verletzungen innerpsychisch pars pro toto erlebt und bewertet werden. Während manche ihr Nicht-glauben-können bedauern und voller Sehnsucht offen für einen transzendenten Anker-punkt sind, erleben andere mit der Ablehnung christlicher Religion und des christlichen Gottesbilds eine große Freiheit. Nicht mehr an überkommenen Moralvorstellungen festhalten zu müssen und selbst zu entscheiden, worin der Sinn des Lebens bestehen soll, wird von diesen Menschen erleichternd erlebt. Die meisten Personen, die eine atheistische Haltung geäußert haben, bewerten ihr Leben ohne Gott als positiv, in Freiheit von Zwängen, Verpflichtungen und Dogmen. Aber eben diese Freiheit kann, wenn sie bewusst wahrgenommen und genutzt wird, auch sehr anstrengend sein. Doch Atheisten können andere »Lö-sungen« gefunden haben, Alternativen, die ihnen Orientierung bieten. Hier werden häufig das Vertrauen in die eigene Person, Familie, Freundschaft und Natur genannt. Die Ergebnisse unserer Arbeit haben deutlich gemacht, dass sich die Menschen zwar in ihren Gründen der Ablehnung unterscheiden, sie aber darin übereinstimmen, dass christliche Religion unzeitgemäß sei und nicht in ein Leben der Gegenwart passe.

In der Öffentlichkeit wird »Atheismus« oft mit der vollständigen Ablehnung von Gott und Religion assoziiert. Es zeigt sich aber, dass Menschen, die sich von Gott abgewandt oder einfach keinen Zugang zu Gott haben, nicht zwangsläufig »spirituell unmusikalisch« sein müssen. Auffällig ist, dass sich bei vielen Menschen der Untersuchung eine Sehnsucht nach Glauben und Spiritualität zeigt, die aber nicht mehr durch christliche Religiosität erfüllt werden kann. Ihre Ablehnung bezieht sich häufig auf eine personale Gottesvorstellung, die Insti-tution Kirche und christliche Religion, nicht aber auf Religion im Allgemeinen. Sie besitzen zum Teil einen diffusen, unspezifischen, individualisierten und funktionalisierten Glauben oder eben zumindest die Sehnsucht zu glauben. Dieses Ergebnis stimmt mit neueren Umfragen überein, wie etwa dem von der Bertelsmann-Stiftung durchgeführten Religionsmonitor 2008, demzufolge apersonale Vorstellungen von Gott eine breite Zustimmung erfahren und die personale Gottesvorstellung zunehmend zurückdrängen.

Die Analyse der angeführten Begründungen für die jeweiligen »ohne-Gott«-Einstellungen verdeutlichen nicht nur, warum Menschen nicht glauben, sondern es wurde in gewisser Weise auch nachvollziehbar, warum Menschen glauben oder sich zumindest wünschen zu glauben. Insofern konnten wir uns durch die Untersuchung atheistischer Positionen auch dem Phänomen der Religiosität und Spiritualität nähern. Im Verlaufe der Arbeit wurde immer deutlicher, wie fruchtbar die Analyse individueller Glaubens- (oder Unglaubensaussagen) sein kann und wie sinnvoll es ist, Glaubenshaltungen zu untersuchen, die sich wie auch immer zum (orthodoxen) Glauben verhalten, unabhängig davon, ob diese nun Atheismus, Agnostizismus, religiöse Indifferenz, Glaubenszweifel, Glaubensabkehr, Konversion etc. genannt werden. Eine religionspsychologische Perspektive, die versucht, den Einzelnen vor dem Hintergrund seiner Lebensgeschichte und im Kontext gesellschaftlicher Bedingungen zu verstehen, hat sich hier als besonders hilfreich erwiesen.

Es wird deutlich, dass das Phänomen der religiösen Indifferenz keine Randerscheinung, sondern weit verbreitet ist. Religiös Indifferente begegnen dem Thema mit Gefühlen der Fremdheit und mit Unverständnis. Religiöse Sozialisation und Bildung gehen kontinuierlich zurück und somit auch das Verständnis religiöser Inhalte, Metaphern und Symbole. Religiöse Indifferenz ist in bisherigen empirischen Untersuchungen stark vernachlässigt worden. Die vorliegende Studie hat jedoch gezeigt, dass es durchaus lohnenswert ist, hier weiter zu forschen, da eine signifikante Anzahl der Menschen heute mehr oder weniger stark religiös indifferent zu sein scheint. Trotz ihrer Ferne zu einem christlichen Welt-, Gottes- und Menschenbild bleibt jedoch für viele ein diffuser Wunsch nach Transzendenzbezug offen, der dann wiederum Ausgangspunkt individueller Sinnkonstruktion ist.

Damit wird deutlich, dass aus religionswissenschaftlicher Sicht die religiös-apologetisch geprägten Kategorien Glauben vs. Unglauben nicht wirklich sinnvoll und hilfreich sind. Ausgehend von der Frage, wie Menschen Sinn konstruieren, Kontingenz bewältigen und Kohärenz herstellen, muss es eher darum gehen, diese individuellen Sinnkonstruktionen mit ihren sozial determinierten Metaphern zu erfassen, zu verstehen und zu systematisieren. Um das in der Einleitung verwendete Bild der Ausstellung »Glaubenssache« zu verwenden: Durch welche Tür wir uns dem Menschen auch nähern, durch die Tür seines Glaubens oder durch die Tür seines Unglaubens, wir landen im selben Raum, nämlich dem Raum seiner individuellen Sinnkonstruktion. Die Aufgabe der Religionswissenschaft ist hier, nicht unähnlich dem, was der englische Religionswissenschaftler Ninian Smart als »world view analysis« bezeichnet hat, die vom Individuum ausgehende Erforschung religiöser und nicht-religiöser Inhalte in Bezug auf ihre Sinn und Kohärenz stiftende Relevanz. Dann nämlich wird deutlich, dass weder konfessionelle Zugehörigkeit noch die Selbsteinschätzung als religiös oder nicht-religiös, als gläubig oder ungläubig, zum Verständnis des Individuums wirklich beiträgt. Die Wahlmöglichkeiten und -notwendigkeiten der Moderne, die sich auch auf den Bereich der Sinnkonstruktion und damit die Sphäre von Religionen und Spiritualität beziehen, bedingen ungleich mehr Varianten und innere Ausgestaltungen religiöser, quasi-religiöser, spiritueller oder »weltlicher« Glaubensformen, als dies durch herkömmliche Kategorien fassbar ist.

Die Auswertung der Texte hat gezeigt, dass es zunehmend wichtig wird, den Zwischenbereich dieser Kategorien zu erfassen und zu verstehen.

Wenn wir nun zur Anfangsfrage zurückkehren, zur Frage, was jene glauben, die nicht glauben, so wird anhand der vorliegenden Ergebnisse evident, dass eine (ver)einheitlichende oder gar eindeutige Antwort der Fragestellung nicht gerecht wird. Vielmehr verweist die Analyse der Texte auf einen höchst individualisierten Bereich zwischen Glauben und Unglauben, zwischen klarer Zustimmung zu Gott und klarer Ablehnung, voller Fragen, Zweifel, Enttäuschungen und Wünschen, mit dem Ziel der persönlichen Sinnfindung. Es hat sich gezeigt, dass die Wahrnehmung und Bearbeitung dieses Bereichs nicht nur ein religionswissenschaftlich spannendes Projekt ist, sondern auch für die Kirchen von höchster Relevanz ist, wenn sie ihre (Noch-) Mitglieder und Nicht-Mitglieder verstehen wollen.

Literatur

HÖBSCH, Werner, RIEDL, Bernhard. Ohne Gott leben. Wie geht das? Ein Bericht der Initiatoren von www.ohne-gott.de. In: MURKEN, Sebastian (Hg.), Ohne Gott leben. Religionspsychologische Aspekte des »Unglaubens«. Marburg: Diagonal. S. 15 – 25.

KÖNEMANN, Judith. »Ich wünschte, ich wäre gläubig, glaub' ich«. Zugänge zu Religion und Religiosität in der Lebensführung der späten Moderne. Opladen: Leske und Budrich, 2002.

MURKEN, Sebastian (Hg.) (2008): Ohne Gott leben. Religionspsychologische Aspekte des »Unglaubens«. Marburg: Diagonal.

STAPFERHAUS LENZBURG (2012): URL: Auswertung »Glaubenstest« von Glaubenssache. Eine Ausstellung für Gläubige und Ungläubige des Stapferhauses Lenzburg. URL: http://glaubenssache.stapferhaus.ch/uploads/media/Auswertung_Glaubenstest.pdf, [08. 02. 2013].

Anna Neumaier

Von »Fundi-Christen« und »Kuschelatheisten« – Biografische Narrationen und Selbstverortungen nichtreligiöser Nutzer religionsbezogener Online-Diskussionsforen

1 Einleitung

Auch wenn die Säkularisierungsthese stark umstritten, breit ausdifferenziert und in ihrer normativen oder gar teleologischen Version schnell wieder fallengelassen wurde,[1] bestach sie doch durch die Evidenz einiger der ihr zugrunde liegenden Beobachtungen: Zentrale Faktoren für die bis dato übliche Messung von Religion wiesen und weisen abnehmende Werte auf. Glaubensüberzeugungen, die zuvor nicht oder selten unter einem Konzept von Religiosität diskutiert wurden, gewannen an Zuwachs, Diversität oder zumindest medialer Aufmerksamkeit; und während die frühen Diskussionen sich vor allem auf die Entzauberung der Welt[2] oder den Rückzug der Religion ins Private[3] konzentrierten, erarbeitete sich als logische Konsequenz der Verschiebungen auch die Religionswissenschaft zunehmend den Bereich der alternativen Weltanschauungen als Forschungsfeld. Dies gilt nicht nur für Verschiebungen, die sich noch recht nahe an den Feldgrenzen traditioneller religiöser Traditionen bewegen,[4] sondern zunehmend auch für Akteure oder Kollektive, die ihre Haltung selbst dezidiert als antipodisch zu Religiosität insgesamt verstehen – allen voran die sogenannten »neuen Atheisten«,[5] die in der deutschen Landschaft medialer und gesellschaftspolitischer Debatten wohl das bekannteste Beispiel sind für jene »Anderen«, die den bisher untersuchten Religiösen anscheinend so konträr gegenüberstehen.

Neue Atheisten, neue Säkulare, Spirituelle – das Feld und seine Akteure sind dabei oft schon eingeteilt, noch bevor die Begrifflichkeiten überhaupt explizit

---

1 Vgl. Berger 1988; Berger 1992; Luckmann 1991; Davie 1994; Voas, Crockett 2005, S. 11 – 28; Casanova 1994; 2006, S. 7 – 22. Für den deutschen Raum u. a. Pollack 2009; Knoblauch 2009; Franzmann; Gärtner; Köck 2006.
2 Vgl. Weber 2000, hier S. 123.
3 Vgl. Luckmann 1993.
4 Vgl. bspw. Knoblauch 2009; Bochinger, Engelbrecht, Gebhardt 2009; Hero 2010.
5 Vgl. bspw. Zenk 2012; Plessentin 2012.

diskutiert worden wären. Über Selbstbezeichnungen und Beispiele hinaus ist es
in einem Gesamtüberblick oft schwierig, Trennschärfe zwischen den verschiedenen Gruppen von Nichtreligiösen herzustellen, und noch einmal schwieriger,
religionswissenschaftliche Metasprache mit den Selbstbeschreibungen der jeweiligen Akteure oder (in Deutschland noch eher raren) organisationellen
Verbünden zu verknüpfen. Während unter »säkular« gemeinhin entweder historisch die Trennung von Kirche und Staat bzw. (und für den Kontext dieser
Debatte vermutlich noch einschlägiger) aus soziologischer Sicht ein umfassen-
derer sozialer Prozess verstanden wird, in dem Religion auf verschiedenen
Ebenen an Bedeutung verliert, muss, wenn es dann aus einer religionswissenschaftlichen Perspektive um konkrete Akteure oder Gruppierungen geht, noch
einmal verstärkt auf die feinen Unterschiede zwischen Säkularen, Atheisten,
Nichtreligiösen oder religiös Indifferenten geachtet werden. Hier sind oft implizite und uneinheitliche Kategorisierungen am Werk, die die Forschung zu
diesen Feldern ebenso wie die Verständigung darüber zusätzlich erschweren.[6]
Für eine empirische Arbeit wird neben diesen unterschiedlichen Ausprägungen
des Verhältnisses zu Religion und Religiosität dann außerdem noch ein zweites
Kategoriensystem relevant, nämlich die verschiedenen sozialen Bezugspunkte,
auf die sich der Blick richten kann: Neben verschiedenen Gruppen oder Gemeinschaften auf der Mesoebene sind dies etwa auf der Makroebene politische
Systeme, Staaten oder Kulturräume, auf der Mikroebene dagegen einzelne Akteure und deren Überzeugungen, die unter der Frage nach Säkularität, Atheismus oder Nichtreligiosität diskutiert werden können.[7]

Im vorliegenden Aufsatz soll aus der Vielfalt der Auseinandersetzungen mit
dem Feld des oder der Säkularen der Fokus auf individuelle Narrationen von
(erst einmal weit begriffener) Nichtreligiosität gelegt werden. Die Fragestellung

---

6 So trennt Keysar in einer Analyse quantitativer Daten »three distinct groups: self-identified
  Atheists, self-identified Agnostics, and those who answered ›none‹ to a survey question, ›What
  is your religion, if any?‹«(Keysar 2007, S. 33). Frank L. Pasquale listet die verschiedenen
  Phänomene auf, die sich hinter dem Begriff der Säkularität verbergen können – von man-
  gelnder persönlicher Identifizierung mit religiösen Institutionen oder Traditionen über religiöse Indifferenz bis hin zu feindseliger Ablehnung religiöser Ideen (vgl. Pasquale 2007,
  S. 41), während William A. Stahl für die von ihm untersuchte kanadische Situation in Anlehnung an Anthony Giddens den Begriff »disembedded« dem gebräuchlichen »säkular«
  vorzieht (vgl. Stahl 2007), und Lois Lee in einer Research Note drei von ihr ausgemachte
  terminologische Kerngruppen beschreibt: »1) those which take religion as their root (non-
  religion, irreligion, a-religion, anti-religion), 2) those which take theism as their root
  (atheism, non-theism), 3) those which take the secular as their root (the secular, secularity,
  secularism)« (Lee 2012, S. 130). Für einen vereinheitlichenden Vorschlag zu einer abstrakten
  Begriffsunterscheidung siehe Quack in diesem Band.
7 Auf all diesen Ebenen können die Spielarten unterschiedlicher Formen von Nichtreligiosität
  eine Rolle spielen und entsprechend analysiert werden. Für eine Übersichtsskizze s. Kosmin
  2007, S. 3.

richtet sich dabei zum einen auf die biografische Kontextualisierung, die in den Narrationen vorgenommen und oft als Schlüsselelement der Erzählung aufgebaut wird, zum anderen aber auch auf die Abgrenzungsstrategien, die aus diesen Erzählungen erwachsen. Auf die Relevanz und den Kontext dieser Fragestellungen werde ich im folgenden zweiten Abschnitt eingehen. Ich greife dafür auf drei Fallgeschichten von Nutzern religionsbezogener Online-Diskussionsforen[8] zurück. Diese Nutzer, mit denen ich im Rahmen meiner Dissertation über religionsbezogene Onlineforen und ihre Nutzer Interviews geführt habe, verstehen sich selbst als nicht religiös, in ihren Selbstbeschreibungen zeigt sich dann aber, wie verschieden dieses Selbstverständnis konzeptualisiert werden kann. Auf Spezifika des Feldes und der Fallauswahl werde ich nach den Hinweisen zum Forschungsstand noch einmal genauer eingehen.

2 Zum Forschungsstand und Vorhaben

Im Forschungsstand zu Nichtreligiosität im Allgemeinen lassen sich vor allem zwei große Schwerpunkte ausmachen: Weit verbreitet ist erstens – vor allem im US-amerikanischen Raum, aber auch in Bezug auf verschiedene europäische Länder – die quantitative Untersuchung nichtreligiöser oder atheistischer Teile der Bevölkerung.[9] Die in der Literatur diskutierten Fragen richten sich dann einerseits auf die verschiedenen Items, mithilfe derer Nichtreligiosität messbar gemacht werden soll, und sind dabei zum einen mit methodischen Auseinandersetzungen, zum anderen mit der inhaltlichen Analyse der Korrelation solcher Faktoren verbunden. Andererseits wird nach weiteren Faktoren gefragt, die den jeweiligen Einstellungen oder Selbstbeschreibungen zugrunde liegen könnten. Hier geraten der Art des Vorgehens entsprechend insbesondere demografische Merkmale wie Geschlecht, Religiosität der Eltern, Familienstand, Generationszugehörigkeit oder Wohnort und Region in den Blick.[10] Neben der quantitativen Lagebeschreibung lässt sich (mehr und mehr gerade auch in Deutschland) eine Auseinandersetzung entweder mit den bekannteren Verbänden[11] oder mit den

---

8 Bei diesen Online-Foren handelt es sich um Diskussionsforen, die sich thematisch ausschließlich oder primär religionsbezogenen Themen widmen, und deren Betreiber ihre Plattform als primär religionsbezogenes Angebot darstellen. Die dort behandelten Themen reichen dabei von Fragen der individuellen Lebensführung oder Textauslegung bis hin zu kirchengeschichtlichen oder -rechtlichen Fachdiskussionen.

9 Vgl. bspw. Merino 2012; Voas, McAndrew 2012; Stahl 2007.

10 Für Deutschland ist dies aber auch (dann häufig mit einem Fokus auf den ostdeutschen Bundesländern) erfolgt – für einen Einblick in diese Debatte siehe z. B. die Aufsätze von Kersten Storch, Gert Pickel oder Heiner Meulemann in Gärtner, Pollack, Wohlrab-Sahr 2003.

11 Vgl. den Beitrag von Stefan Schröder in diesem Band, für eine historische Betrachtung Kaiser 2003.

(auch international sichtbaren) Vordenkern der atheistischen oder humanistischen Szene[12] auffinden, die beispielsweise die argumentativen und/oder medialen Strategien dieser offensiv agierenden zentralen Akteure in den Blick
nimmt, die Bandbreite der verschiedenen Organisationen auch über die »neuen
Atheisten« hinaus erfasst oder in einem weiteren Sinne die dazugehörigen
medialen Debatten nachzeichnet.[13]

Ich möchte zentrale Fragen dieser beiden recht unterschiedlichen empirischen Herangehensweisen zu Bezugspunkten meiner Untersuchungen machen,
indem das vorliegende Interviewmaterial in der Analyse nicht nur für sich
stehen, sondern mit Blick auf diese beiden Untersuchungsfelder betrachtet
werden soll. Erstens, mit Blick auf die quantitativen Studien, meint dies weniger,
dass die zentralen Kategorien oder Vorgehensweisen statistischer Erhebungen
in der Breite diskutiert werden sollen. Vielmehr sollen aus einer qualitativen
Perspektive vor allem jene unter den dort verwendeten Faktoren aufgegriffen
und näher betrachtet werden, die sich gleichzeitig als aufschlussreiche Kategorien generisch aus den Interviews ergeben: Konkrete Bezugspunkte ergeben
sich aus den hier vorgestellten Fallbeispielen zum Einen hinsichtlich relevanter
demografischer Einflussfaktoren auf Religiosität. Diese umfassen hier vor allem
religiöse Sozialisation bzw. Erzählungen rund um Erziehung, Elternhaus und in
einem weiteren Kontext Kindheit und Adoleszenz, die Auswirkungen auf religiöse Überzeugungen haben; daneben die Bildungsbiografie sowie zuletzt die
regionale Verortung der betreffenden Person. Einen weiteren Bezugspunkt, der
in statistischen Erhebungen ebenso relevant wie für qualitative Interviewfor-
schung fruchtbar ist, stellen zum Anderen die Dimensionen dar, mithilfe derer
die Intensität von Religiosität oder Nichtreligiosität gemessen wird. Grace Davie
hat hier schon früh die Unterscheidung von *believing und belonging* eingeführt,[14] David Voas und Abby Day verweisen auf die mittlerweile übliche Trias
von believing, belonging und *behaviour*, die konsequenterweise auch als »distinct though overlapping ways of being secular: not belonging (not affiliating),
not believing, and not practicing«[15] herangezogen werden können. Eine vierte
Dimension, die Eingang in diese Überlegungen gefunden hat, ist die der *im-*

---

12 Vgl. Zenk 2012.
13 Nicht unerwähnt bleiben sollen hier auch die qualitativen Arbeiten, die stärker auf die
    individuelle Dimension von Nichtreligiosität abstellen. Hier sind für den deutschen
    Sprachraum vor allem die Veröffentlichungen von Sebastian Murken, etwa in diesem Band
    sowie sein Sammelband (2008) und die Interviewstudien von Monika Wohlrab-Sahr
    (Wohlrab-Sahr, Karstein, Schaumburg 2005) zu nennen. Weitere Studien sind in der Psy-
    chologie, aber auch anderen verwandten Disziplinen jenseits der Religionswissenschaft zu
    finden.
14 Vgl. Davie 1990.
15 Voas, Day 2007, S. 96.

portance: Welche Bedeutung weisen die Befragten Religion zu – sowohl in ihrer Selbstbeschreibung als auch etwa für ihre alltägliche Lebensführung?[16]

Zweitens soll den Analysen der Formationen der sogenannten »neuen Atheisten« und anderer Vordenker und -kämpfer eines gesellschaftlich und politisch aktiven Atheismus anhand der Fallgeschichten der Blick auf Debatten und Auseinandersetzungen gleichsam unterhalb der Oberfläche öffentlicher Aufmerksamkeit zur Seite gestellt werden. Die Positionen prominenter Akteure stehen in wissenschaftlichen Analysen in der Regel für die Untersuchung größerer gesellschaftlicher bzw. medialer Diskurse um Religion und Atheismus. In den im Folgenden vorgestellten Fallgeschichten soll dagegen mit einem Fokus auf den Bereich des Privaten vielmehr die individuelle Bedeutung und biografische Formung von Religiosität bzw. Nichtreligiosität erarbeitet werden. Die qualitativen, oft diskursanalytisch angelegten Arbeiten zu den »neuen Atheisten« sind dem Vorgehen hier jedoch insofern eng verwandt, als dass sie mit einem Fokus auf narrative Strategien der Abgrenzung und Positionierung in einem unklaren Feld der Weltanschauungen eine Blickrichtung aufweisen, die auch im zweiten Teil der folgenden Analyse eingenommen werden soll. Dieser spezielle Zugriff auf Selbstzuschreibungen im Zusammenhang mit Grenzziehungen richtet sich hier aber auf die eher alltäglichen, individuellen Strategien der Selbstverortung – inwiefern daraus ein entscheidender Unterschied zu den professionellen Grenzarbeiten von Verbünden und Vordenkern entsteht, bleibt der Diskussion vorbehalten.

3   Über das Feld und die Fallgeschichten

Das Feld der Online-Inhalte zu religionsbezogenen (einschließlich dezidiert nichtreligiösen) Themen ist naturgemäß unüberschaubar, und reicht von Webseiten und Blogs über Foren und Mailinglisten bis hin zu der unzählbaren Menge an eingespeistem Material in übergreifenden Video-, Bild- oder Nachrichtenseiten ebenso wie in Social-Media-Plattformen. Die Anbieter sind dementsprechend genauso vielfältig, lassen sich aber in der Regel zumindest grob in Privatpersonen und Institutionen unterteilen. Neben Webseiten wie Homepages einzelner oder kollektiver Akteure, die oft eher durch one-to-many-Kommunikation und top-down-Strukturen gekennzeichnet sind, ist eine Vielzahl der Angebote – gerade die Social-Media-Angebote des sogenannten »Web 2.0« – durch mehr oder weniger breit gefächerte Möglichkeiten für die Interaktion und Kommunikation Vieler nutzbar. Aus diesem Spektrum betrachte ich vor allem

---

16 Vgl. für die Arbeit mit dieser Kategorie bspw. Clark, Schellenberg 2006; für eine Darstellung und Diskussion der Ergebnisse siehe auch Stahl 2007.

Diskussionsforen, die sich über die primäre Fokussierung auf religionsbezogene Themen definieren. Diese dort verhandelten Themen lassen sich, etwas verallgemeinernd, in drei Kategorien unterteilen: Die Diskussion aktueller (gesellschafts-)politischer Themen und Entwicklungen mit Religionsbezug, theologische Debatten (darunter auch kirchenhistorische oder -rechtliche Fragen) sowie zuletzt die Besprechung individuell-religiöser Anliegen, etwa hinsichtlich der Vereinbarung von Religion und Lebensführung. Die Foren lassen sich in der Regel durch eine »Hausreligion« oder -konfession charakterisieren, deren Angehörige sie vor allem ansprechen wollen. Nichtsdestotrotz finden sich unter den Nutzern in den allermeisten Fällen auch Angehörige anderer religiöser oder konfessioneller Traditionen sowie solche, die Mitglied keiner religiösen Gruppe oder Organisation sind und/oder sich keiner religiösen Tradition zugehörig fühlen.[17] Die Konstellation bei diesen Forennutzern bietet sich damit als ein prototypischer Fall für die recht spezifische, aber notwendige Unterscheidung zwischen Nichtreligiösen und religiös Indifferenten an, auf die auch Stephen Bullivant hinweist,[18] ebenso wie für deren Zusammenhang zur Kategorie der *importance* religiöser oder nichtreligiöser Überzeugungen: Während jene Online-Nutzer eben über sich selbst (in verschiedenen Ausformungen) sagen, nicht religiös zu sein, liegt doch nahe, dass sie gleichzeitig aber auch nicht religiös indifferent sind, zeigen sie doch durch ihre (zum Teil sehr zeitintensive) Beteiligung an den religionsbezogenen Foren in jedem Fall Interesse an Religion. Dass sie in den dort geführten Diskussionen meist eine dezidierte Meinung vertreten, legt darüber hinaus nahe, dass hier alles andere als eine weltanschauliche Indifferenz vorliegt. Die Kategorie der *importance* ist damit eng verknüpft, aus der Anwendung auf die vorliegenden Fallgeschichten drängt sich aber eine notwendige Unterscheidung auf: Sowohl kann die Kategorie beinhalten, dass die Betreffenden ihre weltanschauliche, nichtreligiöse Haltung als relevant für ihre persönliche Lebensführung halten, als auch kann sie ganz im Gegenteil bedeuten, dass Religion oder persönliche Weltanschauung individuell irrelevant ist, aber dennoch von den jeweiligen Akteuren als gesellschaftlich so relevantes Thema eingeschätzt wird, dass sie dem Thema Religion in der Konsequenz dennoch viel Zeit und Aufmerksamkeit widmen.

Wie beschrieben, möchte ich im Folgenden zum einen biografische Einflussfaktoren auf Nichtreligiosität, zum anderen deren narrative Rahmung in den Blick nehmen. Ich habe dafür drei Fallbeispiele ausgewählt, die sich aus dem Sampling als maximal kontrastive ergeben haben, und an denen deshalb ei-

---

17 Da dies bei der Registrierung in solchen Foren nur in den allerseltensten Fällen (und da auch nur als unüberprüfbare Angabe) erhoben wird, sind diese Aussagen vor allem Ergebnisse der durchgeführten Feldbeobachtungen und Interviews.

18 Vgl. Bullivant 2012.

nerseits unterschiedliche diskursive Strategien der Selbstverortung sichtbar werden, und sich anderseits jeweils einer der genannten Einflussfaktoren besonders deutlich herausarbeiten und hinsichtlich seiner Bedeutung vertieft betrachten lässt. Der folgenden kurzen deskriptiven Darstellung der Fallbeispiele schließt sich deshalb eine feinere Analyse der Selbstbeschreibungen sowie der Verortung in einem religionsbezogenen Feld an.

Christopher[19] ist Student einer Naturwissenschaft. Er ist im deutschsprachigen Ausland aufgewachsen und lebt und studiert dort in einer Großstadt. Sein Elternhaus und seine Erziehung beschreibt er als liberal katholisch, erst einige Wendepunkte in seiner Adoleszenzphase ließen ihn nach eigener Erzählung an seiner Religion und an Religionen insgesamt zweifeln, und letztlich laut Selbstbeschreibung zum »humanistischen Naturalist« werden. Mit der Nutzung eines religiösen Online-Forums hat er begonnen, um der Frage auf den Grund zu gehen, ob und wie Gläubige ihr Leben mit den von ihm als menschenverachtend charakterisierten religiösen Lehren verbinden können. Zwischenzeitlich hat er auch intensiv mitdiskutiert, sich aber wieder auf die lesende Teilnahme zurückgezogen, nachdem seine Beiträge mehrfach zensiert wurden. Aktiv war er zudem auch in anderen religiösen sowie atheistischen Foren, insbesondere in Bezug auf die Atheisten formuliert er aber den Vorbehalt, in ihnen oftmals genauso dogmatische Tendenzen feststellen zu müssen wie bei religiösen Menschen.

Herbert ist ein Rentner in den Sechzigern, der mit seiner Familie in einer westdeutschen Großstadt lebt. Er ist freikirchlich sozialisiert worden, denn seine Eltern waren Mitglieder einer pietistischen Gemeinschaft. Er entschloss sich als Jugendlicher zum Austritt, während seine Familie in der Gemeinde verblieb. Er selbst bezeichnet sich nun als »überzeugter Atheist«. Herberts Zugang zu den Foren erfolgte über die Suche nach religiösen Themen im Internet, bei der er zunächst auf eine Webseite zu atheistischen Themen stieß, und darüber in zwei Foren, ein atheistisches und ein religiöses, gelangte. Er blieb dann langfristig in einem katholischen Forum, weil sich dort die aus seiner Sicht »spannenderen Leute« fanden. Über dieses Forum hat er viele Kontakte geknüpft: Er schreibt sich nicht nur private Nachrichten, sondern trifft sich auch offline regelmäßig mit anderen Nutzern oder fährt gemeinsam mit ihnen in den Urlaub. Neben dem Interesse an den anderen Nutzern hebt er vor allem den Zugang zu neuen Themen hervor, den ihm das Forum ermöglicht, und die er auch jenseits des Forums weiterverfolgt.

Moritz ist ein Mann in den Vierzigern, in Ostdeutschland aufgewachsen und

---

19 Alle Namen sind pseudonymisiert, ebenso Wohnort, Berufsbezeichnungen oder ähnliche Angaben, sofern sie Rückschlüsse auf die Foren- und sonstige Identität der Betreffenden zulassen.

nicht religiös sozialisiert. Er lebt in einer ostdeutschen Großstadt und arbeitet
dort selbstständig im alternativen Milieu. Er ist in einem evangelischen Forum
aktiv, und begründet dies mit seinem Interesse an religiösen Themen und dem
Umstand, dass man ja »letzten Endes in Europa nich' am Christentum [...]
sprich an der Figur Jesus Christus« vorbeikäme. Moritz hegt Sympathien für
bestimmte religiöse Traditionen – insbesondere Christentum und Buddhismus
–, nimmt auch sporadisch an deren Veranstaltungen teil, verwehrt sich aber
einer Gruppenzugehörigkeit und gibt an, weder Christ noch Buddhist zu sein.
Zu einzelnen Nutzern des Forums hat er dagegen enge Beziehungen aufgebaut.
Daneben schätzt er die medialen Eigenschaften der Online-Diskussionen, die
ihm ermöglichen, seine Gedanken in Ruhe zu ordnen und niederzuschreiben,
und so einen fokussierten und intensiven Austausch zu führen.

4   Analyse der Fallgeschichten

Vergleicht man die drei Fälle mit Blick auf die Faktoren, die von quantitativen
Studien oft zentral für Nichtreligiosität angeführt werden, lässt sich hier eine
maximale Kontrastierung festhalten: Herbert ist in einem streng religiösen
Umfeld und Elternhaus sozialisiert worden, Christopher liberal-religiös, Moritz
in keinem religiösen Umfeld. Alle drei gehören unterschiedlichen Generationen
an und haben unterschiedliche (Aus-)Bildungswege eingeschlagen. Sie kommen
aus unterschiedlichen Regionen Deutschlands bzw. dem deutschsprachigen
Ausland. Allein in Bezug auf die Kategorie Geschlecht ist nicht nur keine Varianz
vorhanden, vor allem aber ergeben sich auch bei der inhaltlichen Analyse der
Interviews mit Blick auf diese Kategorie keine weiterführenden Erkenntnisse.
Deshalb muss der Faktor Geschlecht, auch wenn er im Rahmen quantitativer
Forschung oft signifikante Ergebnisse erzielt, im Folgenden hier ausgeklammert
werden.[20] Was lassen sich nun für Muster (nicht-)religiöser Selbstbeschreibung
ausmachen und wie werden diese in die jeweiligen biografischen Zusammenhänge gestellt?

---

20 Das hier zugrunde liegende Sample der Interviewpartner, die in den religionsbezogenen
   Online-Foren aktiv sind und sich als nicht religiös bezeichnen, besteht nebenbei – trotz
   breitangelegter Suche – ausschließlich aus Männern. Dies lässt selbstverständlich noch
   keinerlei verallgemeinernde Aussage zu, für eine Anmerkung und Übersicht dazu s. aber
   Quack 2012. Nichtsdestotrotz lässt sich in allgemeinerer Hinsicht auch aus den Feldbeobachtungen festhalten, dass in den Onlineforen insgesamt ein eindrücklicher Geschlechter-
   Bias vorliegt: Während männliche Nutzer tendenziell stärker politische und kirchenhistorische Diskussionen führen, die auch eher Außenstandpunkte in Bezug auf Religion zulassen, nutzen weibliche Nutzer die Online-Community eher zur Erörterung individuell-religiöser Anliegen. Die kritische Auseinandersetzung mit diesem Zusammenhang muss aber
   einer tieferen Diskussion an anderer Stelle vorbehalten bleiben.

Am Beispiel Christophers kann ein näheres Bild der Relevanz und möglicher
Auswirkungen einer Bildungsbiografie auf (Nicht-)Religiosität entworfen werden. Er erzählt seine religiöse Sozialisation anhand einer Ausgangssituation –
dem Aufwachsen in einer liberal-katholischen Umgebung – und drei Wende-
punkten in seiner Adoleszenz: Zunächst der Tod seines Vaters, der ihn als Jugendlichen auf der Suche nach Trost und Geborgenheit näher zur Religion
führte, dann aber aufkommende Skepsis, die – als zweiter Wendepunkt – bei
einem Aufenthalt in Rom kulminierte:

> »In Rom sind mir erst einmal wirklich die Schuppen von den Augen gefallen. Wie stark
> wie- was für einen starken Widerspruch es gibt zwischen dem Anspruch an einer- an
> ein System, das was die Welt verbessern will und den starken Widerspruch zwischen
> den materiellen Reichtümern […] Also, wie ich das erste Mal den Petersdom in Rom
> gesehen habe, war ich selbstverständlich beeindruckt von der architektonischen
> Meisterleistung und andererseits habe ich an den Wänden und überall nur BLUT
> gesehen. Es sind wirklich die edelsten Materialien, was verarbeitet worden sind und für
> das haben – kein Gefühl oder geschichtlich belegt, TAUSENDE von Menschen ge-
> storben oder haben dafür leiden müssen«.

Diese Widersprüche innerhalb einer Religion sind es dann, die ihn umtreiben –
Widersprüche innerhalb der Bibel und des Katechismus, Widersprüche zwischen Text und Auslegung, Widersprüche zwischen Sagen und Tun der kirchlichen Institutionen und Widersprüche zwischen der kirchlichen Lehre und der
Lebenspraxis der Gläubigen. Es wird deutlich, wie ihn diese Erkenntnisse aus
seiner als sicher geglaubten religiösen Sozialisation herausreißen, und er beschreibt diese Zweifel gleich Naturgewalten, die ungewollt über ihn kommen –
auch das obige Zitat ähnelt in der Narration frappant einem Visionsbericht
(»habe ich […] überall nur Blut gesehen«). In der Auseinandersetzung mit
diesen Zweifeln wird Christopher nun erstmals zum religiös aktiv Handelnden
und beginnt, Bibel und Katechismus, aber auch die Texte anderer Religionen zu
studieren. Zeitlich schließt sich nun auch der dritte Wendepunkt seiner Erzählung an: Er entscheidet sich für ein Physikstudium,

> »und mir wurde aufgezwungen, was ziemlich gut ist, dass ich sämtliche Entschei-
> dungen, die ich treffe oder sämtliche Annahmen, die ich treffe, begründen muss. Und
> schließlich und endlich habe ich das auf – und nur radikaler auf das angewandt, das ich
> glaube und bin zu dem Entschluss gekommen, dass ich das so nicht mehr glauben
> kann«.

Es sind dabei nicht so sehr die Fachkenntnisse, die er im Studium erwirbt,
sondern vielmehr die metawissenschaftlichen Kompetenzen – das Anwenden
von Modellen, das Ziehen logischer Schlüsse, das Verwerfen ungedeckter Annahmen (und hier bezieht er auch die Philosophie und andere Geisteswissen-
schaften mit ein) – die nun seine Auseinandersetzung mit Religion und vor allem

die Skepsis ihr und ihren Vertretern gegenüber begründen. Diese Grundhaltung prägt auch seinen Diskussionsstil in den Online-Foren, bei anderen Diskussionsteilnehmern vermisst er sie aber, und damit auch eine in seinen Augen sachliche Diskussionskultur:

> »Und selbst solche Dinge, wenn man so was anspricht, wie die Kreuzzüge etc., geschichtlich wirklich ähm fundiertes und gesichertes Material zitiert, wird man als Lügner dargestellt und wird zensiert und das hat mir einfach wehgetan, und das hat mir insofern wehgetan, weil ich das von meiner- also von meinem Background und vor allem von meiner Universität nicht gewohnt bin. Und wenn dort irgendwie diskutiert worden ist, hat es geheißen, ja, beweis'. Wenn ich den Beweis erbracht habe, dann hat man drüber weiter diskutieren können. Und dann ist man auch so weit, dass man sagt, okay, wenn das die Fakten sagen, welche Schlüsse zieht man draus?«

Das Fallbeispiel zeigt deutlich die Schwierigkeiten, die Christopher hat, religiöse Traditionen und die in der Hochschule erworbenen Wissensbestände zu vereinen. Sein Bedürfnis nach einem für ihn kohärenten, in sich schlüssigen Weltbild lässt sich mit den Vorgehensweisen der Philosophie und Physik befriedigen, und unter diesen von ihm hegemonial gesetzten Diskurs kann er die online vorgefundenen bzw. vage seiner Sozialisation entstammenden religiösen Argumentationsweisen nicht unterordnen. Insgesamt lässt sich sagen: Der von ihm eingeschlagene Bildungsweg ermächtigt ihn grundsätzlich, einen von seiner Sozialisation abweichenden Standpunkt zu ergreifen. Dabei bieten ihm die Foren die flankierende Möglichkeit, seine Argumente und Argumentationsstrategien zu erproben. Sein Vorgehen ist aber ein nur eher sukzessive sich selbst ermächtigendes: Erst die Wendepunkte, so erzählt er es, zwangen ihn aus seiner bis dato hingenommenen religiösen Sozialisation und dazu, sich durch religiöse Texte »durchzukämpfen«. Das Gedankengebäude, das ihm durch seine Entscheidung zum Physikstudium begegnet, beschreibt er wieder als eines, das gleichsam über ihn gekommen ist, und mit dessen Transfer auf religiöse Weltanschauungen er sich jetzt aktiv auseinandersetzen muss, um für sich erneut Kohärenz herstellen zu können. Deutlich wird hier also zunächst einmal, welche weitgreifenden Auswirkungen einzelne Ereignisse ebenso wie langfristige Entscheidungen im Rahmen einer Bildungsbiografie haben können, aber auch, wie sich dabei Geltungsansprüche unterschiedlicher Weltanschauungen in einer einzelnen Biografie aufeinanderschichten und überlagern können.

Anhand von Moritz' und Herberts Erzählungen soll nun ein anderer Einflussfaktor näher beleuchtet werden, und zwar der der religiösen Sozialisierung. Dabei stehen die beiden Biografien aber hier stellvertretend für unterschiedliche Facetten, die eine besondere Beziehung zur Narration von Nichtreligiosität einnehmen – bei Herbert ist es die konkrete Sozialisation in der Familie, bei Moritz das Aufwachsen in einem bestimmten gesellschaftspolitischen Kontext.

In der Fallbeschreibung wurde Herberts Sozialisation – aufgewachsen in einer streng-evangelikalen Familie, Austritt als Jugendlicher und als einziges Familienmitglied – bereits skizziert. Er steht damit nicht für die Fälle, in denen religiöse Eltern ihre Überzeugungen an ihre Kinder weitergeben, sondern für diejenigen, in denen Religiosität in der intergenerationellen Weitergabe eher verloren geht. Dieser Bruch mit der religiösen Sozialisationsgeschichte ist bei Herbert dann aber durchaus ambivalent: Er bezeichnet sich im Interview als »überzeugten Atheisten«, aber führt aus, dass ihn das Thema aufgrund seiner Sozialisation natürlich immer beschäftigt habe, und er darüber hinaus zwar nicht an den »Gott, so wie er definiert wird von Kirchen« glaube – oder ihn zumindest nicht für wahrscheinlich halte – aber schon an etwas glaubt, das über die menschliche Wahrnehmung hinausgeht:

> »äh, was aber, was es *sehr* wohl gibt, und *da* finde ich, äh, Internetforen […] sehr informativ und lehrreich, ist, dass es *Spiritualität* gibt. Dass es Menschen gibt, die spiritueller begabt sind, andere weniger, ähm, dass es also, äh, ein Ahnen *darum* gibt, dass, äh, der Mensch mit seinen fünf Sinnen nicht *alles erfassen* kann logischerweise, was existiert, was es gibt, und dass es, äh, ein Ge-, ein *Gefühl* dafür gibt.... das find ich– äh... ja, sehr *spannend*, sehr *lehrreich*, etwas, was auch so *mein* Gefühl über Jahrzehnte hinweg auch *getroffen* hat […] ja, bin sozusagen *religiös* als, als ich denke, dass ich... dass ich – meine spirituelle *Begabung* nicht *brachliegen* lassen will... das ist sozusagen was, das für mich *wichtig* ist... äh, ähm... Aber, aber... ja, aber Gemeinde nee, ne?«

Es drängt sich meines Erachtens die Hypothese auf, dass das Label des »Atheisten« bei ihm vorrangig aus einer Abgrenzung gegenüber der religiösen Sozialisation durch sein Elternhaus erwächst, sein religiöses Selbstverständnis sich dann aber schwerlich im herkömmlichen Verständnis von »Atheismus« einordnen lässt – oder eben insofern, als dass es sich ausschließlich gegen einen spezifischen singulären Gott richtet, aber keinesfalls eine generelle Ablehnung des Glaubens an transzendente Mächte beinhaltet. Diese Lesart unterstützt der folgende Gesprächsausschnitt:

> »Ähm, ja, *Exegese*, *Spiritualität*, ähm... Auseinandersetzung mit *Fundamentalismus* vor allem, das ist also was wo- wo – ja, son *bisschen* – Rache ist das falsche Wort – son bisschen – die Haltung – *Wiedergutmachung* an dem, was so mein Vater mir *angerichtet* hat. Nich, so die ganze Sache so a la »hey, is nich so wie Du's damals gesagt hast«. Das is immer noch was, was mir nachhängt und das – etwas, was dann... man *kann* die Bibel auch ANDERS LESEN, als nur *wörtlich* //ja// [4] und *das*- und das- und das is *schön*«.

Hier lässt sich auch noch einmal der Bogen zur Kategorie Bildung schlagen, die auch hier der Selbstermächtigung in religiösen Fragen dient, und der Fähigkeit, bisher durch Sozialisation für selbstverständlich genommene religiöse Wahrheiten zu hinterfragen. Im Gegensatz zu Christopher ist es bei Herbert aber nicht ein Beiprodukt einer sowieso stattfindenden Berufsausbildung, wie sie auch in quantitativen Erhebungen in der Regel abgefragt wird, sondern vielmehr die gezielte Beschäftigung mit Religion und Theologie im privaten Bereich und damit ein Faktor, der mit formalen Bildungsabschlüssen nicht deckungsgleich ist. Dies verweist gleichzeitig auf die große Relevanz, die Herbert diesem Themenfeld zuspricht: So ambivalent seine Selbstverortung bleiben mag, so zentral ist doch die Auseinandersetzung genau damit für Herberts Identitätsarbeit.

In Moritz' Erzählung spielen Elternhaus und Ausbildung keine Rolle. Insgesamt erwähnt er kaum eine Berührung mit Religion in Kindheit und Jugend, was vor allem damit zusammenhängen mag, dass er keine nennenswerte erfahren hat: Moritz ist in der DDR aufgewachsen und rekurriert bei der Beschreibung seiner religiösen Prägung vor allem auf größere gesellschaftliche bzw. nationale Kontexte. Dabei lassen sich vor allem zwei spezifische Bezugsräume ausmachen. Dies ist erstens die DDR: Sie hat ihn grundsätzlich geprägt, indem sie nicht nur im Gegensatz zu anderen Ländern ein mehrheitlich nichtreligiöses Umfeld darstellte, sondern zudem auf einer noch allgemeineren Ebene die Zugehörigkeit oder Nicht-Zugehörigkeit zu Gruppen zu einem überindividuell relevanten Thema gemacht hat:

> »Ich hab seit- seitdem ich bewusst denken kann oder seitdem [druckst] seit zwölf, dreizehn, vierzehn oder so, vielleicht kommt das auch aus meiner DDR-Geschichte, ich hab – ne natürliche Ablehnung mich Gruppen – fest anzuschließen. //hmhm// Also in dem Sinne: Ich trete da jetzt ein. Ich war auch nie, auch zu DDR-Zeiten, ich war nie in ner Partei oder in einer, oh, also klar, Pioniere und FDJ, da is' man dann reingerutscht irgendwie mit acht Jahren oder so – [...] aber im Grunde seitdem ich die Entscheidung selbst treffe, wo ich irgendwo reingehe, sprich seit vierzehn oder seit dreizehn, vierzehn oder so – ich bin NIE irgendwo eingetreten. [...] Also ich besuche Gemeinden und Gruppen. Ich bin da auch sehr gern [3] aber ich schließ mich nich' an«.

Gleiches gilt für religiöse Gruppen: Er besucht sowohl Gemeinden als auch buddhistische Zentren ebenso wie interreligiöse Gottesdienste, schließt sich aber keiner Gemeinschaft fest an, denn »letzten Endes irgendwann kommt's an den Punkt, wo dann irgendjemand meint die einzig wahre, richtige Wahrheit – wirkliche Wahrheit – irgendwas zu haben«, dies erfordere eine Entscheidung für eine und gegen andere Gruppen, und diesem Konflikt wolle er sich weder aussetzen noch sich erklären müssen. Moritz' Umgang mit Religion ist undogmatisch. Er hegt große Sympathien für den Buddhismus und das Christentum und verweist selbst darauf, dass diese Sympathien vermutlich größer seien als bei vielen christlich sozialisierten Leuten: »Ich hab kein Problem mit dem Christentum. [...] Vielleicht auch, weil mir das als Kind nie eingeprügelt wurde oder eingetrichtert wurde, ne, is' natürlich klar«. Gleichzeitig stellt er klar, weder Buddhist noch Christ zu sein, und auch die entsprechenden Glaubensgrundlagen nicht zu teilen.

Der zweite Bezugsraum, der ihn nun aber trotz seiner nichtreligiösen Sozialisation mit Religion in Kontakt gebracht hat, ist Europa, wo man ja letzten Endes »nich' am Christentum vorbei, sprich an der Figur Jesus Christus« vorbeikäme, und das jetzt als ein weiter gefasster Kontext dazu führt, dass er diese Themen einerseits für spannend und wichtig hält, andererseits Sympathien für Religion aufbauen kann sowie sie in Lebenskrisen zumindest als eine optionale Anlaufstelle in Erwägung zieht. Anhand von Moritz' Biografie wird damit besonders deutlich, wie sorgsam (Nicht-)Religiosität in historischen und kulturellen Kontexten gedeutet werden muss und erklärt werden kann: Die Hypothese liegt nahe, dass diese Konstellation – in einem atheistischen Umfeld *aufzu*wachsen, aber in einem religiös geprägten größeren Umfeld *erwachsen* zu sein – entscheidend zu seiner Identität als »ungezwungen religiös Interessierter« beigetragen hat. Während Moritz einerseits in einem allgemeineren Sinne nicht religiös ist, ist er andererseits nicht indifferent, sondern hegt eindeutige Sympathien für bestimmte religiöse Traditionen. Die Relevanz von Religion lässt sich auch für ihn auf zwei Ebenen nachzeichnen: Individuell nimmt Religion einen großen Teil seiner Freizeitgestaltung ein, sowohl in Online- wie auch Offline-Kontexten. Dagegen ist er weder Mitglied in einer religiösen Gemeinschaft noch fühlt er sich einer Tradition zugehörig, und auch religiöse Werthaltungen scheinen vergleichsweise unverbindlich. In einem allgemeineren Kontext hält er aber – wie viele der nichtreligiösen Forennutzer – Religion für ein so relevantes Thema, dass die Auseinandersetzung damit auch auf einer gesellschaftlichen Ebene unerlässlich ist.

Mit dem Bezug seiner Selbstverortung auf sein Umfeld ist ein zweiter Teil angedeutet, der eng mit dem bisher Gesagten verbunden ist: Die Analyse der Selbstbeschreibungen und gleichzeitig vorgenommenen Abgrenzungen der drei Nichtreligiösen. Diese kann hier nur anknüpfend an das bereits Gesagte angerissen werden, auf die zentralen Erkenntnisse möchte ich aber im Folgenden eingehen.

5 Selbstverortungen und Abgrenzungsnarrative

Christopher und Herbert teilen den Umstand, religiös sozialisiert worden zu sein, dies aber auf sehr unterschiedliche Weise: Während Herbert in einer pietistischen Familie und Gemeinschaft aufgewachsen ist, war Christophers Umfeld katholisch geprägt, aber »wenig katholisch in *dem* Sinne«, das heißt, man habe »die Festtage et cetera und so weiter« begangen, darüber hinaus sei Religion »eigentlich nie ein großes Thema« und das Verhältnis zu ihr insgesamt ein »sehr entspanntes, sehr unproblematisches« gewesen. Beide haben sich von diesem Ausgangspunkt wegentwickelt, hin zu einer nichtreligiösen bzw. atheistischen Position: Herbert bezeichnet sich als überzeugten Atheisten, Christopher als humanistischen Naturalisten. Beide verwenden zudem ähnliche Abgrenzungsstrategien, deren Gemeinsamkeit darin liegt, sich gegen menschenverachtende Ideologien innerhalb der Religionen (Christopher) bzw. gegen Intoleranz und für Menschenrechte (Herbert) einzusetzen, und positionieren sich zudem gegen jene unter den Atheisten, die sie als genauso intolerant und dogmatisch wie konservative oder fundamentalistische Gläubige wahrnehmen. Eine deutliche Abgrenzung gegenüber letzteren ist ihnen also gemein, recht unterschiedlich ist allerdings die jeweilige Ausarbeitung. So setzt Herbert explizit auf eine Koalition der »Vernünftigen« aus Gläubigen und Atheisten, um gemeinsame Interessen zu vertreten:

> »das ist, ist meine *Überzeugung*, dass es SINNVOLL ist und *richtig* ist, wenn sich Menschen, die [3] für *Ausgleich* stehen, und für, ähm, *Religionsfreiheit* stehen und für *Menschenrechte* stehen, [...] wenn *die* sich über Konfessionsgrenzen, über solche Grenzen hinweg zusammenfinden. Und sehr *oft* merkt man dann, dass man, wenn man da *Gemeinsamkeiten* hat, plötzlich ganz andere- Gräben ganz anders laufen. Dass man dann halt die, die *Fundamentalisten* jeder Sorte gegen sich hat //mhh// dass *da* der Graben läuft. [...] ich war heute morgen auf 'ner Fahrraddemo gegen Rechts, die von 'ner evangelischen äh *Gemeinde* veranstaltet wurde, organisiert wurde und äh, äh, wo ich also, äh, gemeinsam mit 'nem evangelischem *Pfarrer*, äh, äh da in der ersten Reihe stand. Also, das ist für mich völlig klar, das ist der Platz, wo ich dann *hingehöre*«.

In seinem Engagement geht es also um übergeordnete Werte, darum, eine freiheitliche und tolerante Ordnung zu verteidigen, und er gehört in diesem Sinne ganz natürlich neben die liberalen Religiösen, mit denen er solche Werte teilt.

Christopher entstammt gerade diesem liberal-religiösen Milieu, und wie oben beschrieben, bereitet ihm genau dieses Milieu viel größere Schwierigkeiten – insbesondere, diese liberale Grundhaltung mit der offiziellen kirchlichen Lehre zu vereinbaren: Er wendet sich zwar auch vor allem gegen konservative Gläubige, kritisiert aber auch die Liberalen insofern, als dass sie die Bibel selektiv lesen würden und sich immer nur jene Lehren heraussuchten, die ihnen gefielen, während sie bei allen anderen Stellen die Interpretationsbedürftigkeit herausstellten. Unterschiede zeigen sich zudem in den Diffamierungen gegenüber den Gruppen, denen beide sich zuordnen würden: Herbert verweist darauf, als Kuschelatheist zu gelten, Christopher erzählt, immer wieder mit der Zuschreibung des polemisierenden Atheisten konfrontiert worden zu sein; und Herberts Abneigung gegen die Atheisten, die immer nur mit Logik und »stringent naturwissenschaftlich« argumentieren, aber keine »weichen Argumente« zulassen, trifft ziemlich genau auf Christophers Beschreibung des eigenen Argumentationsstils zu. Bei den Selbstverortungen und Abgrenzungsstrategien wird deutlich, wie eng der Zusammenhang zu dem jeweiligen Herkunftsmilieu ist. Herberts Selbstbeschreibung, »überzeugter Atheist«, kann gerade im Kontrast mit

Christopher auch (und vielleicht vor allem) als Abgrenzung zu der als sehr negativ empfundenen religiösen Sozialisation gelesen werden, während Christophers Einordnung als »humanistischer Naturalist« eine sehr ausdifferenzierte und spezifische Position darstellt, wie sie zum Einen aus seiner hochwissenschaftlichen Beschäftigung mit diesem Bereich, zum Anderen möglicherweise aus der Auseinandersetzung mit den unklar einzuschätzenden liberalen Religiösen in Familie und Bekanntenkreis erwächst.

Die Einschlägigkeit dieser Verbindung wird noch einmal deutlicher, wenn man Moritz hinzuzieht, dessen narrative Strategien ganz umgekehrt verlaufen: Bei der Selbstverortung agiert er vor allem ex negativo – er sei kein Christ, habe keine christliche Glaubensgrundlage, würde sich aber auch nicht als Buddhist bezeichnen – grenzt sich darüber hinaus aber nicht sonderlich gegen bestimmte Gruppen ab, im Gegenteil: Er hat ein positives Verhältnis zum Christentum, er schätzt den Buddhismus, er hat sich mit einem Christen, der ihn online bekehren wollte, angefreundet, und rezitiert für eine Christin, die er im Forum kennengelernt hat, Mantren, während sie für ihn betet. Sein Verhältnis zu Religion ist naturgemäß unvoreingenommen im eigentlichen Wortsinn, denn es gibt zwar eine grundsätzliche Abneigung gegen Zugehörigkeit, aber keine (religiöse) Vorprägung, gegen die er sich in Selbstverortung oder Abgrenzung wenden muss. Aber auch eine dezidiert atheistische Vorprägung, wie man sie aufgrund seines biografischen Hintergrundes annehmen könnte und wie sie zu vergleichbaren Abgrenzungsbestrebungen führen könnte, ist im Gespräch mit ihm nicht zentral.

6   Fazit

Abgrenzungen sind immer auf das bezogen, gegen das sich abgegrenzt werden soll. Dies gilt naheliegender Weise auch für nichtreligiöse Menschen, die bei der Beschreibung ihrer Nichtreligiosität konkret auf die eigene Erfahrungsumgebung Bezug nehmen müssen, um die Unterschiede konturieren zu können. Dies ist nicht eingeschränkt auf das Label, das sie sich geben, wird aber an diesem – wie ausgeführt – besonders deutlich. In den im Rahmen des Dissertationsprojektes geführten Interviews zeigte sich insgesamt die große Bedeutung der religiösen Sozialisation im Elternhaus, zu der sich die Befragten auf die eine oder andere Weise explizit verhalten haben, und die in der Narration ihrer eigenen Religiosität oder Weltanschauung meist einen relevanten Bestandteil darstellte. Teilweise, aber deutlich nachrangig, wurde auch auf einen weiteren Bekanntenkreis verwiesen – dieser war dann aber eher ausschlaggebend dafür, sich eben verstärkt online auszutauschen, wenn die Gelegenheit zu Gesprächen über Religion unter Freunden und Bekannten als nicht gegeben eingeschätzt wurden.

Formale Bildungswege spielten noch einmal deutlich seltener eine Rolle, für die Gruppe der Forenteilnehmer stärker zu gewichten ist vielmehr das immer wieder angeführte Bedürfnis, spezifisch über Religion etwas zu lernen und sich entsprechend im Privaten weiterzubilden.[21] Studien zur intergenerationellen Weitergabe von Religion haben sich mit statistischen Methoden bereits mit den Wahrscheinlichkeiten der Weitergabe von religiöser Zugehörigkeit und Überzeugungen von Eltern an ihre Kinder auseinandergesetzt.[22] Die beiden Fälle »Christopher« und »Herbert« legen aus qualitativ-empirischer Perspektive nahe, das Augenmerk verstärkt zum einen auf die Intensität und *importance* der elterlichen Religiosität, zum anderen auf komplexere Zusammenhänge bei der intergenerationellen Weitergabe von Religiosität zu richten, die eine wichtige inhaltliche Ausdifferenzierung sein können: Auf welche Weise und in welchen Zusammenhängen kann beispielsweise starke Religiosität der Eltern zu einer Abwendung davon, aber zum Beibehalten einer spirituell geprägten Grundhaltung führen? Welche Mechanismen legen dagegen möglicherweise ausgehend von einer streng religiösen Erziehung eher eine Beibehaltung, welche eine umfassende Ablehnung elterlicher Religiosität nahe? Wie verhält es sich im Gegensatz im Falle einer liberal-religiösen Erziehung? Nicht vernachlässigt werden darf dabei zudem der prozesshafte Charakter individueller Religiosität in der familiären Sozialisation ebenso wie im Kontext eines langanhaltenden Bildungsverlaufes, wie er sich in den drei biografischen Narrationen aufdrängte.

In diesem Kontext soll eine letzte Anmerkung zum einen auf die Maßstäbe von *believing, belonging, behaviour* und *importance* eingehen, zum anderen die Unterscheidung von nichtreligiös und religiös indifferent noch einmal aufgreifen: Die vorliegenden Beispiele legen noch einmal sehr nahe, dass der Faktor *importance* keinesfalls gleichgesetzt oder in ein lineares Verhältnis mit den ersten drei Faktoren gestellt werden darf, kann er doch zunehmender Religiosität, wie sie mit den ersten drei Faktoren gemessen werden kann, diametral gegenüberstehen. Dies verweist andersherum darauf, dass Nichtreligiosität keinesfalls mit religiöser Indifferenz übereingeht, vielleicht sogar eher das Gegenteil der Fall ist: Wie alle drei Beispiele auf ihre Weise – und die nichtreligiösen Nutzer religionsbezogener Online-Angebote insgesamt – zeigen, ist Religion hier erstens ein wichtiges Thema für Menschen, die sich keinesfalls als religiös verstehen. Zweitens zeigt aber auch die unterschiedliche Handhabung durch

---

21 Dabei sollte ergänzt werden, dass das Bildungsniveau unter den Online-Diskutanden überdurchschnittlich hoch erscheint. Dies hängt sicher mit dem Sample zusammen, dessen Grundvoraussetzung ja die Bereitschaft zur Studienteilnahme war, darüber hinaus aber vermutlich auch mit den dort oft eingeforderten Kompetenzen des argumentativ anspruchsvollen schriftlichen Austausches über theologische und kirchenhistorische Themen in vielen der untersuchten Foren.

22 Vgl. Voas, Crockett 2005.

Moritz einerseits, Herbert und Christopher andererseits, dass gerade die Abgrenzungsarbeit, die die beiden letzteren für sich als Nichtreligiöse in einem religiösen Umfeld für unerlässlich wahrnehmen, zu alles anderem als einer religiösen *Indifferenz* führt. Man könnte nahezu sagen, dass sie zu einer dezidierten religiösen *Differenz* führt, die nicht nur eine große Relevanz des Themas Religion für die jeweilige Identität nach sich zieht, sondern die möglicherweise der Bedeutung des Themas für die religiös Zugehörigen des jeweiligen religiösen Umfelds in nichts nachsteht. Gleichzeitig müssen die Auswirkungen dieser Bedeutung (im Sinne der *importance*) noch einmal ausdifferenziert werden – denn auch diese kann sich, wie gezeigt, in ganz unterschiedlichen Bezugspunkten individueller Weltanschauung und Lebensführung manifestieren.

Literatur

BERGER, Peter L. (1988): Zur Dialektik von Religion und Gesellschaft. Elemente einer soziologischen Theorie. Frankfurt a. M.: Fischer.

BERGER, Peter L. (1992): Der Zwang zur Häresie. Religion in der pluralistischen Gesellschaft. Freiburg: Herder.

BOCHINGER, Christoph, ENGELBRECHT, Martin, GEBHARDT, Winfried (Hg.) (2009): Die unsichtbare Religion in der sichtbaren Religion. Formen spiritueller Orientierung in der religiösen Gegenwartskultur. Stuttgart: Kohlhammer.

BULLIVANT, Stephen (2012): Not so indifferent after all? Self-concious atheism and the secularisation thesis. Approaching Religion, 2 (1), S. 100 – 107.

CASANOVA, José (1994): Public Religions in the modern world. Chicago u. a.: University of Chicago Press.

CASANOVA, José (2006): Rethinking Secularization. A global Comparative Perspective. The Hedgehog Review 2006, S. 7 – 22.

CLARK, Warren, SCHELLENBERG, Grant (2006): Who's Religious? Canadian Social Trends. Ottawa, Statistics Canada, Summer 2006, Catalogue No. 11 – 008. S. 2 – 9.

DAVIE, Grace (1990): Believing without Belonging. Is This the Future of Religion in Britain? Social Compass, 37 (4), S. 455 – 469.

DAVIE, Grace (1994): Religion in Britain since 1945. Believing without Belonging. Oxford u. a.: Blackwell.

FRANZMANN, Manuel, GÄRTNER, Christel, KÖCK, Nicole (Hg.) (2006): Religiosität in der säkularisierten Welt. Theoretische und empirische Beiträge zur Säkularisierungsdebatte in der Religionssoziologie. Wiesbaden: VS.

GÄRTNER, Christel, POLLACK, Detlef, WOHLRAB-SAHR, Monika (2003) (Hg.): Atheismus und religiöse Indifferenz. Opladen: Leske und Budrich.

HERO, Markus (2010): Die neuen Formen des religiösen Lebens. Eine institutionentheoretische Analyse neuer Religiosität. Würzburg: Ergon.

KAISER, Jochen-Christoph (2003): Organisierter Atheismus im 19. Jahrhundert. In: GÄRTNER, Christel, POLLACK, Detlef, WOHLRAB-SAHR, Monika (Hg.), Atheismus und religiöse Indifferenz. Opladen: Leske und Budrich. S. 99 – 127.

KEYSAR, Ariela (2007): Who Are America's Atheists and Agnostics? In: KOSMIN, Barry A., KEYSAR, Ariela (Hg.), Secularism & Secularity. Contemporary International Perspectives. Hartford, CT: Institute for the Study of Secularism in Society and Culture. S. 33 – 39.

KNOBLAUCH, Hubert (2009): Populäre Religion. Auf dem Weg in eine spirituelle Gesellschaft. Frankfurt a. M. u. a.: Campus.

KOSMIN, Barry A. (2007): Contemporary Secularity and Secularism. In: KOSMIN, Barry A., KEYSAR, Ariela (Hg.), Secularism & Secularity. Contemporary International Perspectives. Hartford, CT: Institute for the Study of Secularism in Society and Culture. S. 1 – 13.

LEE, Lois (2012): Research Note: Talking about a Revolution. Terminology for the New Field of Non-religion Studies. Journal of Contemporary Religion, 27 (1), S. 129 – 139.

LUCKMANN, Thomas (1991): Die unsichtbare Religion. Mit einem Vorw. von Hubert Knoblauch. Frankfurt a. M.: Suhrkamp.

MERINO, Stephen M. (2012): Irreligious Socialization? The Adult Religious Preferences of Individuals Raised with No Religion. Secularism and Nonreligion, 1, S. 1 – 16.

MURKEN, Sebastian (2008): Ohne Gott leben. Religionspsychologische Aspekte des »Unglaubens«. Marburg: Diagonal.

PASQUALE, Frank L. (2007): The »Nonreligious« in the American Northwest. In: KOSMIN, Barry A., KEYSAR, Ariela (Hg.), Secularism & Secularity. Contemporary International Perspectives. Hartford, CT: Institute for the Study of Secularism in Society and Culture. S. 41 – 58.

PLESSENTIN, Ulf (2012): Die »Neuen Atheisten« als religionspolitische Akteure. In: BERNER, Ulrich, QUACK, Johannes (Hg.), Religion und Kritik in der Moderne. Berlin: LIT. S. 83 – 114.

POLLACK, Detlef (2009): Rückkehr des Religiösen? Studien zum religiösen Wandel in Deutschland und in Europa II. Tübingen: Mohr Siebeck.

QUACK, Johannes (2012): Organised Atheism in India. An Overview. Journal of Contemporary Religion, 1 (27), S. 67 – 85.

STAHL, William A.(2007): Is Anyone in Canada Secular? In: KOSMIN, Barry A., KEYSAR, Ariela (Hg.), Secularism & Secularity. Contemporary International Perspectives. Hartford, CT: Institute for the Study of Secularism in Society and Culture. S. 59 – 72.

VOAS, David, CROCKETT, Alasdair (2005): Religion in Britain: Neither Believing nor Belonging. Sociology, 39 (1), S. 11 – 28.

VOAS, David, DAY, Abby (2007): Secularity in Great Britain. In: KOSMIN, Barry A., KEYSAR, Ariela (Hg.), Secularism & Secularity. Contemporary International Perspectives. Hartford, CT: Institute for the Study of Secularism in Society and Culture. S. 95 – 110.

VOAS, David, McANDREW, Siobhan (2012): Three Puzzle of Non-religion in Britain. Journal of Contemporary Religion, 27 (1), S. 29 – 48.

WEBER, Max (⁹2000): Die protestantische Ethik I. Eine Aufsatzsammlung. Gütersloh: Gütersloher Verlaghaus.

WOHLRAB-SAHR, Monika, KARSTEIN, Uta, SCHAUMBURG, Christine (2005): »Ich würd mir das offenlassen«. Agnostische Spiritualität als Annäherung an die »große Transzendenz« eines Lebens nach dem Tode. Zeitschrift für Religionswissenschaft, 13, S. 153 – 173.

ZENK, Thomas (2012): »Neuer Atheismus«. »New Atheism« in Germany. Approaching Religion, 2 (1), S. 36 – 51.

Stefan Schröder

Dialog der Weltanschauungen? – Der Humanistische Verband Deutschlands als Akteur im interreligiösen Dialoggeschehen

1   Einleitung

Im Frühjahr 2010 wurde der Humanistische Verband Niedersachsen (HVN) als ständiges Mitglied in das »Forum der Religionen« in Hannover aufgenommen.[1] Seitdem ist eine zunehmende Partizipation von Vertretern[2] der föderalistischen Dachorganisation Humanistischer Verband Deutschlands (HVD), zu der auch der HVN gehört, in explizit »interreligiösen« Dialogprojekten zu konstatieren. So nahmen Verbandsvertreter im Mai 2011 an zwei Podiumsdiskussionen im Rahmen der »Interreligiösen Kulturwochen« in Garbsen teil. Zudem hielt Michael Bauer, Geschäftsführer des HVD Nürnberg, im April 2011 ein Referat im Rahmen der Tagung »Mission – Dialog – Kooperation?« der Evangelischen Akademie Loccum. Diese Entwicklung erscheint bemerkenswert, weil der HVD sich laut seiner Programmschrift »Humanistisches Selbstverständnis« explizit als Interessenvertretung derjenigen versteht, die »gemeinsam für einen modernen Humanismus eintreten« wollen, »ohne sich dabei religiösen Glaubensvorstellungen zu unterwerfen«.[3]

Ausgehend von einer allgemeinen Einführung in Programm und Tätigkeitsspektrum des HVD (2) fragt dieser Artikel nach der Motivation von dessen Mitgliedern, sich im interreligiösen Dialog zu engagieren. Anhand der Auswertung eines halbstandardisierten Interviews mit einem führenden Verbandsmitglied der niedersächsischen Landesvertretung (HVN) des HVD wird deutlich, dass eine Partizipation an Dialogprojekten für den Verband mit der Hoffnung auf einen Zugang zum weltanschaulich-religiösen Diskurs und daraus resultierender stärkerer öffentlicher Wahrnehmbarkeit verbunden ist (3). Am Beispiel des Aufnahmeprozesses des HVN in das »Forum der Religionen« in

---

1 Vgl. Reinbold 2010, S. 421.
2 Aus Gründen der Übersichtlichkeit wird für Personen oder Gruppen in der dritten Person Singular und Plural nur die maskuline Form angegeben. Die feminine Form ist dabei, sofern nicht anders expliziert, mitzudenken.
3 Humanistischer Verband Deutschlands 2001, S. 1 – 2.

Hannover wird daraufhin die These entfaltet, dass der interreligiöse Dialog als eine Funktion des religionspolitischen korporatistisch-staatlichen Inkorporationsregimes verstanden werden kann, mit dem säkulare Organisationen[4] wie der HVD in Deutschland konfrontiert und an dessen diskursive und institutionelle Ressourcen sie gebunden sind. Dabei wird erläutert, wie die für die Mitgliedschaft beim »Forum der Religionen« gestellten Bedingungen an den HVN zu einer programmatisch-identitären Krise des Verbandes führen, welche die ursprünglichen Beweggründe seines Engagements im interreligiösen Dialog konterkariert (4). Der Artikel endet mit einer Zusammenfassung und einem Ausblick. (5).

2   Der Humanistische Verband Deutschlands (HVD)

> »Jede Zeit hat ihre Themen. Jede Zeit kennt aber auch Themen, die mit erstaunlicher Hartnäckigkeit ignoriert werden. Die Entwicklung der freidenkerischen bzw. kirchenkritischen Organisationen seit der Wiedervereinigung ist ein solches Thema: Es findet in den einschlägigen Lexika und in der Fachliteratur nicht statt«.[5]

Wie dieses Zitat von Andreas Fincke, Weltanschauungsbeauftragter der Evangelischen Kirche Deutschland (EKD), verdeutlicht, ist die Auseinandersetzung mit säkularen Organisationen in Deutschland ein wissenschaftliches Desiderat. Fincke hat mit seinen Publikationen eine theologische Debatte anzustoßen versucht, die weitestgehend ausblieb. Vielmehr herrscht in der theologischen Diskussion die Ansicht vor, säkulare Organisationen seien »gesellschaftlich funktionslos geworden«.[6] Noch stärker vernachlässigt wurden säkulare Organisationen in Deutschland bislang von den Sozial- und Kulturwissenschaften, sodass man bei einer religionswissenschaftlichen Auseinandersetzung mit ihnen aktuell weitestgehend auf Primärquellen angewiesen bleibt. Das gilt auch für die folgende Zusammenstellung von Programm und Tätigkeitsspektrum des HVD.

Der HVD wurde 1993 als föderalistische Dachorganisation von säkularen, auf Landesebene tätigen Verbänden in Deutschland gegründet.[7] Laut seiner Programmschrift »Humanistisches Selbstverständnis« versteht er sich als Interessenvertretung aller Konfessionsfreien in Deutschland.[8]

Von seinen Landesverbänden besitzen drei den Status einer Körperschaft des

---

4 Unter »säkularen Organisationen« sollen in der Folge solche Organisationen gefasst werden, die ein explizit »nicht-religiöses« Selbstverständnis besitzen.
5 Fincke 2002, S. 1.
6 Vgl. Kaiser 2003, S. 122.
7 Vgl. Humanistischer Verband Deutschlands 2012.
8 Vgl. Humanistischer Verband Deutschlands 2001, S. 2.

Öffentlichen Rechts (Nordrhein-Westfalen, Bayern, Niedersachsen). Der am politischen Einfluss gemessen bedeutendste Landesverband ist jedoch der HVD Berlin-Brandenburg, welcher in Millionenhöhe vom Berliner Senat gefördert wird und eine Vielzahl sozialer Einrichtungen unterhält (Kindertagesstätten, Beratungsstellen usw.) sowie in Kooperation mit den Berliner Universitäten Lehrkräfte für das Fach Lebenskunde ausbildet, das in Berlin und Brandenburg als eine *konfessionelle* Alternative (also nicht als konfessionsunabhängiges Ersatzfach wie Ethik, LER oder Werte und Normen) zum christlichen Religionsunterricht angeboten wird.[9] Auch der Hauptsitz des HVD befindet sich in Berlin.[10]

Es existieren keine verlässlichen Mitgliederzahlen zum HVD. Während Fincke von 10.000 Mitgliedern ausgeht,[11] spricht ein führender Vertreter des HVN von 18.000 Mitgliedern deutschlandweit.[12]

Der HVD definiert sich in programmatisch-historischer Kontinuität zur im 19. Jahrhundert entstandenen so genannten »Freireligiösen Bewegung«. Diese stand im Gegensatz zu den häufig sozialdemokratisch bis marxistisch politisierten Freidenkerverbänden für einen Gemeindehumanismus, der eine dogmenfreie und später auch »religionslose« Alternative zum religiösen Gemeindeleben darstellen sollte.[13]

In programmatischen Schriften führender HVD-Vertreter wird gefordert, dass der Verband sein offizielles Profil weniger über Kirchen- und Religionskritik und zunehmend an einem positiven weltanschaulichen Alternativprogramm auszurichten versuchen sollte. Allen voran ist hier Horst Groschopp zu nennen, der als ehemaliger Präsident des Verbandes eine Vielzahl von Schriften zu Identitätsfragen säkularer Organisationen allgemein und zum HVD im Speziellen publiziert hat. Laut Groschopp vollzieht sich unter den Konfessionsfreien in Deutschland seit etwa 20 Jahren eine »Hinwendung zum Humanismus«.[14] Während bis weit ins 20. Jahrhundert hinein die Geschichte der Konfessionsfreien eine »Geschichte der Kirchenaustritte« und eine Hinwendung zu säkularen Organisationen vor dem Hintergrund der gesellschaftspolitischen Dominanz christlicher Kirchen zumeist mit religions- bzw. kirchenkritischen Motiven verbunden gewesen sei, habe im Zuge der deutschen Wiedervereinigung ein »strukturelle[r] und ideologische[r] Wandel« im »säkularen Spektrum« stattgefunden. Gesellschaftliche Religions- und Kirchenkritik werde mittlerweile von Medienvertretern, Wissenschaftlern und sogar Theologen

---

9 Vgl. Humanistischer Verband Deutschlands 2001, S. 18 – 22.
10 Vgl. Fincke 2002, S. 19.
11 Vgl. Fincke 2002, S. 17.
12 Vgl. Schröder 2012, S. 25.
13 Vgl. Kaiser 2003, S. 105 – 119.
14 Vgl. Groschopp 2004. S. 18.

übernommen.[15] Im HVD organisierten sich hingegen immer mehr Menschen, die in ihrem Leben kaum in Kontakt mit Religionsgemeinschaften gekommen seien oder ihnen indifferent gegenüberstünden, und sich dementsprechend auch nicht in Abgrenzung zu ihnen definierten. Dem Verband komme deshalb in zunehmendem Maße die Aufgabe zu, von Kirchenkritik unabhängige »lebenshelfende und beratende Dienstleistungen« zur Verfügung zu stellen, aber auch eigene ethische Richtlinien zu entwickeln und Humanismus als ein normatives »System kollektiver Sinnkonstruktion« mit eigenem »Bekenntnis«, eigenen »Mythen«, »Ritualen« und einer eigenen »Theorie« zu etablieren.[16] Er spricht dementsprechend und mit Bezug auf die weltanschauliche Demografie in Deutschland vom HVD als »Dritter Konfession«.[17] Welche Positionen diese Konfession konkret auszeichnen, lässt er dabei jedoch relativ offen. Groschopp scheint es vielmehr darum zu gehen, eine interne Diskussion zu dieser Frage anzuregen.

Konkretere Positionen, die das Profil des HVD rahmen, lassen sich im 2001 vom Verband herausgegebenen »Humanistischen Selbstverständnis« vermuten. Dieses erscheint deutlich weniger bekenntnisorientiert als Groschopps Ausführungen. Es richtet sich zwar an alle, die »eine säkulare, ethische Lebensauffassung« verbindet und die »gemeinsam für einen modernen Humanismus eintreten« wollen, »ohne sich dabei religiösen Glaubensvorstellungen zu unterwerfen«.[18] Es soll jedoch explizit nicht als »Bekenntnis« oder »Doktrin« verstanden werden.[19] Ein Dogmatismus wird zugunsten solidarischer Individualität und Entscheidungsfreiheit vielmehr strikt abgelehnt.[20] Eine allgemeine Traditionslinie, beginnend bei der Proklamation der »Virginia Bill of Rights« über die Menschenrechtserklärungen der Aufklärungszeit bis hin zur Grundrechtscharta der Europäischen Union wird zwar gezogen.[21] Die historischen, philosophischen und ethischen Bezugspunkte erscheinen jedoch sehr offen und eher unkonkret. »Auf vernunft- und naturorientierte Ausgangspunkte folgten agnostische, existenzialistische, marxistische, liberale, pragmatische, psychologisch bzw. psychoanalytisch begründete und skeptische Standpunkte«.[22]

Etwas weniger abstrakt als das weltanschauliche erscheint das politische Programm des HVD, das sich aus Forderungen nach sozialer Gerechtigkeit, Gleichberechtigung (ethnisch, geschlechtlich, national, religiös, sexuelle Ori-

---

15 Vgl. Groschopp 2004, S. 17.
16 Vgl. Groschopp 2004, S. 18.
17 Vgl. Groschopp 2004, S. 20.
18 Humanistischer Verband Deutschlands 2001, S. 1 – 2.
19 Vgl. Humanistischer Verband Deutschlands 2001, S. 1.
20 Vgl. Humanistischer Verband Deutschlands 2001, S. 10 – 11.
21 Vgl. Humanistischer Verband Deutschlands 2001, S. 5.
22 Humanistischer Verband Deutschlands 2001, S. 3 – 4.

entierung usw.), Selbstbestimmung (Sterbehilfe, Abtreibung, Freitod usw.), ökologischer und wirtschaftlicher Nachhaltigkeit sowie Frieden (Abrüstung, Recht auf Kriegsdienstverweigerung usw.) zusammensetzt.[23]

Die Tätigkeitsfelder des HVD lassen sich grob in eine Bildungs- und Kultur-, eine Betreuungs- und Beratungs- sowie eine Gemeinschafts- und Ritual-Dimension einteilen.

Im Bildungs- und Kulturbereich unterhält der Verband Kindertagesstätten und Erwachsenenbildungseinrichtungen (z. B. die Humanistische Akademie in Berlin). Zudem bildet er in Kooperation mit den Berliner Universitäten für den oben bereits erwähnten Lebenskundeunterricht in Berlin und Brandenburg Lehrkräfte aus. Der Jugendverband »Junge Humanisten« organisiert darüber hinaus regelmäßig Seminare, Kulturveranstaltungen, Ausflüge und Sprachreisen.[24] Etwa vierteljährlich gibt der HVD die Zeitschrift »diesseits« heraus. In den Bundesländern, in denen der HVD Körperschaftsstatus besitzt, stehen ihm zudem Rundfunkzeiten zu. So gestaltet z. B. jeweils ein Vertreter des HVN alle zwei Monate die Sendereihe »Freiheit und Verantwortung« im Radioprogramm des Norddeutschen Rundfunks.[25]

Beratung bzw. Betreuung stellt der HVD bspw. in Form von Selbsthilfegruppen, durch Hilfe beim Verfassen von Patientenverfügungen, Sterbebegleitung, bei sozialen Konfliktsituationen sowie durch eine Seelsorge durch Betreuer in Krankenhäusern, Pflege- und Altenheimen und in Gefängnissen bereit.[26]

Die Gemeinschafts- und Ritualdimension umfasst vor allem Lebensfeiern wie Namensfeiern, Jugendfeiern, Trauungen oder Bestattungen.[27] Wie in den anderen Bereichen auch ist die Praxis des HVD hier stark an christlicher Gemeindearbeit orientiert und analog zu deren Angeboten strukturiert.

Anders als in der von Groschopp propagierten Abkehr von diesen nehmen kirchenkritische Aspekte im »Humanistischen Selbstverständnis« – v. a. in Bezug auf religionspolitische Privilegien der Kirchen – einen nicht unerheblichen Platz ein. Im Gegensatz zur programmatischen Offenheit, durch die das »Selbstverständnis« ansonsten geprägt ist, wird es in dieser Sektion sehr konkret. Gefordert wird u. a. eine Abschaffung kirchlicher Privilegien durch Konkordate und Staatsverträge, die Einstellung kirchlicher Ausgleichszahlungen für die Säkularisierung von Kirchengütern oder die Entfernung christlicher Symbolik aus Bereichen der Öffentlichkeit, die staatlicher Verantwortung unterliegen.[28]

---

23 Vgl. Humanistischer Verband Deutschlands 2001, S. 12 – 15.
24 Vgl. Humanistischer Verband Deutschlands 2001, S. 18.
25 Vgl. Humanistischer Verband Deutschlands 2001, S. 18.
26 Vgl. Humanistischer Verband Deutschlands 2001, S. 19.
27 Vgl. Humanistischer Verband Deutschlands 2001, S. 18.
28 Vgl. Humanistischer Verband Deutschlands 2001, S. 20 – 22.

Der »Dialog« mit den christlichen Kirchen und anderen Religions- und Weltanschauungsgemeinschaften werde aber trotzdem gesucht, sofern diese nicht Menschenrechte verletzten.[29] Konkret steht dafür nicht nur politische Gremienarbeit (Ethikrat der Bundesregierung, Stadtjugendring, Jugendhilfeausschuss, Landesschulbeirat usw.), im Rahmen derer HVD-Repräsentanten regelmäßig auf Vertreter von Religionsgemeinschaften treffen.[30] Auch ein Engagement bei explizit unter dem Label »interreligiöser Dialog« laufenden Dialoginitiativen, wie z. B. im »Forum der Religionen«, bei Tagungen der Evangelischen Akademie Loccum oder im Rahmen der »Interreligiösen Kulturwochen« in Garbsen, ist in der jüngeren Vergangenheit zunehmend auszumachen.

Welches Interesse besteht seitens der HVD-Vertreter, als Repräsentanten einer säkularen Organisation an einem *interreligiösen* Dialog teilzunehmen? Unter dieser Leitfrage steht das nun folgende Kapitel.

3   Der HVD im interreligiösen Dialog

In diesem Kapitel wird Bezug auf ein halbstandardisiertes Interview genommen, das der Verfasser dieses Artikels im Rahmen seiner Masterarbeit mit einem Vertreter der HVN-Verbandsführung führte, der u. a. im »Forum der Religionen« als Repräsentant des Verbandes auftritt.[31] Die Fragen bezogen sich in erster Linie auf die Rolle des HVN im interreligiösen Dialog und die Motivation, als Vertreter einer säkularen Organisation an diesem zu partizipieren. Das Interview wurde im Juni 2011 durchgeführt.

Der HVN-Vertreter berichtet darin zunächst von zunehmenden Kooperationsanfragen durch Initiatoren von explizit »interreligiösen« Dialogprojekten und -veranstaltungen in der jüngsten Vergangenheit und bezeichnet dies als eine »erstaunliche« und »gute Entwicklung«,[32] an deren Anfang die Aufnahme des HVN in das »Forum der Religionen« stehe. Dort stellte der HVN 2006 einen Antrag auf Mitgliedschaft und wurde 2010 als ständiges Mitglied aufgenommen. Der langwierige Aufnahmeprozess ist als Hintergrund für die Analyse der Aussagen des HVN-Vertreters von entscheidender Bedeutung und soll deshalb zunächst etwas ausführlicher nachvollzogen werden.

Das »Forum der Religionen« in Hannover wurde im Jahr 1993 als »Aktionskreis der Religionen und Kulturen« von führenden Vertretern der Religionsgemeinschaften vor Ort gegründet. Es kommt sechs Mal jährlich zusammen

---

29 Vgl. Humanistischer Verband Deutschlands 2001, S. 3 – 4.
30 Vgl. Humanistischer Verband Deutschlands 2001, S. 34 – 35.
31 Vgl. Schröder 2012, S. 32 – 53.
32 Vgl. Schröder 2012, S. 42.

und vereint Delegierte der Religions- und Weltanschauungsgemeinschaften Hannovers, sofern diese eine deutschlandweite Organisationsstruktur aufweisen. Lokal beschränkte Gemeinschaften und Einzelpersonen können hingegen nicht mitwirken.[33]

Im Jahr 2006 stellten Vertreter des HVN Antrag auf Mitgliedschaft im seinerzeitigen »Aktionskreis der Religionen und Kulturen«. Im Februar 2007 entschied dieser, den HVN zunächst »für eine zweijährige beidseitige Orientierungsphase« in den »Kreis« aufzunehmen.[34] In diese fiel die Umbenennung des »Aktionskreises« in »Forum der Religionen«. Die HVN-Mitglieder empfanden es zunächst als Affront gegen ihre Bewerbung, dass bei der Umbenennung der Kulturbegriff entfernt wurde. Der interviewte HVN-Vertreter berichtet zudem von einer Befragung von Seiten der Mitglieder des »Forums«, zu der er und ein weiterer Vertreter der Verbandsführung des HVN eingeladen waren, und die ihm wie ein »Tribunal« erschien. Er habe sich fragen lassen müssen, ob er mit dem Grundgesetz der Bundesrepublik Deutschland übereinstimme. Ähnlich »hässlich« seien andere Nachfragen der Mitglieder gewesen, sodass er sich »an der Schmerzgrenze« wähnte.[35]

> »Das kriege ich immer noch, da habe ich immer noch das Gefühl, da wird man sehr, ja, teilweise ängstlich, also, manche Leute haben Angst vor einem, oder finden das ganz unheimlich. Und, also solche, ohne Gott kein glückliches Leben und solche Geschichten, oder kein rechtes Leben, wer nicht auch an, ne?, es gibt ja diese ganzen Sprüche. Das finde ich ganz furchtbar. Und das diskriminiert mich. Und ich fühle mich davon wirklich, also, das ärgert mich nicht nur, sondern das verletzt mich«.[36]

Er habe deshalb Bedenkzeit erbeten und gemeinsam mit Verbandskollegen erwogen, die Bewerbung des HVN zurückzuziehen.[37]

Nachdem sich die HVN-Vertreter entschieden hatten, dass sie trotz der Umbenennung des Dialogprojekts und der als »Tribunal« empfundenen Befragung an ihrer Bewerbung festhalten würden, verzögerte sich die endgültige Entscheidung über eine Aufnahme des HVN ein weiteres Mal, weil ein christliches Vorstandsmitglied des »Forums« in der Internet-Selbstdarstellung des Verbandes »scharf religionskritisch[e]« Inhalte entdeckte.[38] Der Vorstand des »Forums« forderte die HVN-Vertreter daraufhin dazu auf, folgende Abschnitte von der verbandseigenen Website zu entfernen:

---

33 Vgl. Forum der Religionen 2012.
34 Vgl. Reinbold 2010, S. 420–421.
35 Vgl. Schröder 2012, S. 44.
36 Schröder 2012, S. 44.
37 Vgl. Schröder 2012, S. 29.
38 Vgl. Reinbold 2010, S. 421.

»Religionen hemmen die Entwicklung. [...D]ie Bräuche und die Religion [...] stärken
das Zusammengehörigkeitsgefühl, vertieften aber auch die Kluft zu Angehörigen anderer [...] Völker. Besonders die Religionen haben hier eine unheilvolle Rolle gespielt
[...]. In der Geschichte der Menschheit haben sich die Religionen als das stärkste
Hindernis für gegenseitiges Kennenlernen, Verstehen und Achten erwiesen – stärker
als unterschiedliche Sprachen, Sitten und Hautfarben. Das gilt besonders für die so
genannten ›Weltreligionen‹, die jede für sich den Anspruch erheben, ihre Glaubens-
lehre sei für alle Menschen gleichermaßen verbindlich. Die Religionen Asiens sind in
dieser Hinsicht nicht anders als das Christentum«.[39]

Die HVN-Vertreter passten sich der Forderung an und strichen die obenste-
hende Passage ersatzlos.[40]

Im Frühjahr 2010 votierten daraufhin die Mitglieder des »Forums der Religionen« (bei einer Gegenstimme) für eine Aufnahme des HVN in das »Forum«.[41]
Seitdem nimmt der Verband an dessen praktischer Arbeit teil. So hielt ein
führender Vertreter des HVN im Mai 2011 im Rahmen einer öffentlichen Vor-
tragsreihe bspw. ein Grundlagenreferat zur Vorstellung seines Verbandes.
Zudem gestaltete eine Vertreterin des HVN die Friedensgebetveranstaltung vor
dem Hannoveraner Rathaus im Rahmen des zehnjährigen Gedenktages zu den
Anschlägen in New York und Washington am 11. September 2001 mit.[42]

Der interviewte HVN-Vertreter berichtet, dass er mittlerweile ein »entspanntes Verhältnis« zu den Vertretern der anderen Weltanschauungs- bzw.
Religionsgemeinschaften im »Forum der Religionen« pflege, obwohl er sich
mitunter noch immer »misstrauisch beäugt« fühle.[43]

Positiv wertet er die Aufnahme seines Verbandes in das »Forum der Religionen« vor allem deshalb, weil er dadurch als »Teil der Stadtgesellschaft« wahr-
und ernstgenommen und bei öffentlichen Aktionen und Veranstaltungen
»selbstverständlich mit einbezogen« werde.[44] Eine Teilnahme am interreligiösen
Dialog bedeutet für den HVN-Vertreter also einen Zugang zum weltanschaulich-
religiösen Diskurs und darüber die Chance, die öffentliche Sichtbarkeit des
Verbandes zu stärken. Dieser Aspekt nimmt im Interviewtext breiten Raum ein.
Eine Verständigung über weltanschauliche Positionen scheint als Motivation der
Mitgliedschaft im »Forum der Religionen« dagegen nur eine geringe Rolle zu
spielen und wird vielmehr als sinn- und zwecklos beurteilt:

»[Es] macht keinen Sinn, finde ich, sich über Gott und die Welt zu unterhalten, [...]
weil, da sind wir uns einig. Die einen glauben an Gott und die anderen eben nicht.

---

39 Reinbold 2010, S. 421.
40 Vgl. Schröder 2012, S. 30.
41 Vgl. Reinbold 2010, S. 421.
42 Vgl. Schröder 2012, S. 30.
43 Vgl. Schröder 2012, S. 44.
44 Vgl. Schröder 2012, S. 43.

[...W]enn jemand sagt: es gibt Gott. Ja, sag ich: dann sag doch: es gibt Gott. Ist doch schön, ne? Und lass mich doch in Ruhe, so, ne? Und ich lass die in Ruhe und die lassen mich in Ruhe. Das, finde ich, muss man aushalten können«.[45]

Die Partizipation des HVN am interreligiösen Dialog erscheint im Interview als Teil einer Strategie verstärkter Öffentlichkeitsarbeit, die sich aus einem Missverhältnis von Anspruch und Wirklichkeit in Bezug auf die gesellschaftliche Rolle des Verbandes ergibt: Der HVN-Vertreter bezeichnet – den im zweiten Kapitel dargelegten Aussagen Horst Groschopps entsprechend – den Humanismus als »Weltanschauung [...] und durchaus auch Bekenntnis« und leitet daraus den Anspruch des Verbandes ab, Interessenvertretung und Sprachrohr aller Konfessionsfreien in Deutschland zu sein.[46] Tatsächlich würden aber nur zehn Prozent der Konfessionsfreien in Deutschland den HVD überhaupt kennen. Aus diesem Grunde fordert er erstens, offensiver für den HVD zu werben.

»Und insofern hat es der Humanistische Verband, oder die Freidenkerszene, natürlich in den letzten Jahren gut verstanden sich im Verborgenen zu halten, leider, wie ich sage. Also, man hätte es, mit gut gemachten Aktionen, auch durchaus einfach mal für sich werben können, oder sich, auf sich aufmerksam machen. Aber da gab es immer: nein, wir wollen das nicht, und die Leute sollen selbst den Weg zu uns finden, so ein bisschen wie im Buddhismus, irgendwie. Man muss es schon wollen, ne? [die Erzählperson lacht] Wobei ich das nicht richtig finde«.[47]

Dazu müsse aber zweitens auch das weltanschauliche Profil des Verbandes geschärft werden – gewissermaßen als Voraussetzung dafür, dass er öffentlich tatsächlich durch verbandsspezifische Positionen wahrgenommen werde. Auch hier existiere Nachholbedarf.

»Der Humanismus ist eine Weltanschauung, deren Kernelemente vielleicht, oder deren Kernprofil durchaus noch etwas verschärft werden könnte. Das humanistische Profil ist noch ausbaufähig, da bin ich, sage ich mal so«.[48]

Das »Humanistische Selbstverständnis« (vgl. oben), das laut dem HVN-Vertreter Grundlage des Verbandsprofils des HVD sein sollte, stelle zu großen Teilen Positionen dar, die heute eine Selbstverständlichkeit und u. a. auch in ethischen Richtlinien von Religionsgemeinschaften wiederzufinden seien. Noch deutlicher erscheint die Nähe zu Religionsgemeinschaften auf der Ebene praktischer Arbeit.

---

45 Schröder 2012, S. 46.
46 Vgl. Schröder 2012, S. 47.
47 Schröder 2012, S. 47.
48 Schröder 2012, S. 47.

»[A]lle Organisationen, ob weltanschaulich neutral oder weltanschaulich geprägt oder religiös, haben ja auch einen bestimmten Anspruch, also, ich weiß: beim Christen ist es auf jeden Fall so, beim Humanisten auch, der was mit Helfen zu tun hat, soziale Arbeit und so weiter und so fort, Fürsorge, Armenverpflegung und so weiter und so fort. Also, ich habe diesen Anspruch auf jeden Fall und dieser Verband zum Teil auch«.[49]

Funktional wird der HVD in dieser Aussage des HVN-Vertreters mit Religionsgemeinschaften nahezu äquivalent gesetzt. Noch deutlicher wird dies in einem weiteren Interviewzitat, in dem er den HVD als »nicht-christliches Pendant einer Gemeinschaft« bezeichnet.[50]

Vor diesem Hintergrund wird verständlich, dass der HVN-Vertreter sich eine Schärfung des HVD-Profils wünscht, um überhaupt von Religionsgemeinschaften unterscheidbar zu bleiben.

Wie im zweiten Kapitel dargestellt, ist der Verband nicht nur in seiner Organisationsform, sondern auch in Hinblick auf sein Tätigkeitsspektrum stark kirchenähnlich aufgestellt. Das programmatische Verbandsprofil bleibt im »Humanistischen Selbstverständnis« zudem in seinen weltanschaulichen Bezügen und Verbindungslinien relativ unkonkret. Während darin jedoch sehr konkret gehaltene kirchen- und religionskritische Aspekte einen wichtigen Unterscheidungsmarker zu Religionsgemeinschaften liefern, ist dieser »Ausweg« dem Verbandsvertreter aufgrund seines Engagements im »Forum der Religionen« versperrt. Er ließ sich sogar darauf ein, die religionskritischen Passagen von der HVN-Website zu löschen. Die Mitgliedschaft im »Forum«, die den Verband öffentlich sichtbarer und bekannter machen soll, hat also letztlich den Preis einer Verwässerung des ohnehin vom Verbandsvertreter als »ausbaufähig« bezeichneten Verbandsprofils.

Der HVN-Vertreter befindet sich in einem Dilemma: Er möchte den Verband aus seinem auf fehlende öffentliche Wahrnehmbarkeit zurückgeführten gesellschaftspolitischen Nischendasein führen, indem er über eine Mitgliedschaft im »Forum der Religionen« einen Zugang zum weltanschaulich-religiösen Diskurs herzustellen versucht. Diese Mitgliedschaft wird aber nur dann möglich, wenn die Initiatoren sowie Vorsteher des Dialogprojekts sie gewähren. Die Inhalte, die im Rahmen des »Forums der Religionen« ins Feld geführt werden »dürfen«, werden von diesen kontrolliert. Für den HVN heißt das konkret: Seine Vertreter nehmen Abstand von kirchen- und religionskritischen Positionen und somit von einem wesentlichen Bestandteil des Verbandsprofils, oder ihnen bleibt der Zugang zum interreligiösen Dialog und damit zu einer wesentlichen Arena des weltanschaulich-religiösen Diskurses in Deutschland verwehrt.

In der Folge soll die These entfaltet werden, dass der Aufnahmeprozess des

---

49 Schröder 2012, S. 49.
50 Vgl. Schröder 2012, S. 49.

HVN in das »Forum der Religionen« und die damit einhergehenden Folgen für
den HVN exemplarisch die Rolle des interreligiösen Dialogs als Funktion eines
religionspolitischen Inkorporationsregimes aufzeigt, mit dem säkulare Organisationen wie der HVD in Deutschland konfrontiert sind. Als solche reproduziert der interreligiöse Dialog die Dominanz und Kontrolle der christlichen
Akteure im weltanschaulich-religiösen Diskurs in Deutschland.

4   Der interreligiöse Dialog als Funktion des religionspolitischen Inkorporationsregimes in Deutschland

Der interreligiöse Dialog hat sich seit Ende der 1970er Jahre zu einem Label
entwickelt, unter dem sich der weltanschaulich-religiöse Diskurs in Deutschland
wesentlich formiert. Unter vielen Vertretern von Religionsgemeinschaften, Po-
litikern, Medienvertretern und Wissenschaftlern scheint Konsens darüber zu
bestehen, dass interreligiöser Dialog ein wichtiger und wertvoller Beitrag für
friedliches Zusammenleben und das Funktionieren des Gemeinwesens ist.[51]
Damit erhält der interreligiöse Dialog den Status des Schützenswerten. Die
Partizipation an ihm ist deshalb ein Privileg. Als solches ist sie beschränkt und
ein Zugang zum interreligiösen Dialog muss »gewährt« werden.

Es sind in der überwiegenden Zahl der Fälle christliche Vertreter, die Dialogprojekte initiieren, ihnen vorstehen und die organisatorischen und programmatischen Bedingungen festlegen, unter denen eine Partizipation am
Dialoggeschehen gewährt wird. Das zeigen die Religionswissenschaftlerinnen
Gritt Klinkhammer und Ayla Satilmis beispielhaft für christlich-muslimische
Dialogprojekte in Deutschland auf.[52] Und auch der im zweiten Kapitel beschriebene Aufnahmeprozess des HVN in das »Forum der Religionen« zeigt dies
sehr deutlich: Nicht nur musste der HVN zunächst nachweisen, dass er –
strukturell kirchenähnlich – hierarchisch organisiert und deutschlandweit aktiv
ist; Einzelpersonen und lokale Organisationen werden in das Forum nicht aufgenommen. Auch hatte er sich der Forderung des – seit Gründung des Forums
immer auch mit einem christlichen Vertreter besetzten – Vorstandes zu fügen,
religions- und kirchenkritische Passagen von der verbandseigenen Website zu
löschen, um als Mitglied aufgenommen zu werden (vgl. oben). Vor dem Hintergrund dieser strukturellen Eigenschaften kann der interreligiöse Dialog als
eine Funktion des korporatistisch-staatlichen Inkorporationsregimes in
Deutschland betrachtet werden. Dies wird im Folgenden näher erläutert.

Das Konzept des Inkorporationsregimes stammt von der Soziologin Yasemin

---

51 Vgl. Müller, Schmidt, Schüler 2009, S. 12.
52 Vgl. Klinkhammer, Satilmis 2007, S. 39 – 46.

N. Soysal und wurde von dieser im Rahmen einer Studie zu unterschiedlichen Voraussetzungen der Mitgliedschaft und Partizipation von Gastarbeitern in verschiedenen Gemeinwesen europäischer Nationalstaaten entwickelt.[53] Es bietet einen Analyserahmen für die Untersuchung kollektiver Organisation von Migrantengruppen, der den Fokus vom kulturellen oder ethnischen Hintergrund ihrer Mitglieder auf die institutionellen, organisatorischen und diskursiven Rahmenbedingungen verschiebt, die sich im jeweiligen Gemeinwesen als Strategien der Regelung von Mitgliedschaft historisch herausgebildet haben. Anders gesagt: Migrantenorganisationen definieren ihre Ziele, Funktionen und Handlungsstrategien in Relation zu den Diskursen, Institutionen und Ressourcen, die sie in ihrem Aufnahmeland vorfinden. In diesem Sinne werden ihre Organisationsformen und kollektiven Identitäten von institutionalisierten Formen staatlicher Inkorporationsregime gerahmt.[54]

In empirischen Studien ist das Konzept des Inkorporationsregimes wiederholt rezipiert worden. Konkrete Anwendung fand es bspw. als Analyserahmen des Nationalen Forschungsprogramms der Schweiz (NFP58) »Religionsgemeinschaften, Staat und Gesellschaft« zur Untersuchung der Selbstorganisation und Handlungsstrategien von Migrantenreligionen in der Schweiz.[55]

In diesem Artikel wird das Konzept des Inkorporationsregimes unter der Annahme aufgegriffen, dass es über den Kontext von Migrantenreligionen oder anderen Migrantenorganisationen hinaus auf alle auf Partizipation an einem Gemeinwesen drängende Kollektivitäten mit Minderheitenstatus übertragen werden kann, die im historischen Rahmen der diskursiven Herausbildung institutioneller Ressourcen und Organisationsmodelle für Mitgliedschaft in diesem nicht »vorgesehen« waren. Als solche können, wie in der Folge argumentiert werden soll, auch säkulare Organisationen in Deutschland, wie z. B. der HVD, betrachtet werden.

Das deutsche Inkorporationssystem zeichnet sich nach Soysal durch eine Kombination aus einem korporatistischen und einem staatlichen Mitgliedschaftsmodell aus: Obwohl ein föderalistisches politisches System vorliege, das die administrativen Strukturen notwendigerweise dezentralisiere, sei die öffentliche Sphäre zentralisiert und bürokratisiert. Hochgradig zentralisierte Gewerkschaften, Kirchen, Sozialeinrichtungen, Unternehmensorganisationen und Berufsverbände pflegten einen engen Kontakt zum Staat und nehmen aktiv daran teil, Grundsätze öffentlicher Ordnung zu formulieren.[56]

Am exemplarischen Fall der Religionspolitik wird dies z. B. durch die

---

53 Vgl. Soysal 1994.
54 Vgl. Soysal 1994, S. 86.
55 Vgl. Pahud De Mortanges 2012, S. 145 – 173.
56 Vgl. Soysal 1994, S. 39.

rechtlichen Status »Religionsgemeinschaft« und »Religionsgesellschaft« deutlich erkennbar: Sowohl Religionsgemeinschaften als auch Religionsgesellschaften werden als Träger von Bildungs-, Gesundheits- und Wohlfahrtseinrichtungen in zentrale Bereiche staatlicher Politik eingebunden. Besondere Privilegien genießen dabei die Religionsgesellschaften, sofern sie den rechtlichen Status »Körperschaft des öffentlichen Rechts« beantragen. Ihnen wird das grundsätzliche Recht auf Einzug kirchlicher Mitgliedschaftssteuern und die Ausrichtung eines mit ihren Grundsätzen übereinstimmenden konfessionellen Religionsunterrichts an öffentlichen Schulen nach Artikel 7(3) des Grundgesetzes zuteil. Bedingung für eine rechtliche Anerkennung als Körperschaft des öffentlichen Rechts sind neben der »benannten« Voraussetzung einer Gewähr der Dauer durch die Zahl der Mitglieder und die Verfassung der jeweiligen Religionsgesellschaft auch einige verfassungsrechtlich »unbenannte«, aber in der Rechtsprechung de facto wirksame Voraussetzungen, wie Staatsloyalität oder eine hierarchische Organisationsform mit eindeutig identifizierbarem »Ansprechpartner« für den Staat.[57]

Matthias König betrachtet dieses für Deutschland spezifische religionspolitische Arrangement in seiner Dissertation als Ergebnis eines Entwicklungspfades, der bis zu den Konfessionskämpfen der frühen Neuzeit zurückreicht, sich aber »aufgrund der späten Entstehung eines deutschen Nationalstaats erst Ende des 19. Jahrhunderts stabilisiert hat«.[58]

Dabei spielten besondere Beziehungen zwischen den Territorialstaaten bzw. später auch dem Nationalstaat und den protestantischen Kirchen stets eine entscheidende Rolle. Die organisatorische Inkorporation religiöser Minderheitenorganisationen setzt daher bis heute zumeist deren kirchenförmige, hierarchische Organisation und eine »kulturelle Affinität zum ›christlich-jüdischen‹ Abendland« voraus.[59]

Auch der HVD wurde in dieses religionspolitische Arrangement inkorporiert. Dies lässt sich schon daran erkennen, dass drei seiner Landesverbände den Religionsgesellschaften rechtlich gleich gestellt wurden, obwohl der Verband sich als explizit »nicht-religiös« definiert. Der HVD wiederum hat – wie im zweiten Kapitel ausführlich dargestellt – seine Organisationsform sowie seine Handlungsstrategien, Ziele und Forderungen in vielerlei Hinsicht diesem Rahmen angepasst: Dafür spricht nicht nur das Stellen von Anträgen auf die Anerkennung als »Körperschaft des öffentlichen Rechts«, sondern auch die dem Organisationsprinzip christlicher Kirchen in Deutschland sehr nahe kommende Verbands- und Gemeindestruktur des HVD. Darüber hinaus sprechen die di-

---

57 Vgl. Heinig 2010, S. 99 – 114.
58 König 2003, S. 104.
59 Vgl. König 2003, S. 104 – 105.

versen Forderungen des HVD nach einer Gleichbehandlung zu den christlichen Kirchen – z. B. in Form gleichmäßig verteilter Mittel zur stabilen institutionellen Förderung aller Träger eigenständiger weltanschaulicher Arbeit oder einer flächendeckenden Einführung des konfessionellen Schulfaches Lebenskunde analog zum konfessionellen Religionsunterricht in Deutschland an staatlichen Schulen – für eine Orientierung der Ziele des Verbandes am gesteckten Inkorporationsrahmen in Deutschland. Eine solche garantiert nicht nur den Zugang zu institutionellen Ressourcen und Privilegien, sondern stellt auch eine Voraussetzung dafür dar, dass der Verband am weltanschaulich-religiösen Diskurs partizipieren bzw. Gehör finden kann. Das zeigt die Tatsache, dass z. B. dem HVN als Körperschaft des öffentlichen Rechts Rundfunkzeiten zugesprochen werden und er Vertreter in den niedersächsischen Schulbeirat entsenden darf (vgl. oben).

Der Zugang zu diesem Diskurs steht, wie am Beispiel des interreligiösen Dialogs zu sehen, zwar nicht immer direkt unter staatlicher Kontrolle. Trotzdem wirkt das Inkorporationsregime bis in die Strukturen des interreligiösen Dialogs hinein. Das hat das Beispiel des Aufnahmeprozesses des HVN in das »Forum der Religionen« gezeigt: Auch hier wird eine kirchenähnliche Organisationsform und programmatische Angepasstheit an den christlich dominierten und kontrollierten weltanschaulich-religiösen Diskurs zur Voraussetzung von Mitgliedschaft. Der interreligiöse Dialog kann somit als eine Funktion des religionspolitischen Inkorporationsregimes in Deutschland verstanden werden.

5   Zusammenfassung und Ausblick

Das Engagement des HVN im »Forum der Religionen« in Hannover ist wesentlich aus dem Ziel eines Zugangs zum weltanschaulich-religiösen Diskurs in Deutschland und einer dadurch erhofften verbesserten öffentlichen Wahrnehmbarkeit des Verbandes heraus motiviert. Diese Strategie lässt sich aus den religionspolitischen und diskursiven Inkorporationsbedingungen heraus erklären, mit denen säkulare Organisationen in Deutschland sich zurechtfinden und an die sie ihre Ziele anpassen müssen. Der HVD hat sich in seiner Organisation und Selbstdefinition an den institutionellen Voraussetzungen orientiert, die in Deutschland nicht nur den Zugang zu rechtlichen Privilegien, sondern auch zum weltanschaulich-religiösen Diskurs regeln, und die sich wesentlich durch Kirchenähnlichkeit auszeichnen. Der interreligiöse Dialog, als eine Form des Zugangs zum weltanschaulich-religiösen Diskurs, reproduziert diese Voraussetzungen. Es sind hier christliche Vertreter, die in der überwiegenden Zahl der Fälle durch ihre Rolle als Initiatoren und Vorsteher von Dialogprojekten Kontrolle darüber ausüben, wer mit welchen Positionen Zugang zu diesem erlangt. Der interreligiöse Dialog kann also als eine Funktion eines religionspolitischen und diskursiven Inkorporationsregimes in Deutschland betrachtet werden; oder anders formuliert: Die dominante Rolle der Kirchen bzw. der christlichen Vertreter im interreligiösen Dialog erwächst und legitimiert sich aus dem oben beschriebenen Inkorporationssystem.

Für den HVD birgt dies problematische Implikationen: Als Voraussetzung einer Mitgliedschaft des HVN im »Forum der Religionen« muss er sich von kirchen- und religionspolitischen Positionen, die ihn bei aller kirchenähnlichen Verfasstheit noch gegenüber Religionsgemeinschaften auszeichnen, distanzieren. Daraus erwächst eine identitäre Krise, die laut interviewtem HVN-Vertreter auch verbandsintern für ein Spannungsverhältnis zwischen Verbandsführung und Mitgliederbasis sorgt.

> »In unseren eigenen Reihen hat man uns danach fast auch wieder auf den Scheiterhaufen geschickt, weil man uns Weichspülerei und Kuschelerei und devotes Wegducken vor der Kirche vorgeworfen hat«.[60]

Der beschriebene Prozess deckt erhebliche strukturelle Schieflagen und Machtasymmetrien im interreligiösen Dialog, und darüber auch im weltanschaulich-religiösen Diskurs in Deutschland auf, dessen Rahmen durch das religionspolitische Inkorporationssystem abgesteckt wird.

Gut 30 Prozent der deutschen Gesamtbevölkerung sind mittlerweile konfessionsfrei. Nur ein sehr geringer Anteil der Konfessionsfreien ist weltanschaulich organisiert. Wenn man der weit verbreiteten Einschätzung in der wissenschaftlichen Literatur Glauben schenken darf, ist die Mehrzahl unter ihnen zudem als religiös indifferent einzustufen und hat somit auch keinerlei Interesse daran, sich an einem interreligiösen Dialog im oben beschriebenen Sinne zu beteiligen.[61] Die Mehrheit der Konfessionsfreien fällt somit durch das Raster des vorherrschenden religionspolitischen bzw. des weltanschaulich-diskursiven Inkorporationssystems in Deutschland. Diese »schweigende Masse« in öffentliche Debatten um z. B. Wertefragen einzubinden, wie es unter anderem der Sozialphilosoph Jürgen Habermas zwecks Gewährleistung des gesellschaftlichen Friedens fordert,[62] stellt eine gewaltige Herausforderung dar. Ob es säkularen Organisationen wie dem HVD gelingen kann, sie für einen weltanschaulich-religiösen Diskurs zu mobilisieren, bleibt abzuwarten. Unter den beschriebenen Inkorporationsbedingungen erscheint dies jedoch unwahrscheinlich.

---

60 Schröder 2012, S. 52.
61 Vgl. Wohlrab-Sahr 2008, S. 154.
62 Vgl. z. B.: Habermas 2005, S. 278. Habermas konstatiert darin eine Besorgnis erregende »Sprachlosigkeit« zwischen »religiösen« und »säkularen Bürgern«.

Literatur

Fincke, Andreas (2002): Freidenker – Freigeister – Freireligiöse. Kirchenkritische Organisationen in Deutschland seit 1989. Berlin: Evangelische Zentralstelle für Weltanschauungsfragen.

Forum der Religionen (2012): Offizielle Website. URL: http://www.haus-der-religionen.de/forum-der-religionen, [21. 08. 2012].

Groschopp, Horst (2004): Wie humanistisch ist das säkulare Spektrum? Von den »Dissidenten« zur »dritten Konfession«. In: Fincke, Andreas (Hg.), Woran glaubt, wer nicht glaubt? Lebens- und Weltbilder von Freidenkern, Konfessionslosen und Atheisten in Selbstaussagen. Berlin: Evangelische Zentralstelle für Weltanschauungsfragen. S. 15 – 27.

Habermas, Jürgen (2005): Religion in der Öffentlichkeit. Kognitive Voraussetzungen für den »öffentlichen Vernunftgebrauch« religiöser und säkularer Bürger. In: Habermas, Jürgen (Hg.), Zwischen Naturalismus und Religion. Philosophische Aufsätze. Frankfurt a. M.: Suhrkamp. S. 119 – 154.

Heinig, Hans M. (2010): Der Körperschaftsstatus nach Art. 137 Abs.5 S.2 WRV – ein Gleichheitsversprechen. In: Reuter, Astrid, Kippenberg, Hans G. (Hg.), Religionskonflikte im Verfassungsstaat. Göttingen: Vandenhoeck&Ruprecht. S. 93 – 118.

Humanistischer Verband Deutschlands (Hg.) (2001): Humanistisches Selbstverständnis. Druckversion 2001.

Humanistischer Verband Deutschlands (2012): Offizielle Verbandswebsite. URL: http://www.humanismus.de, [21. 08. 2012].

Kaiser, Jochen C. (2003): Organisierter Atheismus im 19. Jahrhundert. In: Gärtner, Christel, Pollack, Detlef, Wohlrab-Sahr, Monika (Hg.), Atheismus und religiöse Indifferenz. Opladen: Leske&Budrich. S. 99 – 127.

Klinkhammer, Gritt, Satilmis, Ayla (2007): Kriterien und Standards der interreligiösen und interkulturellen Kommunikation – Eine Evaluation des Dialogs mit dem Islam. Projektabschlussbericht. Bremen: Fachbereich Kulturwissenschaften. Institut für Religionswissenschaft und Religionspädagogik. Universität Bremen.

König, Matthias (2003): Staatsbürgerschaft und religiöse Pluralität in post-nationalen Konstellationen. Zum institutionellen Wandel europäischer Religionspolitik am Beispiel der Inkorporation muslimischer Immigranten in Großbritannien, Frankreich und Deutschland. Dissertation an der Philipps-Universität Marburg.

Müller, Tobias, Schmidt, Karsten, Schüler, Sebastian (2009): Einleitung. In: Müller, Tobias, Schmidt, Karsten, Schüler, Sebastian (Hg.), Religion im Dialog. Interdisziplinäre Perspektiven – Probleme – Lösungsansätze. Göttingen: Vandenhoeck&Ruprecht. S. 9 – 16.

Pahud de Mortanges, René (2012): Die Auswirkungen der religiösen Pluralisierung auf die staatliche Rechtsordnung. In: Bochinger, Christoph (Hg.), Religionen, Staat und Gesellschaft. Die Schweiz zwischen Säkularisierung und religiöser Vielfalt. Zürich: Verlag Neue Zürcher Zeitung. S. 145 – 173.

Reinbold, Wolfgang (2010): Humanistischer Verband Hannover wird Mitglied im Forum der Religionen Hannover. Materialdienst der Evangelischen Zentralstelle für Weltanschauungsfragen, 11. S. 420 – 421.

SCHRÖDER, Stefan (2012): Vom interreligiösen Dialog zu einem Dialog der Weltanschauungen. Masterarbeit an der Leibniz Universität Hannover.

SOYSAL, Yasemin N. (1994): Limits of Citizenship. Migrants and Postnational Membership in Europe. Chicago: The University of Chicago Press.

WOHLRAB-SAHR, Monika (2008): Das stabile Drittel. Religionslosigkeit in Deutschland. In: BERTELSMANN STIFTUNG (Hg.), Woran glaubt die Welt? Analysen und Kommentare zum Religionsmonitor 2008. Gütersloh: Verlag Bertelsmann Stiftung. S. 151 – 168.

Verzeichnis der Autorinnen und Autoren

Peter Antes (Prof. Dr. Dr.) ist Professor Emeritus an der Abteilung Religionswissenschaft der Leibniz Universität Hannover. Er hat als Spezialgebiete neben Methodenfragen in der Religionswissenschaft vor allem aktuelle Probleme der islamischen Ethik, Geschichte und Perspektiven des interreligiösen Dialoges sowie Religionen und religiöse Gemeinschaften im heutigen Europa.

Christoph Bochinger (Prof. Dr.) ist Professor für Religionswissenschaft mit Schwerpunkt religiöse Gegenwartskultur an der Universität Bayreuth. Forschungsschwerpunkte: Religiöse Pluralisierung in Deutschland und Mitteleuropa; Formen alternativer Spiritualität in der Gegenwart; Europäische Religionsgeschichte in der Neuzeit; Geschichte der Beziehungen zwischen Islam und Christentum; Religionstheorie auf der Grundlage empirischer Forschungen.

Steffen Führding (M.A.) hat in Hannover Religionswissenschaft, Geschichte und Politik studiert. Zurzeit arbeitet er als wissenschaftlicher Mitarbeiter an der Abteilung Religionswissenschaft der Leibniz Universität Hannover. Zu seinen Forschungsschwerpunkten zählen die Fachgeschichte der Religionswissenschaft sowie Theorie und Methodenfragen.

Christoph Kleine (Prof. Dr.) ist Professor für Religionsgeschichte mit Schwerpunkt Buddhismus an der Universität Leipzig. Er forscht und lehrt zum Buddhismus in Ostasien, zur japanischen Religionsgeschichte sowie zu Theorie- und Methodenfragen in der Religionswissenschaft. Einen weiteren wichtigen Arbeitsschwerpunkt stellt die Auseinandersetzung mit Möglichkeiten und Konzepten von Säkularität im vormodernen Ostasien dar.

Sebastian Murken (Prof. Dr., Dr. phil. Habil) ist Psychologischer Psychotherapeut und Religionswissenschafter. Er arbeitet als Leitender Psychologe an einer Psychosomatischen Fachklinik in Bad Kreuznach und lehrt als Honorarprofessor am Fachgebiet Religionswissenschaft der Philipps-Universität Marburg.

Forschungsschwerpunkte sind Religionspsychologie, Neue Religionen und Formen von Spiritualität in der Gegenwart.

Anna Neumaier (M.A.) hat in Bremen und Leipzig Religions- und Kulturwissenschaften studiert. Derzeit arbeitet sie als wissenschaftliche Mitarbeiterin am Centrum für Religionswissenschaftliche Studien der Ruhr-Universität Bochum und forscht dort zu Religion in Neuen Medien.

Johannes Quack (Dr.) studierte Religionswissenschaft, Ethnologie und Philosophie an den Universitäten in Bayreuth, Edinburgh (Schottland) und Heidelberg. Er war Post-Doktorand am Exzellenzcluster »Asien & Europa« der Universität Heidelberg und Research Fellow an der McGill Universität in Montreal (Kanada). Derzeit leitet er das Emmy Noether-Projekt »Die Vielfalt der Nichtreligion« an der Goethe-Universität Frankfurt am Main (www.nichtreligion.de) und er ist Co – Direktor des *Nonreligion &Secularity Research Network* (NSRN).

Stefan Schröder (M.A.) ist Wissenschaftlicher Mitarbeiter am Lehrstuhl für Religionswissenschaft II der Universität Bayreuth. Er studierte Religionswissenschaft und Germanisitk in Hannover und Glasgow (UK) und arbeitet nun an seinem Dissertationsprojekt zum Thema »Säkulare Organisationen in Deutschland« (Arbeitstitel).